新文科·普通高等教育电子商务专业系列规划教材

总主编 李 琪

网络营销理论与实践

张卫东 著

西安交通大学出版社
XI'AN JIAOTONG UNIVERSITY PRESS

内容简介

本书在介绍国内外网络营销前沿理论最新实践的基础上,系统介绍了网络营销观念与理论、网络营销环境分析、网络市场分析、网络营销数据分析、网络目标市场营销、网络营销平台策略、网站营销策略、网络营销产品策略、网络营销定价策略、网络营销渠道策略、网络促销策略、网络直播营销、网络短视频营销等 13 个网络营销理论与实践方向的专题。作者一直致力于网络营销理论与实践研究,无论在理论层面还是实践层面都对其进行了前沿性和系统性的探索。本书既可为网络营销理论研究提供有益的参考,也可作为网络营销实践者的入门指南,还是适用于高等教育本专科网络营销课程的教材。

图书在版编目(CIP)数据

网络营销理论与实践/ 张卫东著.—西安:西安交通大学出版社,2024.5
ISBN 978-7-5693-3571-2

Ⅰ.①网… Ⅱ.①张… Ⅲ.①网络营销—高等学校—教材 Ⅳ.①F713.365.2

中国国家版本馆 CIP 数据核字(2023)第 252254 号

书　　名	网络营销理论与实践 WANGLUO YINGXIAO LILUN YU SHIJIAN
著　　者	张卫东
策划编辑	祝翠华
责任编辑	刘莉萍
责任校对	韦鸽鸽
封面设计	任加盟
出版发行	西安交通大学出版社 (西安市兴庆南路 1 号　邮政编码 710048)
网　　址	http://www.xjtupress.com
电　　话	(029)82668357　82667874(市场营销中心) (029)82668315(总编办)
传　　真	(029)82668280
印　　刷	西安五星印刷有限公司
开　　本	787 mm×1092 mm　1/16　印张 16　字数 340 千字
版次印次	2024 年 5 月第 1 版　2024 年 5 月第 1 次印刷
书　　号	ISBN 978-7-5693-3571-2
定　　价	49.00 元

如发现印装质量问题,请与本社市场营销中心联系。
订购热线:(029)82665248　(029)82667874
投稿热线:(029)82665249
读者信箱:2773567125@qq.com

版权所有　侵权必究

前言

网络经济时代，网络市场已经成为企业市场营销的主战场。网络营销作为市场营销的新领域，为学术界的理论研究和实务界的实践应用提供了极其丰富、极具挑战性的新课题和新任务。2000年始，作者开始关注网络营销理论与实践问题的研究。2002年8月，作者与苏州职业大学冯矢勇、苏涛二位老师合作编写的《网络营销》在电子工业出版社出版。2014年8月，作者独著的《网络营销》在重庆大学出版社出版。2017年7月，作者独著的《网络营销理论与实践（第5版）》发行。20多年来，这些著作已累计发行10万多册，目前互联网上散布的网络营销知识中很多来自上述著述。广大网络营销理论与实践工作者对拙著的肯定、鼓励与支持不断激励着作者进一步关注与研究网络营销理论、实践以及教育教学问题。

为了适应网络营销理论的最新发展和网络营销实践的最新变化，经过不断迭代升级，适应Web 3.0时代的网络营销3.0版本《网络营销理论与实践》一书出版。本书致力于反映网络营销理论研究与实践应用的最新成果，其突出的创新体现在以下9个方面。

1. 提出网络营销3.0定义，深入论述网络营销科学内涵

在网络营销1.0定义、网络营销2.0定义的基础上，本书从广义和狭义两个角度提出网络营销3.0定义，首创性地提出网络营销所说的"网络"不再仅仅指"国际互联网"，还应包括网络化经营思维、网络化运营体制、网络化技术体系、网络化生态环境4个方面的综合性运营体制，其中网络化技术体系为核心内容，并从9个方面进行了全面的解释和系统的界定。

2. 遵循现代营销学"MC＋SWOT＋STP＋4P"体系，构建网络营销理论体系

网络营销作为市场营销的一种形式，其本质并未因网络技术的应用而发生根本性的改变。因此，本书按照现代市场营销学"MC＋SWOT＋STP＋4P"这一成熟体系，分14章系统地分析网络营销理论与实践的相关内容。

3. 引入平台策略，提出网络营销5P策略

鉴于网络经济的平台性，在传统的市场营销组合4P策略的基础上，本书引入平台策略，独创性地提出网络营销的5P策略，即平台策略、产品策略、价格策略、渠道策略和促销策略。这一策略组合充分体现了企业网络营销的整合性思想。本书重点介绍了无网站营销、网站营销、App营销与电子邮件营销、微博与微信营销等平台策略，并专题介绍了搜索引擎营销、网络直播营销、短视频营销等内容。

4. 梳理网络营销发展历史,认为网络营销进入智能互联网营销阶段

按照互联网的发展阶段,网络营销可以划分为 PC 互联网营销、移动互联网营销和智能互联网营销 3 个阶段。当前,网络营销正阔步进入智能互联网营销的新阶段。

5. 概括形成体系化的"观念＋定律＋模式＋思维"网络营销运营理念

网络营销活动需要在遵循市场营销观念,顺应网络经济时代特有的规律与法则的基础上,选择体系化且有代表性的网络营销模式,同时要在思维层面进行跨越性革新与适应性改变。本书认为,学习网络营销应树立 6 个基本的网络营销观念,遵循 8 个网络经济定律,熟知 8 种网络营销模式,养成 9 种互联网思维。

6. 关注网络营销前沿,形成网络营销学科特色

本书关注网络营销理论与实践发展动态,特别是将最新的网络营销相关法规与"乌卡""ABCDE 时代""黑天鹅""灰犀牛""疯狗浪"等网络环境特点、网络语言、网络语体、网络礼仪、网络习俗、网络节日等内容纳入网络营销环境的分析视野中,并据此进行网络营销战略规划与策略策划,逐步形成独立的、自成体系的、特色明显的、与时俱进的、显著区别于传统市场营销的新型市场营销应用学科。

7. 立足于算法驱动的网络市场分析,系统分析了 10 种消费者行为分析模式

立足于"算法＋数据"驱动的网络市场,本书分析了网络市场的 6 个显著特点和网络市场需求的 17 个明显特点,分析了 Web 1.0、Web 2.0 和 Web 3.0 阶段不同的消费者行为分析模型,如 AIDA、AIDMA、AISAS、SIPS、SICAS、AIPL、FAST、ARPR、AARRR、5A 等。

8. 尝试构建网络营销数据分析机制

在大数据营销理念的指导下,本书尝试构建数据收集处理与挖掘分析的网络数据分析机制,并在大数据分析、用户画像的基础上,依次开展目标市场营销、圈层营销与社群营销战略。

9. 融入二十大精神,融入思政元素

本书各部分内容的研究,以中国共产党二十大精神为指引,融入思政元素,将专业理论研究与国家民族发展相结合,确保政治方向的准确。

本书在总结国内外网络营销前沿理论与最新实践的基础上,集中反映了作者 20 多年来对网络营销基本概念、理论体系、实践应用的深入思考与研究成果。通过学习本书,读者既可以学习全面的网络营销知识,了解最新的网络营销实践,培养实用的网络营销能力,还能准确预判网络营销的未来发展趋势。

在网络经济时代,信息技术的飞速发展与企业网络运营实践的突飞猛进使得网络营销理论与实践呈现出日新月异的变化特点。这也为《网络营销理论与实践》的撰写带来诸多挑战,从书稿完成到最终出版,一些理论、观点、案例、营销方式可能已经发生了或多或少、或快或慢的变化,加之笔者学识、眼界及经验的局限,书中难免存在不足之处,恳请广大读者斧正。本书在撰写过程中参考了众多文献资料,在此对这些文献资料的原创者致以诚挚的感谢。

目 录

第1章 网络营销概述 ……………………………………………………… 1
1.1 网络营销的基本概念 …………………………………………………… 1
1.2 网络营销的特点与优势 ………………………………………………… 9
1.3 网络营销的产生与发展 ………………………………………………… 13

第2章 网络营销观念与理论 …………………………………………… 19
2.1 网络营销观念与定律 …………………………………………………… 19
2.2 网络营销模式 …………………………………………………………… 27
2.3 网络营销新思维 ………………………………………………………… 37

第3章 网络营销环境分析 ……………………………………………… 43
3.1 网络营销环境分析概述 ………………………………………………… 43
3.2 网络营销微观环境分析 ………………………………………………… 46
3.3 网络营销宏观环境分析 ………………………………………………… 50

第4章 网络市场分析 …………………………………………………… 62
4.1 网络市场分析概述 ……………………………………………………… 62
4.2 网络消费者需求分析 …………………………………………………… 65
4.3 网络消费者行为分析 …………………………………………………… 69

第5章 网络营销数据分析 ……………………………………………… 82
5.1 网络营销调研概述 ……………………………………………………… 82
5.2 网络营销直接调研 ……………………………………………………… 87
5.3 网络营销间接调研 ……………………………………………………… 91
5.4 网络营销数据分析 ……………………………………………………… 95

第 6 章 网络目标市场营销 ... 100

6.1 网络目标市场营销 ... 100
6.2 网络圈层营销 ... 109
6.3 网络社群营销 ... 112
6.4 网络用户画像 ... 115

第 7 章 网络营销平台策略 ... 121

7.1 网络营销平台策略概述 ... 121
7.2 App 营销与电子邮件营销 ... 125
7.3 微信营销与微博营销 ... 129

第 8 章 网站营销策略 ... 135

8.1 非自有网站营销策略 ... 135
8.2 营销网站建设 ... 137
8.3 域名策略 ... 146
8.4 搜索引擎营销 ... 152

第 9 章 网络营销产品策略 ... 157

9.1 网络营销产品的概念与特点 ... 157
9.2 网络营销顾客服务策略 ... 161
9.3 网络营销品类策略 ... 164
9.4 网络营销商品分类与编码 ... 168
9.5 产品销售页策划 ... 171

第 10 章 网络营销定价策略 ... 175

10.1 网络营销定价概述 ... 175
10.2 网络营销定价策略类型 ... 179
10.3 网络营销价格调整策略 ... 184

第 11 章 网络营销渠道策略 ... 191

11.1 网络营销渠道概述 ... 191
11.2 网络分销渠道 ... 192
11.3 新零售 ... 198

第 12 章 网络促销策略 203

- 12.1 网络广告 203
- 12.2 网络公共关系 209
- 12.3 站点销售促进 212
- 12.4 网络人员推销 216

第 13 章 网络直播营销 220

- 13.1 网络直播营销概述 220
- 13.2 网络直播营销策划 224
- 13.3 网络直播脚本 229

第 14 章 网络短视频营销 233

- 14.1 网络短视频营销概述 233
- 14.2 短视频脚本创作 237
- 14.3 短视频拍摄、发布与推广 239

参考文献 245

第 1 章

网络营销概述

网络营销是网络经济时代市场营销的新领域。本章在深入剖析网络营销概念演化及其科学内涵的基础上,详细阐述网络营销与电子商务、传统线下营销的区别与联系,进一步探讨网络营销的内容、特点与优势,回顾网络营销的产生与发展历程,展望网络营销的发展前景与趋势。

> • 坚持把发展经济的着力点放在实体经济上,推进新型工业化,加快建设制造强国、质量强国、航天强国、交通强国、网络强国、数字中国。
> • 今天看一个产业有没有潜力,就看它离互联网有多远。能够真正用互联网思维重构的企业,才可能真正赢得未来。

1.1 网络营销的基本概念

网络营销是 20 世纪末出现的市场营销新领域,是企业营销实践与现代通信技术、计算机网络技术相结合的产物,是企业以电子信息技术为基础、以计算机网络为手段进行的各种营销活动的总称。

1.1.1 网络营销的概念

网络营销定义的演变既是人们对网络营销的认识和理解逐步深入的过程,也是网络技术进步及其在营销活动中广泛应用推动网络营销实践蓬勃发展与日渐成熟的结果。

1. 网络营销定义的演变

(1) 网络营销 1.0 定义。 网络营销是 20 世纪末出现的市场营销新领域,在当时还未形成一个为业内外人士所普遍认可的,相对科学、比较完善、基本严密和较为规范的定义。

2002 年 8 月,作者在其出版的教材《网络营销》第 1 版中指出,网络营销是 20 世纪末出现的市场营销新领域,是企业营销实践与现代信息通信技术、计算机网络技术相结合的产物,是企业以电子信息技术为基础,以计算机网络为媒介和手段进行的各种营销活动的总称。

从网络营销的实现手段(网络)的角度考虑,网络营销有广义和狭义之分。广义地说,企业利用一切计算机网络(包括企业内网、行业系统专线网及因特网)进行的营销活动都可以称为网络营销。狭义地说,凡是以因特网为主要营销手段,为达到一定营销目标而开展的营销活动,都可称为网络营销。

从网络营销的本质内容(商品交换)的角度理解,网络营销是个人或组织通过网络创造、提供并同他人交换价值产品以满足自身需求和欲望的一种社会性经营管理活动。这一定义被广泛接受,可称为网络营销1.0定义。

2005年5月,作者在其出版的教材《网络营销》第2版中指出,广义地说,企业利用一切计算机网络(包括企业内网、行业系统专线网及因特网,有线通信网络和移动通信网络)进行的营销活动都可以称为网络营销。狭义地说,凡是以因特网为主要营销手段,为达到一定营销目标而开展的营销活动,都可称为网络营销。与第1版相比,广义的网络营销把有线通信网络和移动通信网络包括进来,扩大了广义网络营销的外延。

(2)网络营销2.0定义。2009年6月,作者在其出版的教材《网络营销》第3版中指出,广义地说,企业利用一切网络(包括社会网络、计算机网络、企业内网、行业系统专线网及因特网、有线网络、无线网络、有线通信网络和移动通信网络等)进行的营销活动都可称为网络营销。狭义地说,凡是以因特网为主要营销手段,为达到一定营销目标而开展的营销活动,都可称为网络营销。与第2版相比,广义的网络营销把社会网络也包括进来,丰富了网络营销的内涵,对网络营销本质的认识也更加深入。这一定义受到网络营销学界的广泛认可和大量引用,可称为网络营销2.0定义。

中华人民共和国人力资源和社会保障部、中央网络安全和信息化委员会办公室及国家广播电视总局制定的《互联网营销师国家职业技能标准(2021年版)》认为,互联网营销师是指在数字化信息平台上,运用网络的交互性与传播公信力,对企业产品进行多平台营销推广的人员。这里的互联网营销仅指网络推广销售,内涵与外延都比较狭窄。

(3)网络营销3.0定义。随着对网络营销本质的深入理解,作者认为,从网络营销实现的手段(网络)的角度考虑,网络营销有广义和狭义之分。广义地说,网络营销是企业适应网络化生态环境,遵循网络化经营思维,构建网络化运营体制,利用网络化技术体系开展的系统性营销活动的总称。狭义地说,凡是以网络化技术体系为主要营销手段,为达到一定营销目标而开展的营销活动,都可称为网络营销。这一定义可称为网络营销3.0定义。

2. 广义的网络营销

广义的网络营销所说的网络包括4个层次的内容。

(1)网络化经营思维。适应网络经济新形势、顺应网络经济新规律、面对网络经济新法则、树立网络经济新思维,以互联网思维为核心的网络化经营思维,是网络营销的首要之义。

(2)网络化运营体制。随着网络经济纵深发展,企业构建线上线下全渠道深度融合的网络化运营体制已为必然。网络化运营机制包括商流、物流、信息流、资金流、人流等网络体系构建、路径优化与制度建设等诸多方面内容。

(3) 网络化技术体系。网络不再仅指计算机互联网，而是涵盖了社会网络、计算机网络、移动互联网、通信网络、物联网、智联网、区块链、元宇宙等多种技术。

(4) 网络化生态环境。网络经济时代，企业所处的生态环境也发生了变化。产业链、供应链、价值链等链式产业生态环境逐步形成。

3. 狭义的网络营销

凡是以网络化技术体系为主要营销手段，为达到一定营销目标而开展的营销活动，均被称为狭义的网络营销。在网络营销初级阶段，各种网络技术的应用自成体系，狭义的网络营销主要聚焦于利用计算机互联网络进行的营销活动。这在当时被视为比较客观且现实的实践方式。然而，时至今日以及未来可见的发展趋势中，仅靠计算机互联网络进行的营销活动已几乎无法独立完成其任务。各种网络技术的融合已是不争的事实，企业在营销活动中可以利用的网络化技术主要有以下6个方面。

(1) 社会网络。社会网络指个体成员之间因互动而形成的相对稳定的所有正式与非正式的社会关系体系。这些关系既有人与人之间直接的社会关系，也有通过物质环境和文化共享而间接形成的社会关系。其是西方社会学从1960年兴起的一种分析视角。李·雷尼(Lee Rainie)和巴里·韦尔曼(Barry Wellman)在其2012年出版的《网络化：新的社会操作系统》(*Networked*: *The New Social Operating System*)一书中，将社会网络革命(social network revolution)、移动革命(mobile revolution)与互联网革命(internet revolution)并列为新时期影响人类社会的三大革命。可以说，所有的营销活动，无论线上营销还是线下营销，都是基于这种隐形却客观存在的社会网络而展开的。线下多层次直销活动就是一种典型的社会网络营销实践。

(2) 计算机网络。按照联网介质的不同，计算机网络可以划分为有线计算机网络与无线计算机网络。按照覆盖范围不同，计算机网络可以划分为企业内部网络、行业系统专线网络与国际互联网。企业可以利用这些网络开展营销活动。如今，酒店、餐饮中心、超市、游乐园等场所使用企业内部网络开展特定范围的营销活动越来越普遍。银行、证券、物流等行业使用行业系统专线网络开展行业系统内的营销推广活动也由来已久。

(3) 通信网络。通信网络涵盖有线通信网络与无线通信网络两大类。使用固定电话或移动电话进行的营销活动就属于通信网络营销活动。

(4) 物联网。物联网(internet of things, IoT)指将各种信息传感设备，如射频识别(radio frequency identification, RFID)装置、红外感应器、全球定位系统、激光扫描器等装置与互联网结合起来而形成的一个庞大网络，其目的是实现所有物品的识别和管理，提升运行效率。物联网有助于网络营销实现对产品全程的可视化数据展现，让用户能够了解从产品生产、仓储到物流配送的每一个环节，从而增强消费者的购物信心，提升满意度。

(5) 移动互联网。移动互联网是移动通信终端与互联网相结合的产物。它允许用户通过手机、平板电脑等无线终端设备，在高速移动网络的支持下，在移动状态下(如乘坐地铁或公交车)随时随地访问互联网以获取信息，享用商务、娱乐等各种网络服务。

(6) 智能物联网。智能物联网(AIoT)是人工智能(artificial intelligence, AI)与 IoT 的深度融合。它以物联网技术为基础,以智能终端设备为载体,结合云计算、大数据、人工智能等新兴技术,在人与人、人与物、物与物之间形成智能化的互联互通。

1.1.2 网络营销的科学内涵

按照由浅入深、由表及里的顺序,深刻理解网络营销的概念主要应理清以下 9 点内容。

1. 网络营销的实质是市场营销

网络营销实质上还是一种市场营销活动,网络不过是市场营销的手段或方式。网络营销的概念起源于美国,其表述多种多样,如 cyber marketing、online marketing、internet marketing、network marketing、e-marketing 等。不同的表述有着不同的侧重,cyber marketing 倾向于说明网络营销是在虚拟计算机空间进行运作的营销活动;online marketing 与 internet marketing 指在互联网上开展的营销活动;network marketing 指在网络上开展的营销活动,这里的网络还可以是一些其他类型的网络,如内联网(intranet)、行业系统专线网及增值网(value-added network, VAN)等。目前,习惯采用的翻译方法是 e-marketing,其中 e 即 electronic,表示电子化、信息化、网络化的含义。这一翻译既简洁直观,又与电子商务(e-business)、电子虚拟市场(e-market)、电子邮件(e-mail)等约定俗成的翻译相对应。

2. 网络营销的本质是商品交换

网络营销作为市场营销的一种形式,其本质依然是商品交换。网络只是营销的一种手段。因此,网络营销的核心仍然是商品交换。从供应和需求两个方面分析,商品交换是同时满足个人和组织需求的唯一途径。

3. 网络营销的主体是个人或组织,其中企业最为典型

网络营销的主体是个人或组织。也就是说,网络营销是在个人与个人、组织与组织、组织与个人之间进行的一种交换活动。这些组织既包括工商企业等营利性组织,还包括学校、公益组织、政府机关等非营利性组织。政府部门、企事业单位、家庭等组织和个人都可以利用互联网开展营销活动。然而,在网络营销实践中,最典型的营销主体是企业。因此,在对网络营销基本理论与方法的阐述中,我们主要以企业为例,但这些基本思想对其他类型的组织及个人同样适用。从事网络营销的企业可以是传统经济中的企业,也可以是 IT 产业中的网络公司,但传统经济中的企业利用网络进行营销是发挥电子商务优势的重要表现。

◎ **实例** 威客(witkey)是指那些通过互联网把自己的智慧、知识、能力、经验转换成实际收益的人。他们在互联网上通过解决科学、技术、工作、生活、学习中的问题从而让智慧、知识、能力、经验体现经济价值。在威客网站上,个人和企业可以发布各种需求任务,并设定任务期限和赏金。威客们则会在网站上接受任务并完成任务。任务设定类

型多样,从为宠物起名到企业形象策划、市场调查、广告设计和程序开发等。赏金根据难度不同,从几十元到上万元甚至更高。网站会从赏金中抽取一定比例的佣金(一般在5%~20%),其余部分由任务完成者所有。知名的威客网站如时间财富、K68、猪八戒网、一品威客等。

4. 网络营销的客体是网络市场

市场营销学中的市场指在特定的时间和空间下对某种或某类产品具有现实或潜在需求的消费者群体。网络营销是企业面向网络市场开展的一种经营活动,是企业通过网络、围绕消费者需求开展的一种市场经营活动。所以,以企业为主体的网络营销活动的对象是网络市场。网络营销应从了解网络市场需求开始,以满足网络市场需求为终点,网络市场需求是网络营销活动的核心。

5. 网络营销的目的是满足交换双方的需求

网络营销旨在满足个人或组织的需求。对于企业来说,网络营销活动是实现利润目标的重要手段;对于顾客来说,网络营销活动则是获得满足自身需求的产品或服务的途径。只有同时满足企业和顾客双方需求的网络经营活动才是真正的市场营销。因此,在学习和运用网络营销时,我们应当抓住这一本质特征。

6. 网络营销的宗旨是通过满足网上消费者需求实现企业盈利目标

根据市场营销原理,虽然市场营销的目的是同时满足交换各方的需要,但是在现代市场经济条件下,买方市场长期存在。因此,满足消费者需求成为市场营销的前提和重心,网络营销亦如此。它旨在发现消费者的现实和潜在需求,并通过商品交换满足这些需求,从而将满足消费者需求转化为企业的盈利机会。网络营销可以帮助企业在网络消费者需求和企业利润之间找到平衡点,实现企业利润最大化和顾客需求满足最大化。这一过程能否顺利进行取决于企业所创造的产品价值能否满足顾客需求以及交换过程中的管理水平。

7. 网络营销的手段是企业的整体性营销活动

网络营销是指企业为满足目标市场需求,通过互联网开展的一系列协调统一、紧密配合的营销活动。这些活动涵盖从产品生产之前到产品售出之后的全过程。整体性营销不仅关注产品生产之前和售出之后的各个环节,而且强调这些环节的循环往复和持续优化。

网上销售是网络营销发展到一定阶段的产物,但网络营销本身并不等同于网上销售。网络营销活动包括4个阶段,即生产前的市场调查与分析活动,生产中对产品设计、开发及制造的指导活动,生产后的销售推广活动,以及产品售出后的售后服务、信息反馈、顾客需求满足等活动。网上销售只是网络营销中销售推广阶段的一部分,是企业在产品售出前所进行的一系列销售推广活动的重要组成部分。网络营销与网上销售的区别如图1-1所示。

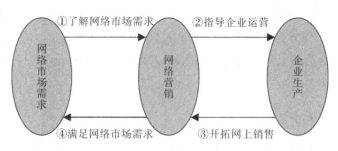

图 1-1 网络营销与网上销售的区别

8. 网络营销的对象是产品或服务

网络营销所涉及的产品涵盖了所有可以满足顾客需求的产品。这包括但不限于货物、服务、思想、知识、信息、技术、娱乐等有形和无形的产品。

产品概念在此被拓展为所有能传送价值或满足需求的载体。网络营销的核心任务是通过电子信息网络进行商品交换活动,以满足交换双方各自的需求。一些数字化的产品(如计算机软件、电影、音乐、游戏、图书、报刊、信息等)和服务(如信息咨询服务、法律服务、行政管理服务、会计中介服务甚至医疗服务等)的提供、支付结算和接受等完整的交易过程均可在网络上实现。一些不能数字化的有形产品的交易过程则不能完全依赖于网络,还需要结合线下的一些要素和系统,如传统的物流配送与运输系统,以完成实体产品的配送。

9. 网络营销的特征是网络化技术体系在营销活动中的运用

网络营销 1.0 定义和网络营销 2.0 定义均认为,网络营销是建立在以高技术为支撑的互联网基础上,借助互联网特性完成的一种营销活动。互联网在营销活动中广泛与深入的应用是网络营销产生和发展的重要基础,这也是网络营销与传统市场营销的根本区别。

网络营销 3.0 定义则认为,网络营销所依赖的网络不仅限于国际互联网,还包括网络化经营思维、网络化运营体制、网络化技术体系、网络化生态环境 4 个方面的综合运营体制,其中网络化技术体系为其核心内容。

1.1.3 网络营销与电子商务的关系

商务,即商务活动,是商品流通活动事务或商品交换活动事务的简称,是各营销主体为满足自身需求而开展的各种经济活动的总称。对于企业而言,商务活动一般指围绕商品购买或销售而开展的所有商品交换活动及其相关活动。电子商务则是指在互联网环境下进行的一系列商务活动的总称。广义的电子商务泛指应用电子通信技术和信息技术进行的商务活动及相关服务活动。网络营销与电子商务的关系主要体现在以下两个方面。

1. 网络营销与电子商务的联系

(1) 网络营销与电子商务有着共同的技术基础。网络营销与电子商务产生和发展的基础都是计算机网络技术。

(2) 网络营销是企业电子商务战略的核心环节。 网络营销战略的制定要以顾客需求为导向,而电子商务战略的制定则要以网络营销战略为导向。网络营销作为创造交换机会、促进商品实现交换的企业经营管理手段,是企业电子商务活动中最基本的,也是最重要的互联网商业经营活动。

(3) 网络营销战略的实现需要电子商务其他环节的密切配合。 网络营销不仅是营销部门的市场经营活动,还需要其他相关业务部门(如采购部门、物流配送部门、生产部门、财务部门、人力资源部门、质量监督管理部门和产品开发与设计部门等)的配合。网络营销的成功实现不仅依赖于营销部门的工作,更需要电子商务其他环节涉及部门的高度配合。

2. **网络营销与电子商务的区别**

网络营销与电子商务在研究问题的角度与侧重点上存在差异。电子商务从企业全局角度出发,通过系统规范地重新设计和构造企业各类业务活动(包括网络营销),以适应网络经济时代的数字化管理和经营需求。网络营销则更注重从顾客需求出发,围绕交换机会的创造与实现开展一系列商务活动。在现代市场经济中,营销主要站在卖方角度研究产品如何售卖与推广;而商务则既考虑买方的供应与采购需求,也考虑卖方的产品推广与销售需求。

1.1.4　网络营销与传统营销的关系

网络营销作为一种全新的营销理念和营销方式,凭借互联网的独特优势对传统营销方式产生了深远的影响。它们的关系主要体现在以下方面。

1. **网络营销与传统营销的区别**

网络营销作为一种全新的营销理念和营销方式,并不会完全取代传统营销模式,其原因主要表现在以下 3 个方面。

(1) 网络营销与传统营销有着不重合的目标市场范围。 网络营销的对象是虚拟的在线市场,其受众群体主要是具备上网条件的顾客,因此其市场覆盖范围只是整体市场的一部分。目前,尽管互联网购物日益普及,但仍有许多消费者由于种种原因不能或者不愿意使用互联网,如老年人和一些发展较落后的国家或地区的消费者。网络营销难以覆盖这部分市场,而传统营销方式则可以面向这部分市场开展营销活动。

(2) 网络营销与传统营销有着相互不可替代的特性与优势。 网络营销作为一种有效的营销方式,具有其独特的特性和优势,但不可否认的是,网络营销也有着诸多缺点与不足。互联网作为一种营销工具,面对的是具有复杂情感的人类。一些传统营销策略所具有的亲和力是网络营销无法替代的。例如,网络市场的虚拟性使得网上购物很难满足消费者对于人际交流、人性化沟通的心理需求,也无法满足消费者社交与尊重的心理需求。此外,网络营销还依赖于完备的物流配送网络、电子支付体系以及专门的法律体系,且其营销过程过度依赖互联网,可能降低消费者的判断力,进而影响产品的质量保证、可靠性与安全性。消费者也有着各自的偏好和习惯,许多消费者仍喜欢传统的购物方式,因为可以享受在商场购物和休闲的乐趣。

(3)**网络营销与传统营销分别有着能发挥自身优势的产品类型**。客观地说,不是所有产品都适合网络营销,也不是所有产品都适合传统营销。产品营销的全过程不是都适合在网上完成,也不是都适合在网下完成。产品交换过程中一般要发生信息流、资金流、物流与商流四个基本要素的流动。其中,最能发挥网络特性与优势的是信息流与资金流,不容易通过网络完成的是物流。因此,一般来说,易于数字化的无形产品更适合网络营销,而有形产品则可以通过网络营销进行宣传推广,并通过传统营销方式进行人员推销与物流配送。

2.网络营销与传统营销的联系

网络营销与传统营销的发展将是一个相互配合、相互协调、相互融合并逐步整合的过程。网络营销不是万能的,不能完全取代传统营销方式,传统营销方式的许多优势仍然是网络营销无法取代的。在企业的营销战略中,网络营销与传统营销应相互促进、相互补充。企业应根据其营销目标和细分市场性质,以最低成本实现最佳营销效果,整合网络营销和传统营销方式。

网络营销与传统营销的整合如图1-2所示。在图1-2中,象限1表示网上营销活动获得网上收益;象限2表示网下营销活动促进网上收益的形成;象限3表示网上营销活动促进网下收益的形成;象限4表示传统的网下营销获得网下收益。显然,象限1属于完全的网络营销,象限4属于典型的传统营销。在营销实践中,更多的情形属于象限2和象限3所标示的网络营销与传统营销的整合应用。

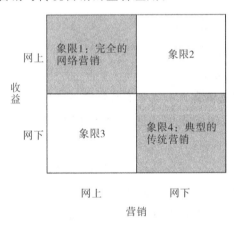

图1-2 网络营销与传统营销的整合

线上线下商务(online to offline,O2O)营销模式是指线上营销和购买带动线下经营和消费的一种营销模式。该模式通过提供折扣、信息、服务预订等方式,将线下商店的消息推送给互联网用户,从而吸引他们成为线下客户。这种模式特别适合必须到店消费的商品和服务,如餐饮、健身、电影、演出和美容美发服务等。

1.2 网络营销的特点与优势

1.2.1 网络营销的特点

市场营销的本质是商品交换,其成功实现的前提是买卖双方间充分的信息沟通与交流。互联网的本质就是一种信息传播与沟通的媒介。以互联网为技术手段的网络营销与传统营销相比具有以下特点。

1. 跨时空性

营销的最终目的是占有市场份额。网络营销超越时间约束和空间限制的特点使得企业可以全天候地提供全球性的营销服务。这极大拓宽了市场营销的边界。

2. 富媒体性

富媒体(rich media)是指具有动画、声音、视频和交互性的信息传播方法。富媒体可应用于各种网络服务中,如网站设计、电子邮件、页旗(banner)、弹出式广告、插播式广告等。通过富媒体的应用,营销信息能以多种形式存在,从而增强了消费者的感知和记忆。

3. 交互性

网络营销不仅可以通过展示商品图像、建立商品信息资料库,以及提供查询功能来实现供需双方的互动与沟通,还可以通过产品测试与消费者满意度调查等活动为产品联合设计、商品信息发布,以及各项技术服务使用提供理想的工具。

4. 个性化

网络营销能够针对个体消费者进行一对一的、理性的、非强迫性的、循序渐进式的促销。这种个性化的营销方式不仅有效避免了传统营销活动中推销员强势推销的干扰,还通过信息提供和交互式交谈与消费者建立了长期良好的关系。

5. 成长性

随着互联网使用者的快速增长和普及,网络营销展现出巨大的成长潜力。使用者多属年轻且具有高教育水平的中产阶级。由于这部分群体购买力强且具有较强的市场影响力,因此,网络营销极具成长性与开发潜力。

6. 整合性

网络营销可以实现从商品信息发布、交易磋商直至收款发货、售后服务的全过程整合。企业可以借助互联网将不同的传播营销活动进行统一规划和实施,以统一的传播口径向消费者传达信息,从而提升品牌形象和市场竞争力。

7. 超前性

互联网作为一种功能强大的营销工具,兼具渠道、促销、电子交易、互动式顾客服务等多种功能,其一对一的营销功能适应了网络营销中定制营销与直复营销的发展趋势。

8.高效性

互联网能够快速、准确地传递大量信息。这使得企业可以快速响应市场需求,及时更新产品或调整价格,从而有效了解并满足消费者需求,提高消费者满意度和忠诚度。

9.经济性

网络营销通过互联网进行买卖双方的信息沟通与交流,减少了传统店铺销售的成本,不仅降低了印刷与邮递成本,有助于实现无店铺销售,还有效避免了传统营销中难以避免的损耗,节约了营销成本与费用。

10.技术性

网络营销建立在以高技术为支撑的互联网基础上。因此,企业实施网络营销必须投入一定的技术资源和支持。引进懂营销与计算机技术的复合型人才,改变传统的组织形态和提升信息管理部门的功能,有助于企业在未来的市场竞争中占据优势地位。

1.2.2 网络营销的优势

网络营销所具有的特点赋予其相对于传统营销活动的诸多优势。这些优势主要包括以下内容。

1.网络铺设跨时空,营销机会倍增化

互联网具有超越时间约束和空间限制进行信息交换的特点,这使得网络营销能够脱离时空限制,为企业与顾客提供更大营销空间、更多交换机会。例如,企业可以通过网络实现"24×7"的交易,即每天24小时、每周7天随时随地进行商品交换活动。

2.网络连接一对一,营销沟通互动化

在互联网出现之前,人们进行信息交流的主流媒介有两类:一类是以新闻报刊和广播电视为代表的广播式、点对面的公众信息媒介;另一类是以邮政和电信为代表的人与人之间定向性、点对点的信息交流媒介。网络互动的特性使消费者真正参与整个营销过程成为可能,消费者参与的可能性和选择的主动性均得到提高。在这种互动式营销中,买卖双方可以随时随地进行双向交流,而非传统营销中的单向交流。同时,网络营销中的促销活动更加个性化和理性化,避免了推销员强势推销的干扰,有助于建立长期良好的顾客关系。

3.网络介入全过程,营销管理整合化

互联网作为一种功能强大的营销工具,兼具营销调查、产品推广与促销、电子交易、互动式顾客服务、无形产品的网上配送,以及市场信息分析与提供等多种功能。网络营销能够覆盖从商品信息发布到发货收款、售后服务的全过程,为企业提供统一设计、规划和实施不同环节营销活动的可能,从而实现了营销资源的整合和战略规划的充分发挥。

4.网络运作低成本,营销运行高效化

首先,网络媒介具有传播范围广、速度快、无时空限制等特点。这大大提高了企业营销信息传播的效率和效果,同时降低了成本。其次,网络营销不需要店面租金,减少了商品流通环节和库存压力。再次,利用互联网,中小企业能以较小的成本迅速建立全球信息网和贸易网,将产品信息迅速传递到以前只有实力雄厚的大公司才能接触的市场中。最后,消费者可以根据需求在全球范围内快速寻找满足自己需求的产品,降低了交易时间与成本。虽然企业实施网络营销需要一定的技术投入,但从营销角度看,其回报率很高。

5. 网络终端遍世界,营销战略全球化

互联网覆盖全球市场,为企业提供了进入其他国家市场的快捷通道。网络营销为企业架起了一座通向国际市场的绿色通道。网络营销可以帮助企业构筑覆盖全球的市场营销体系,实施全球经营战略,加强国际经济合作,获得全球性竞争优势,增强全球性竞争能力。同时,随着互联网使用者数量的快速增长,这部分具有较高购买力、市场影响力和消费示范作用的群体,为企业提供了一个极具开发潜力的潜在市场。

6. 网络技术数智化,营销决策精益化

数智化营销的关键在于充分发挥数据资产的价值,借助人工智能技术,结合业务场景,通过全链路、全触点、全生命周期的精细化管理来赋能市场营销活动。随着大数据技术、人工智能技术的应用,用户行为分析和挖掘能力的增强,未来的网络营销将呈现出更加精细化和个性化的特点。企业通过利用 AI 技术并结合客户数据平台(customer data platform,CDP)就能实现对全渠道数据的智能搜集、识别、清洗、合并、建模、标签化及归类。这有助于构建用户 360 度全景画像和人群圈选,从而支持企业针对不同阶段的用户进行精准营销。

网络营销与传统营销方式相比具有明显的优势,但也存在着诸多不足。例如,网络营销,尤其是网络分销,往往难以满足顾客在社交方面的心理需求,无法使顾客通过购物过程来满足显示自身社会地位、个人成就或支付能力等方面的需求。尽管如此,作为 21 世纪的新营销方式,网络营销将成为企业实施全球竞争战略的重要工具。

1.2.3 网络营销的内容

任何一种经营管理活动的实施都离不开特定营销观念的指导,其包括制定合适的战略,规划确保战略得以有效实施的策略(战术),并对战略和策略的实施过程进行周密计划、组织、协调与控制。网络营销也不例外。

网络营销的实质是营销。在市场营销管理活动中,任何一个环节、任何一项内容中网络技术的应用都属于网络营销的范畴。因此,网络营销的管理过程主要包括以下 5 个阶段的内容。

1. 树立网络营销观念

企业在开展网络营销活动时,不同的营销观念会产生不同的营销效果。企业想要有效地开展网络营销活动,首先必须学习科学的网络营销理论,树立正确的网络营销观念,这是企业进行网络营销管理的首要内容。

2.分析网络营销机会

在正确的网络营销观念指导下,企业不仅要制定与环境变化相适应的企业总的营销发展战略,企业的网络营销部门还要根据企业总的营销发展战略制定相应的网络营销战略规划。企业总的营销发展战略与网络营销战略规划的制定建立在对企业内外营销环境科学分析的基础之上。因此,在制定网络营销战略规划之前,企业必须分析外部环境变化给企业带来的具体影响,判断其究竟是网络营销机会还是潜在威胁。此外,企业还必须分析内部条件在营销环境的变化中处于优势还是劣势,力求实现企业内部条件、外部环境与营销目标之间的动态平衡与和谐共生。因此,认真分析网络营销机会便成为网络营销工作中不可或缺的内容。网络营销机会分析的内容涉及对企业网络营销环境的各构成因素,特别是对网上目标顾客的消费需求、购买动机与行为特征的分析。网络营销机会分析的具体方法是网络营销调研与预测。

3.制定网络营销战略

网络营销的第3项内容是制定企业的网络营销战略规划与网络目标市场营销战略规划。企业网络营销战略规划主要是对企业网络营销发展方向与目标、发展模式与赢利方式的总体规划。网络目标市场营销战略规划主要包括网络市场细分、网络目标市场选择、网络市场定位等战略规划。

4.实施网络营销策略

网络营销的第4项内容是制定并实施保证战略目标得以顺利实现的网络营销策略。网络营销5P策略主要包括平台(platform)策略、产品(product)策略、价格(price)策略、渠道(place)策略和促销(promotion)策略。在网络营销过程中,我们不能孤立地看待这五个方面的策略,而要综合分析与考虑,选择最有效的组合以实现企业网络营销战略目标。所以,网络营销5P策略也被称为网络营销组合策略。

5.分析网络营销效果

管理活动具有计划、组织、指挥、协调、控制、领导、决策等职能。网络营销是企业经营管理活动中的一项重要内容,同样也具有分析计划、组织实施、评价绩效与协调控制等职能。所以,网络营销最后一项内容是对网络营销活动全过程的组织、实施与控制。具体来说,要做好网络营销的计划管理、网络营销的组织安排、网络营销控制等管理工作。

网络营销是通过互联网开展的营销活动,面临着许多传统营销活动没有遇到的问题和挑战,如网络产品质量保证、顾客隐私保护,以及信息安全等问题。这些都是企业开展网络营销活动必须重视的问题。

1.3 网络营销的产生与发展

1.3.1 网络营销的产生

1. 世界网络营销的产生

网络技术,特别是互联网技术的广泛应用和普及是网络营销实现的基础。网络营销的产生和发展正是以网络技术的进步为基石,其方式的发展演变也随着网络技术的更新而不断演变。

互联网的前身是美国国防部高级计划研究署为支持国防研究项目于20世纪60年代末70年代初建成的阿帕网。建设该网的目的是把美国各大院校和科研机构的计算机连接起来,实现数据、程序和信息的在线共享,从而更好地服务军事研究。20世纪80年代以后,阿帕网的性质逐渐从军事科研网转变为民用商业网,其规模迅速扩大,应用领域也迅速拓展,很快发展成为全球性的计算机网络系统。随着各国对互联网商业使用政策的逐步放宽,互联网的功能不再局限于信息传递,而是逐渐拓展到网上信息服务领域。许多机构、公司和个人纷纷将收集到的信息上传到互联网。一些商业机构很快发现了它在通信、资料检索、顾客服务、商业贸易和营销方面的巨大潜力。全球范围内掀起了一股应用互联网的热潮,世界各大公司纷纷利用互联网提供信息服务,拓展业务范围,并重新调整企业内部结构,发展新的营销管理方法。此时,互联网才真正发挥出其巨大的作用。

1994年,基于互联网的搜索引擎网站Yahoo!、Infoseek、Lycos等站点相继诞生。1994年10月14日,美国著名的连线网在其主页上刊登了美国电话电报公司(American Telephone & Telegraph,AT&T)等14个客户的广告,这标志着网络广告的首次亮相,也宣告了网络营销实践的出现。1994年,从金融服务公司辞职的贝佐斯决定创立一家网上书店。他认为书籍是最常见的商品,标准化程度高,且美国书籍市场规模大,十分适合作为创业起点。经过约一年的准备,全球第一个企业对顾客电子商务(business to customer,B2C)网上书店亚马逊于1995年7月正式上线。

2. 我国网络营销的起步

1993年3月,我国与因特网接通并获准加入因特网。1994年5月,我国完成全部联网工作。政府对因特网的进入表示认可,并确定中国的网络域名为.cn。中国科学院高能物理研究所的IHEP-Net与因特网的连通标志着中国和世界各地数百万台电脑开始共享信息和软硬件资源。1995年8月,在北京召开的高能物理大会上确定中国网络向全世界开放。

我国的网络营销起步较晚。1996年,国内第一家互联网服务提供商(internet service provider,ISP)瀛海威的成立成为国内互联网普及大潮的一个标志性事件。据报道,1996年,山东省青州市的一位农民在国际互联网上开设了一家网上花店,年销售收入达

950万元,客户遍及全国各地,但公司没有一名推销员。1997年,江苏省无锡市的小天鹅集团利用互联网向国际上的大型洗衣机生产企业发布合作信息,并通过网上洽商,成功与阿里斯顿达成合作。1997年,海尔集团通过互联网将3000台冷藏冷冻冰箱远销爱尔兰。1997年3月,中国第一个商业性的网络广告出现在比特网(Chinabyte)上。1997年5月,网易中文全文搜索引擎投入使用。1998年,搜狐、腾讯、新浪等搜索门户网站相继成立。1999年,中国本土的B2C网站8848网站、B2B(business to business,企业对企业电子商务)网站阿里巴巴成立。2000年,百度成立。

1.3.2 网络营销的发展

1994年,中国成为接入64K国际专线,实现了与国际互联网的全功能连接,开启了中国互联网的正式运行,也是我国数字经济和数字社会发展的起点。1997年,我国网民规模仅为62万人,主要通过电话线拨号接入互联网。此后,宽带上网逐渐普及,网民数量的增长成为我国互联网快速发展的重要印证。2008年6月,我国网民规模达到2.53亿人,首次位居世界第一。2015年12月,我国互联网普及率首次突破50%。2021年6月,我国网民规模突破10亿人。截至2023年12月,我国网民规模达到10.92亿人,互联网普及率达到77.5%。我国互联网飞速发展,各个领域均取得了巨大进步。在基础环境方面,我国经历了从PC(personal computer,个人计算机)互联网到移动互联网,再到万物互联的发展转变。技术应用及其渗透程度深刻影响着网络营销的发展过程与水平。

1. 按照Web技术发展阶段划分

万维网(world wide web,Web)通常指网页和网站,也是互联网技术的代名词。迄今为止,Web发展已经有将近30年的历史,经历了从Web 1.0到Web 3.0的演进。网络营销以互联网技术应用为特征。按照互联网技术发展的过程,网络营销大体可划分为以下阶段。

(1)**基于Web 1.0的网络营销**。Web 1.0,即第一代互联网,典型代表有新浪、搜狐、网易等综合性门户网站和百度、谷歌等搜索门户网站。2003年之前的网络营销主要属于这一阶段,其特点是互联网主要为实体公司提供广告服务,用户互动程度较低,网页多为只读模式,用户主要进行信息搜索和浏览,网络营销效果主要注重点击和浏览。

基于Web 1.0的网络营销方式主要包括网络广告、搜索引擎营销、电子邮件营销、公告板系统(bulletin board system,BBS)营销、即时消息(instant messaging,IM)营销、新闻组、电子杂志等。

(2)**基于Web 2.0的网络营销**。Web 1.0虽然解决了人们对信息搜索和聚合的需求,但没有解决人与人之间沟通、互动和参与的需求。大约在2004年,Web 2.0的概念兴起,它相对于Web 1.0提出了一个全新的视角,更加注重用户的交互作用。在Web 2.0时代,用户既是信息的浏览者,也是内容的制造者,模式上由单纯的读向写以及共同建设转变,同时社交网络逐渐兴起。

基于 Web 2.0 的网络营销方式主要包括博客（blog）营销、简易信息聚合（really simple syndication,RSS）、维基百科、网摘（tag）、社交网络服务（social network service,SNS）营销。

(3) 基于 Web 3.0 的网络营销。Web 3.0 实现了网络的高度虚拟化,给予网民更大的自由空间,更能满足网民的个性化需求,体现了高度的个性化、互动性和全面性。Web 3.0 为读者提供了多样化的阅读渠道,内容比之前的 Web 1.0 和 Web 2.0 更丰富。网站自身具备了自主学习能力,变得更加智能化。

可以说,Web 1.0 由内容驱动,内容主要来自商业机构,服务于消费者;Web 2.0 允许用户自主生产、上传并分享内容;Web 3.0 则使在线应用和网站能够在接收网络上的信息后,通过数据分析将新信息反馈给用户。

与 Web 1.0 和 Web 2.0 相比,Web 3.0 具有四大属性:语义网络、人工智能、三维空间和无处不在。语义网络和人工智能是 Web 3.0 的两大基石。语义网络有助于计算机理解数据的含义,进而推动人工智能的发展,实现对信息和数据的分析处理,其核心理念是创建一个知识网络,帮助互联网理解单词的含义,从而通过搜索和分析来创建、共享和连接内容。随着区块链技术的不断发展,人工智能已经成为最具创新力的热门技术之一。人工智能允许网站过滤并向用户提供最优质的数据。Web 3.0 已从简单的二维网络发展为更真实的三维网络。三维设计在网络游戏、电子商务、区块链、房地产等 Web 3.0 的网站和服务中得到了广泛应用。移动设备和互联网的发展使 Web 3.0 的体验随时随地可用。互联网不再像 Web 1.0 那样只局限在桌面上,也不再像 Web 2.0 那样仅仅局限在智能手机,而是无处不在。要实现这一目标,在 Web 3.0 时代,身边的万物都将连接在线,也就是物联网。

基于 Web 3.0 的网络营销方式主要包括微件（widget）营销、数据库营销、数字化营销、智慧营销、元宇宙营销等。

2. 按照互联网发展阶段划分

(1) PC 互联网营销阶段。在移动互联网广泛应用到营销活动之前,网络营销活动主要以计算机互联网营销为主。从 1994 年到 2009 年,互联网的载体以 PC 终端为主。2006 年 6 月,中国互联网络信息中心（China Internet Network Information Center,CNNIC）首次公布中国手机网民数量为 1300 万人。截至 2009 年 12 月,我国手机网民占比首次超过 5 成。基于 Web 1.0 和 Web 2.0 的网络营销方式基本上都属于 PC 互联网营销。

(2) 移动互联网营销阶段。2010 年 12 月,我国手机网民占整体网民的比例为 66.2%。2010 年以后,伴随移动互联网的飞速发展,我国手机网民数量增长强劲。特别是 2012 年之后,传统功能的手机进入全面升级换代期,传统手机厂商纷纷推出触摸屏智能手机。同时,智能手机价格快速下降使得智能手机在中低收入人群中得以大规模普及。2013 年 12 月 4 日,中华人民共和国工业和信息化部正式向中国移动、中国电信和中国联通三大运营商发放了分时长期演进（time division long term evolution，TD-LTE）4G牌照，标志着中国4G网络正式大规模铺开。2012年6月，通过手机接入互联网的网民数量达到3.88亿人，手机成为我国网民的第一大上网终端。截至2023年12月，我国手机网民规模已达10.91亿人，使用手机上网的网民比例高达99.9%。

移动互联网的崛起使其迅速成为互联网的延伸，硬件设备从台式机、笔记本进化到智能手机。这一变化使得消费者的信息获取方式发生了根本变化。移动购物、移动社交、金融理财、出行服务、移动视频、移动支付、生活服务等领域月活跃用户规模均在10亿人以上。2019年被称为"5G商用元年"，上海成为我国第一个5G城市，我国的5G时代已经到来。随着5G时代的到来，移动互联网在促进经济发展方面的作用将会愈发凸显，并带动人工智能、大数据、云计算、物联网等新技术的广泛应用。

移动互联网营销方式主要有App（application，应用）、微博、微信、头条、抖音、快手、直播营销、二维码营销、人工智能电销机器人、社群营销等方式。

(3)智能互联网营销阶段。AIoT融合AI技术和IoT技术，通过物联网搜集来自不同维度的海量数据，存储于云端或边缘端，再通过大数据分析以及更高形式的人工智能，实现万物数据化和智联化。物联网技术与人工智能的融合，最终形成一个智能化的生态体系。该体系实现了不同智能终端设备之间、不同系统平台之间、不同应用场景之间的互融互通。基于Web 3.0的网络营销方式多属于AIoT网络营销阶段。

经过30年的发展，互联网已覆盖PC终端、移动终端及物联网终端，促进了从"人与人""人与信息"到"人与物""物与物"的全面连接，呈现出两个显著特点。一是从互联网到物联网，进入了"万物互联"的新时代。近年来，随着物联网发展速度不断加快，蜂窝物联网用户规模持续扩大。截至2024年3月末，三家基础电信企业发展的蜂窝物联网终端用户从2018年底的6.71亿户增长至24.14亿户，占移动网终端连接数的比重为57.9%，万物互联基础不断夯实。二是从联网终端到智能终端，为智能互联发展注入新动能。当前，智能可穿戴设备、智能家电、智能网联汽车、智能机器人、智能医疗器械、智能市政设施、智能农田水利设施等数以万亿计的新设备接入网络，广泛应用于交通物流、医疗健康、工业制造、农业种植等多个领域，进一步促进了生产生活方式和社会管理方式的网络化、精细化、智能化发展。智能互联网营销市场无限，商机万千，发展前景广阔，必将成为21世纪企业营销的主流。

1.3.3 网络营销的发展趋势

随着网络技术的发展和网络营销的普及，网络营销的发展将呈现如下显著变化。

1.网络营销主体多元化、社会化

网络营销的主体已经发生了深刻变化，从最初以网络企业和电子商务企业为主导，演变为以个人、非营利组织、传统企业、网络公司、电子商务企业、城市、地区、国家、政府等多元化主体并存的格局。2011年2月，著名信息技术（information technology，IT）风险投资人约翰·多尔(John Doerr)提出SoLoMoCo概念,即"社交化(social)+本地化(local)+移动化(mobile)+商业化(commerce)"。SoLoMoCo概念风靡全球,被广泛认为是网络营销发展的未来方向。

2. 网络营销运作战略化、整合化

网络营销的动作正逐步由零散、短期的技术或策略应用转向更为长远、系统的整合性战略营销。

互联网在中国乃至全球正在发生着一场革命性的变化,新的互联网应用如社交网络、视频以及移动互联网的蓬勃发展,使得网民的角色已经从单纯的信息获取者转变成信息评论者和传播者,传统的媒体格局被打破,大众传播方式正在被重新架构。因此,如何重构媒体、用户和广告主之间的互动关系,使网络营销有的放矢,跟上这种变化趋势,进而探索出一条适应当前互联网营销的新路径,已成为业界深入探讨的重要课题。

3. 网络营销运营品牌化、专业化

在网络营销主体多元化的局势下,无论是大型企业还是个人网商,都需要在网络市场上争夺有限的顾客资源。诚信危机、信息不对称和安全顾虑等问题都使得消费者更倾向于选择有品牌保障的网络商家。因此,网络营销主体实施品牌战略就显得尤为重要。

面对海量的网络营销和电子商务网站,企业只有明确定位,发挥自身优势,走特色化的专业道路,才能实现企业电子商务的长远发展。

4. 网络营销管理标准化、规范化

随着国家对网络营销、电子商务法律法规和政策的日益完善,以及网络市场的逐渐成熟和竞争的加剧,企业的网络营销管理必须实现标准化与规范化。只有如此,企业才能在网络市场上树立起持久的品牌形象,保持竞争优势。

5. 网络营销策略个性化、即时化

移动互联网的普及和社会化媒体的兴起使得网络的互动性进一步彰显,互联网应用更趋多元化。这些都使网络营销由单向、被动的1.0时代转向互动、分享的2.0时代,并进一步向个性、即时、多元和立体的3.0时代发展。

6. 网络营销决策数字化、智能化

信息技术是一项基于计算机和互联网以提升人们信息传播能力的技术。数据技术(data technology,DT)是对数据进行存储、清洗、加工、分析、挖掘后从数据中发掘规律的技术。IT提供信息传播能力,DT解决数据决策能力。数字经济和智能经济时代,基于IT的网络营销决策正在快速实现从数字化营销向数智化营销的转变。数字化注重数据的采集、整合、分类和分析,数智化则侧重数据的应用和智能决策。智能决策体系如图1-3所示。数智化主要通过自然语言处理(natural language processing,NLP)、图像处理、语音识别、知识图谱、数据挖掘等人工智能技术,自动采集海量数据,运用算法模型,结合业务场景,实现基于人工智能的最优决策以及解决方案,帮助企业构建智能决策体系。

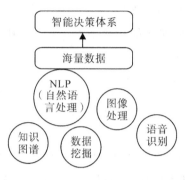

图 1-3 智能决策体系

本章小结

本章从广义和狭义两个视角界定了网络营销的定义。广义地说,网络营销是企业适应网络化生态环境,遵循网络化经营思维,构建网络化运营体制,利用网络化技术体系开展的系统性营销活动的总称。狭义地说,凡是以网络化技术体系为主要营销手段,为达到一定营销目标而开展的营销活动,都可称为网络营销。网络营销与电子商务、传统营销既有区别又有联系,内涵与外延也各不相同。网络营销具有跨时空性、富媒体性、交互性、个性化、成长性、整合性、超前性、高效性、经济性及技术性等特点,具有营销机会倍增化、营销沟通互动化、营销管理整合化、营销运行高效化、营销战略全球化及营销决策精益化等优势。网络营销的内容包括树立网络营销观念、分析网络营销机会、制定网络营销战略、实施网络营销策略和分析网络营销效果。展望未来,网络营销呈现主体多元化、社会化,运作战略化、整合化,运营品牌化、专业化,管理标准化、规范化,策略个性化、即时化,决策数字化、智能化等显著的发展趋势。

思考题

1. 何谓网络营销?随着网络技术的发展,网络营销的内涵与外延会有什么变化?
2. 网络营销的内容有哪些?
3. 与传统营销相比,网络营销具有哪些特点与优势?
4. 网络营销与电子商务、网上销售及传统营销有何关系?
5. 我国企业开展网络营销的必要性与可能性有哪些?
6. 展望未来,网络营销会呈现哪些显著的发展趋势?

第 2 章

网络营销观念与理论

观念是行为的先导,开展网络营销活动的首要之义是树立正确的网络营销观念,遵循科学的网络营销理论,并养成与之相应的思维模式。本章在阐述网络营销应树立的基本观念及应遵循的基本定律的基础上,进一步介绍典型的网络营销模式及与之相匹配的思维模式。

> • 建设具有强大凝聚力和引领力的社会主义意识形态。意识形态工作是为国家立心、为民族立魂的工作。牢牢掌握党对意识形态工作领导权,全面落实意识形态工作责任制,巩固壮大奋进新时代的主流思想舆论。
> • 互联网是一种工具,也是一种价值取向,更是社会意识的形成机制和社会生成的新组织机制和发展模式。

2.1 网络营销观念与定律

网络营销的首要环节是通过教育、培训、引导、说服等一系列活动使企业全体员工树立科学且正确的现代网络营销观念。网络营销实质上还是一种市场营销活动,所以,网络营销一方面要坚持一些基本的市场营销观念,另一方面还要适应网络经济环境与电子商务商业模式的变化,遵循网络经济特有的运行规则与内在规律,并贯彻与之相符的指导思想与态度观念。

2.1.1 网络营销观念

网络营销观念是企业制定营销战略、实施网络营销策略、组织网络营销活动时所遵循的一系列指导思想的总称。网络营销观念有广义与狭义之分。广义的网络营销观念是指企业在网络营销活动中处理与顾客、竞争者、供应商、合作伙伴、中间商、营销公众、政府及社会等各方关系时所遵循的指导思想的总称。狭义的网络营销观念则仅指企业在网络营销活动中处理与顾客关系时所遵循的指导思想。

1. 市场营销观念

市场营销观念是企业进行市场营销决策、组织市场营销活动最基本的指导思想,也是企业开展网络营销时应遵循的基本观念和态度及基础性思维方式。遵循市场营销观念意味着企业的网络营销管理必须以网络消费者需求为中心,以网络市场为出发点,贯彻顾客至上原则,将管理重心放在发现和满足网络目标顾客的需要上,从而实现企业目标。实现企业目标的关键在于准确识别网络目标市场的需求,并比竞争对手更有效、更有利地满足这些需求。

2. 社会市场营销观念

社会市场营销观念认为,企业的任务是确定各目标市场的需求、欲望和利益,并以保护或提高消费者的社会福利的方式,比竞争者更有效地为目标市场提供能够满足其需求、欲望和利益的商品或服务。企业在追求利润的同时,还要兼顾消费者和社会的长远利益,正确处理消费者需求、企业利润和社会整体利益之间的关系,实现三者之间的平衡与协调。社会市场营销观念利益基点如图2-1所示。

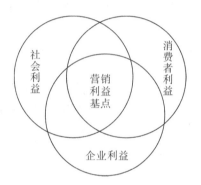

图2-1 社会市场营销观念利益基点

社会市场营销观念是以社会长远利益为中心的市场营销观念,是对市场营销观念的补充和修正。网络营销活动也应以此观念为基本遵循。以小米公司为例,自成立至今,它一直致力于用互联网思维和方法改造传统制造业,丰富"互联网+制造"的内涵,推动商业社会的效率革命,以实现用户利益和社会经济运转效率的最大化。

显然,企业对社会市场营销观念的贯彻并不会因为营销活动转移到互联网上而有所削弱。相反,在网络经济条件下,企业对消费者利益和社会利益的任何忽视,都可能因为网络在信息传播方面的威力而面临严重的危机。

3. 顾客让渡价值理论

1994年,菲利普·科特勒提出了顾客让渡价值理论(见图2-2)。顾客让渡价值是指顾客购买产品或服务时所感知的总价值与付出的总成本之间的差额。顾客总价值涵盖了顾客期望从中获得的一组利益,包括产品价值、服务价值、人员价值和形象价值等。顾客总成本是指顾客在购买产品或服务时所耗费的货币、时间、精力及体力成本等。企业要想在竞争中获胜,必须能提供比竞争对手具有更大顾客让渡价值的产品或服务。由此看来,顾客让渡价值理论仍以满足市场需求为核心,更适应当前竞争激烈的市场环境,而网络营销的实施也更有利于企业贯彻这一营销思想。

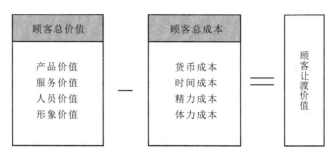

图 2-2 顾客让渡价值理论

网络经济时代为顾客比较和评估不同企业的产品或服务的价值提供了十分便利的条件。因此,网络营销策划必须以顾客价值为导向,既要考虑如何通过提升产品、服务、人员形象来增加产品的总价值,又要思考如何降低生产与销售成本,减少顾客购买产品的时间、精神与体力成本,从而降低货币成本。为更好贯彻这一营销观念,企业在开展网络营销活动时可以在为用户提供核心产品或服务的同时,尽量附加更多有价值的产品或服务,以满足顾客的多样化需求。

4. 关系营销理论

关系营销理论(见图 2-3)所倡导的是利用先进的网络组织技术将企业的营销关系纳入一种制度化的相互关联之中,以形成一种长期稳定的市场营销关系网络。这种营销方式反映了如下的指导思想:要想实现企业的营销目标,保持企业在市场中的有利位置,使企业持续稳定地增加利润,市场营销者就应积极与顾客、中间商、供应商、营销中介等相关方建立并维持一种长期稳定的、友好合作的关系,确保各方都能实现各自的目标。

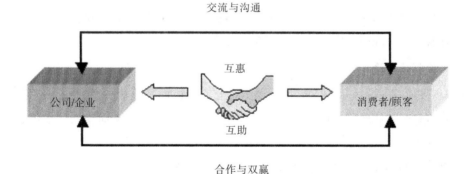

图 2-3 关系营销理论

顾客关系管理(customer relationship management,CRM)是一种反映关系营销观念的管理系统,旨在改善与优化企业与顾客之间的关系。它主要应用于企业的市场营销、服务及技术支持等与顾客有关的领域。顾客关系管理的目标在于通过提供更快速和周到的优质服务吸引和保持更多顾客,同时通过对企业业务流程的全面重组和管理降低企业运营成本。

5.服务营销理论

网络市场营销活动的核心在于向潜在顾客提供优质的在线服务。因此,服务营销理论对网络营销活动具有指导意义。无论是服务产品的网络营销过程,还是实物产品的网络营销活动,服务营销理论均适用。

服务产品与实体产品相比,具有无形性、生产与消费过程的同步性、非储存性、交易过程中不存在所有权的转移及服务质量存在差异性等特点。

服务营销组合策略(见图2-4)可以概括为7P策略,即在传统的产品(product)、价格(price)、渠道(place)和促销(promotion)4P策略的基础上,增加了人员(people)、有形展示(physical evidence)和服务过程(process)3个关键要素。

图2-4 服务营销组合策略

服务产品的生产与消费过程涉及服务提供者与顾客的广泛互动。服务质量的优劣不仅取决于服务提供者的素质,还与顾客的行为密切相关。因此,提升服务员工素质、加强服务业内部管理,以及研究顾客的服务消费行为十分重要。

服务产品的无形性要求服务营销要特别关注服务的有形展示问题。服务过程是服务生产与服务消费的统一过程,服务生产过程也是消费者参与的过程。因此,服务营销必须把对顾客的管理纳入服务营销管理的框架中。

6.体验营销理论

体验营销(experiential marketing)是指企业通过让目标顾客观摩、聆听、试用等方式使其亲身体验产品或服务,真实感知产品或服务的品质与性能,从而激发顾客的认知、喜好并产生购买行为。

心理学领域的研究发现了5种重要的顾客体验:情感体验——顾客的内心感受;感官体验——顾客的视觉、听觉、触觉、嗅觉和味觉;思考体验——触发顾客的发散思维;行动体验——顾客生活方式的选择;关联体验——顾客与他人的社会关系。

伯德·施密特在《体验式营销》一书中指出,体验营销是从消费者的感官(sense)、情感(feel)、思考(think)、行动(act)、关联(relate)5个方面重新定义与设计营销的思考方式。这种思考方式认为,消费者在消费时兼具理性与感性,消费者在消费前、消费中、消费后的体验是研究消费者行为与企业品牌经营的关键所在。体验营销客户体验类型如图2-5所示。

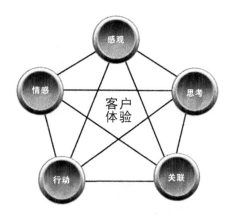

图 2-5 体验营销客户体验类型

2.1.2 网络营销定律

网络经济是一种以信息技术为基础,以知识要素为主要驱动因素,以网络为基本工具的新的生产方式。网络经济的深化促使企业商业模式的进化发展,促使传统行业商业模式的创新质变。网络经济时代下的网络营销定律对商业模式的演变发挥着深远影响。

1. 摩尔定律

摩尔定律(Moore's law)(见图 2-6)是由英特尔公司创始人之一戈登·摩尔(Gordon Moore)提出的。1965 年,摩尔预测单片硅芯片的运算处理能力每隔 18 个月就会翻一番,而与此同时价格则减半。这一预测基于戈登·摩尔在准备一份关于计算机存储器发展趋势的报告时整理的观察资料。他发现每个新芯片大体上包含其前任 2 倍的容量,且每个芯片都是在前一个芯片产生后的 18~24 个月内产生。如果继续这一趋势,芯片的计算能力相对于时间周期将呈指数式上升。后来,人们对摩尔定律进行归纳,主要有以下三种表述:

(1)集成电路芯片上所集成的电路数目,每隔 18 个月翻一番。

(2)微处理器的性能每隔 18 个月提高 1 倍,而价格下降一半。

(3)用 1 美元所能买到的电脑性能,每隔 18 个月翻两番。

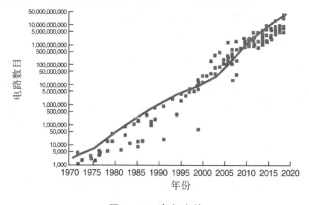

图 2-6 摩尔定律

反摩尔定律由谷歌前首席执行官埃里克·施密特提出。他指出,如果反过来看摩尔定律,一个 IT 公司在 18 个月内卖出与之前同样数量的相同产品,其营业额就会降低一半。换句话说,每经过 18 个月,科技公司产品的价值就会减半。反摩尔定律为新兴的创业企业指出了发展空间。虽然现有市场中成熟的巨头公司占有很大的市场份额并拥有众多客户,但革命性的创新和技术的快速发展却为创新型中小公司提供了发现生存机会、颠覆传统企业的可能。

2. 梅特卡夫定律

1979 年,梅特卡夫(Metcalfe)博士发明了以太网技术,并创建了 3COM 公司。1982 年,3COM 公司为 IBM 个人电脑设计了世界上第一块网卡。梅特卡夫认为,网络经济的价值同网络节点数的平方成正比。也就是说,N 个用户连接可创造出 $N \times N$ 的效益。这表明,网络带来的效益将随网络用户的增加而呈指数形式增长。这便是梅特卡夫定律(Metcalfe's law),如图 2-7 所示。例如,如果只有 1 部电话,那么这部电话实际上就没有任何经济价值;如果有 2 部电话,根据梅特卡夫定律,电话网络的经济价值就等于电话数量的平方,也就是从 0 上升到 2 的平方,即 4;如果再增加 1 部电话,那么这个电话网络的经济价值就上升到 3 的平方,即 9。也就是说,一个网络的经济价值是按照指数级上升的,而不是按照算术级上升的。

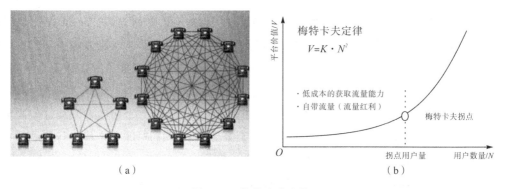

图 2-7 梅特卡夫定律

原来的商业模式主要建立在点对点的连接方式上,然而,互联网将这些点扁平化地连接并交互,从而形成一个巨大的星形网络,交互速度大大提高。从目前的趋势来看,互联网的用户数大约每隔半年就会翻一番,而互联网的通信速度则每隔 100 天就会翻一番。这正是凯文·凯利所说的传真效应,即"在网络经济中,东西越充足,价值就越大"。在一个网状社会中,个人与企业的价值是由连接点的广度与厚度决定的。连接越广泛、越深厚,价值则越大,这也是纯信息社会的基本特征,即信息含量决定价值。所以,开放变成一种必要的生存状态,若不开放则无法获得更多的连接机会。

3. 马太效应

马太效应(Matthew effect)是指在网络经济中,由于人们的心理反应和行为惯性,一旦优势或劣势出现并达到一定程度,它们会自行强化,出现"强者更强、弱者更弱"的垄断局面。马太效应反映了网络经济时代企业竞争中一个重要因素——主流化,其基本原理非常简单:占领的市场份额越大,获利就越多,即富者越富。

马太效应指强者愈强、弱者愈弱的现象。它源于圣经《新约·马太福音》中的一则寓言。国王远行前,交给3个仆人每人1锭银子,吩咐他们:"你们去做生意,等我回来时,再来见我。"国王回来时,第1个仆人说:"主人,你给我的1锭银子,我已赚了10锭。"于是,国王奖励他10座城邑。第2个仆人报告说:"主人,你给我的1锭银子,我已赚了5锭。"于是,国王奖励了他5座城邑。第3个仆人报告说:"主人,你给我的1锭银子,我一直包在手巾里存着,我怕丢失,一直没有拿出来。"于是,国王命人将第3个仆人的1锭银子也赏给第1个仆人,并且说:"凡是少的,就连他所有的也要夺过来。凡是多的,还要给他,叫他多多益善。"

4. 吉尔德定律

美国技术理论家乔治·吉尔德曾预测,在未来25年,主干网的带宽将每6个月增长1倍,12个月增长2倍,其增长速度是摩尔定律预测的中央处理器(central processing unit,CPU)增长速度的3倍,并预言将来上网会免费。这实际上反映了数字经济的一大特点,即边际成本的大幅下降体现了数字经济的广泛覆盖性。吉尔德定律(Gilder's law)如图2-8所示。随着通信能力的不断提升,吉尔德断言,每比特传输价格将趋于免费,呈现出渐进曲线(asymptotic curve)的规律。在美国,已有众多互联网服务提供商向用户提供免费上网服务。

吉尔德定律还表明,最为成功的商业运作模式是尽可能地消耗价格最低的资源,以保存最昂贵的资源。这一原理为互联网时代的低价、免费等新商业模式提供了理论支撑。

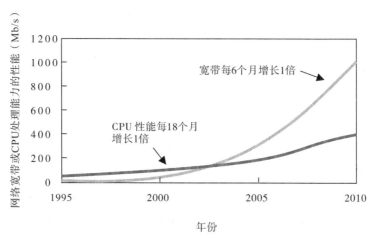

图2-8 吉尔德定律

5. 达维多定律

达维多定律由曾任英特尔公司高级行销主管和副总裁的威廉·H.达维多(William

H. Davidow)提出,它强调一家企业若想在市场上占据主导地位,必须率先开发出新一代产品,并果断淘汰自身的旧产品。达维多定律的核心在于,只有不断创造新产品,及时淘汰旧产品,使新产品尽快进入市场,才能形成新的市场和产品标准,从而掌握制定行业规则的主导权。做到这一点的前提在于技术上的持续领先。企业应依靠创新所带来的短期优势来获取高额的创新利润,以此谋求更大发展,而非维持旧有的技术或产品优势。

达维多定律的理论基础在于市场开发和利益分割的成效。在激烈的市场竞争中,抢占先机至关重要,因为只有先入市场才能更容易地获得较大的市场份额和高额利润。通常,市场的第一代产品能够自动获得50%的市场份额,凸显了先入为主的重要性。

6. 721法则

721法则(见图2-9),亦称流量不等值定律、赢家通吃定律、互联网721生存法则,揭示了互联网领域市场份额的分配规律。具体而言,行业排名第1的公司往往占据70%的市场份额,排名第2的公司可能拥有20%,其他公司则分享剩余的10%,但是第2名的价值往往远不及第1名的1/10。互联网公司只有率先积累足够多的用户,形成规模效应,才能将产品的边际成本降至零,从而有可能为用户提供低成本甚至免费的服务。同时,行业领导者通过制定规则占据了很大优势,其他公司仅凭借技术和管理的微小优势都难以与之抗衡,这就是掌握游戏规则所带来的优势。

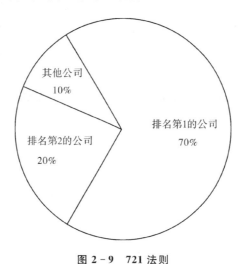

图2-9 721法则

7. 诺维格定律

诺维格定律(Norvig's law)是指当一家公司在某个领域的市场占有率超过50%后,便难以再使市场占有率翻番,所以就必须寻找新的市场。诺维格定律揭示的第1层意思是市场总是会饱和的,第2层意思则强调公司需要不断寻找新的增长点。寻找新的增长点的一种有效途径是横向扩展,即公司将其现有的技术和商业优势应用到相关市场中。例如,谷歌从基于搜索的广告业务扩展到基于内容的广告业务。这种横向扩展可以最大限度地利用公司原来的优势和经验,使公司在新的领域迅速站稳脚跟。但当某个行业进入衰退期,横向扩展也难以找到新的增长方向,同时外部环境又与现有业务相冲突时,公司便需要考虑进行转型。

8. 安迪-比尔定律

安迪-比尔定律(Andy and Bill's law)是对 IT 产业中软件和硬件升级换代关系的概括。该定律的核心是"Andy gives, Bill takes away."(安迪提供什么,比尔拿走什么。)其意味着硬件性能的提高往往很快被软件的需求所消耗。总的来看,软件公司和硬件公司形成了利益共同体。没有硬件作为载体,人们无法使用最新的软件;同样,没有软件的更新,人们也没有更新硬件的动力。安迪-比尔定律把原本属于耐用消费品的电脑、手机等商品变成消耗性商品,从而刺激了整个 IT 行业的快速发展。

2.2 网络营销模式

网络营销模式是企业商业模式的重要组成部分。概括而言,网络营销模式是指企业为与目标顾客通过互联网顺利实现价值创造和价值传递的商品交换而规划实施的包括网络营销观念、战略与战术 3 个层次核心内容的系统性解决方案。从网络营销的实践来看,具有代表性的网络营销模式主要有以下 8 种。

2.2.1 网络整合营销

整合营销传播(integrated marketing communication,IMC)是 20 世纪 90 年代欧美国家以消费者需求为导向的营销思想在传播领域的具体体现。

网络整合营销是以品牌核心价值观为中心、以品牌战略为导向,通过网络营销网站聚合传播效果并演绎品牌内涵,将网络营销与网下营销相结合,在消费者的每一个接触点进行品牌传播,从而构成多维度的跨媒体营销传播体系。

被誉为整合营销传播之父的唐·E.舒尔茨(Don E. Schultz)认为,数字化、信息技术、知识产权和传播系统四大关联因素对市场变革起着重要的推动作用,进而也深刻影响着市场营销和营销传播的变革。这四大因素已经对全球化市场和全球营销传播方案做出了贡献,并将继续发挥其重要的作用。

1. 4C 组合理论

美国营销学专家劳特朋等提出了整合营销的 4C 组合理论,即顾客(customer)、成本(cost)、便利(convenience)和沟通(communication),如图 2-10 所示。

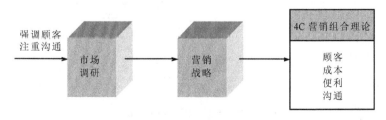

图 2-10 4C 组合理论

4C组合理论的要点体现在以下4个方面。

(1)企业产品或服务策略的制定要以满足顾客需求为中心,向顾客提供能最大限度满足其需求的产品和服务。这就要求企业应通过市场调研及时捕捉顾客需求变化情况,并向顾客提供个性化、多样化的产品与服务。

(2)企业产品或服务价格的制定应关注顾客愿意付出的成本,以合理的定价策略实现价值最大化。

(3)企业渠道策略的制定要考虑最大限度地向顾客提供便利,减少顾客的购买障碍。

(4)企业促销策略的制定要以与顾客保持持续的交流与沟通为保障,增强品牌忠诚度。

2. 4R营销理论

4R营销理论,即关联(relevance)、反应(reaction)、关系(relationship)和回报(reward),是由美国学者唐·E.舒尔茨在4C组合理论基础上提出的新营销理论。该理论认为,随着市场的发展,企业需要从更高层次上以更有效的方式在企业与顾客间建立起有别于传统的新型的主动性关系。4R营销理论的具体体现如图2-11所示。

(1)关联。紧密联系顾客。企业必须通过有效的方式与顾客在业务、需求等方面建立关联,形成互助、互求、互需的关系,从而减少顾客流失,赢得长期而稳定的市场。

(2)反应。提高对市场的反应速度。在相互渗透、相互影响的市场中,企业应及时倾听顾客的期望和需求,并迅速做出反应来满足顾客需求,从而促进市场的健康发展。

(3)关系。重视与顾客的互动关系。4R营销理论认为,抢占市场的关键是与顾客建立长期而稳固的关系,把交易转变成一种责任,与顾客建立互动关系,而沟通是建立这种互动关系的重要手段。

(4)回报。回报是营销的源泉。由于营销目标必须注重企业在营销活动中的回报,所以企业必须满足客户需求,为客户提供价值。回报不仅是维持市场关系的必要条件,也是推动营销发展的动力。

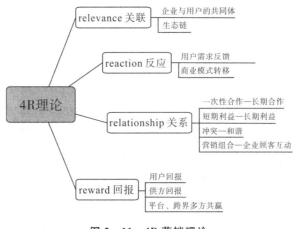

图2-11 4R营销理论

3. 4I营销原则

4I营销原则即趣味原则(interesting)、利益原则(interests)、互动原则(interaction)和个性化原则(individuality)。4I营销原则完全从用户角度出发,以吸引用户注意力、鼓励用户参与为基本目标,符合注意力经济时代营销的基本要求。4I营销原则最早见于2009年5月刘东明发表的《成功的网络营销:和"污渍"一起玩》一文中。

(1)趣味原则。有趣的内容始终更受人们欢迎,也更容易在网络上被分享和传播。

(2)利益原则。用户更关注的是能否从企业输出的内容中获取利益,这是企业必须考虑的问题。满足用户利益需求的方式是多种多样的。

(3)互动原则。与用户互动不仅可以增强用户的参与感和品牌印象,还能在互动中提升用户黏性。

(4)个性化原则。企业在开展整合营销时,应突出产品或服务的专属性,以满足用户的个性化需求。

4. 4D营销模型

在新互联经济时代,技术应用、消费模式、消费者思想都在发生深刻变革。相应地,营销模型的内涵和外延也在不断变化发展。在这一背景下,以消费者需求为基础的4D营销模型应运而生。

4D营销模型涵盖了四大关键要素:需求(demand)、动态(dynamic)、传递(deliver)、数据(data),如图2-12所示。4D营销模型更具互联网精神与实效,能够更好地适应不断变化的营销环境。

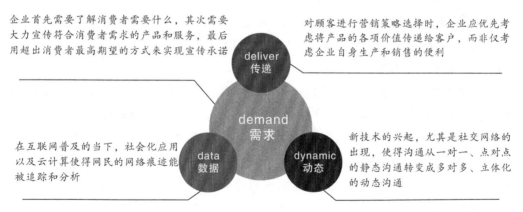

图2-12 4D营销模型

(1)需求。需求作为市场营销理论的基石,经历了从产品本位、消费者本位到聚集用户需求策略的演化。聚集用户需求策略是指利用网络环境收集和整理消费者信息,了解、预测和创造消费者需求。科技的发展为企业获取消费者全方位的信息,分析和预测市场需求提供了条件。

(2)动态。新技术的兴起,尤其是社交网络的出现,使得沟通机制从一对一、点对点的静态沟通,转变成多对多、立体化的动态沟通。因此,企业应相应调整沟通方式,实现实时响应和全面覆盖。实现这一目标可采取以下 3 种途径:一是要实现线上线下闭环,二是多渠道整合传播,三是病毒式口碑传播。

(3)传递。在选择营销策略时,企业应优先考虑将产品的各项价值传递给客户,而非仅考虑企业自身生产和销售的便利。

(4)数据。移动互联网时代,从搜索引擎、社交网络的普及,到"人手一机"的智能移动终端的应用,信息承载的方式日趋丰富,大量的用户信息被记录在网上,从而形成大数据。这些数据维度众多并且动态变化,为分析消费者的行为和特征提供了数据基础。企业可以利用用户数据实现精准定位,从而实现个性化营销。

2.2.2 网络定制营销

1.网络定制营销的概念

定制营销是指企业在大规模生产的基础上,将每位顾客都视为一个独立的细分市场,并根据每个人的独特需求来策划营销组合策略,以满足每位顾客的个性化需求。定制营销源自制造业和信息业的迅速发展,为企业提供了全新的营销机会。

定制,即量身定做,人们对此并不陌生。早期市场中,许多手艺人为顾客加工制作产品时都采取定制这一做法。例如,裁缝根据顾客的身高、体形和偏好来为顾客定做服装;鞋匠根据顾客脚的尺寸及喜好设计制作鞋款。即使在今天,仍有许多顾客选择定制西服、衬衫等产品。

2.网络定制营销的特点

网络技术的发展深化了企业与顾客间的关系。随着双方相互了解的加深,营销活动愈发适应定制化的需求,也更有可能实现定制。网络定制营销,也称在线个性化定制,与传统定制营销相比,具有如下显著特点。

(1)大规模生产。网络定制营销仍然以大规模生产为基础,借助产品设计和生产过程的重新组合来更好地满足顾客日益增长的个性化需求,同时保持规模经济效益。

(2)数据库营销。企业在进行定制营销时,通常将顾客数据库作为营销工具。企业将自己与顾客的每次互动都记录下来,包括购买数量、价格、采购条件、特殊需求、性别、年龄等信息。通过分析这些信息,企业能够洞察新老顾客的需求,从而制定出更具针对性的营销策略。

(3)市场细分极限化。定制营销中将市场细分推向极致,每位顾客都被视为一个独立的子市场。企业要根据每位顾客的具体需求,量身打造营销组合。

(4)顾客参与设计。顾客参与性是指在定制营销中,为了确保顾客的满意度,企业鼓励顾客积极参与定制营销。互联网的普及使得企业与顾客之间的低成本信息沟通成为可能,也使得传统的线下营销模式向定制营销的发展成为可能。网络营销借助网络强大的数据传输、处理和保存能力,充分发挥网络跨越时空、顾客参与和交互式沟通的优势,将预测生产转变为定制生产,减少了生产的盲目性,最大限度地降低了库存量。在社会化大生产的背景下,网络营销是实现既考虑顾客个性化需求,又兼顾规模经济效益的定制营销的最佳形式之一。

(5)产品结构模块化与核心产品标准化。定制营销要实现企业成本节约与顾客个性化需求满足的最佳平衡。企业只有依靠产品结构的模块化和核心产品的标准化才能进行柔性化生产。柔性化生产是企业既满足消费者个性化需求,又降低成本的一种高效的生产方法。

2.2.3 网络病毒营销

1.网络病毒营销的概念

病毒营销作为一种特殊的信息传递战略,其核心在于通过刺激个体将营销信息传递给他人,进而实现信息的迅速扩散和影响力的指数级增长。这种战略像病毒一样,利用快速复制的方式将信息传递给数以百万计的受众。

2.网络病毒营销的特点

网络病毒营销具有三个基本特征。首先,企业需要创造一种能给人们带来利益的携带企业信息的病毒产品,营造一个使用这种病毒产品的环境,形成一种传递这种病毒产品的机制,促使用户自发地进行信息传递;其次,用户在享受企业提供的利益的同时会无意识地成为传播者;最后,这种信息的传播以非付费的形式,通过消费者之间的"传染"效应实现。

美国著名的电子商务顾问拉尔夫·威尔逊博士指出,一个有效的病毒营销战略应具备以下六项基本要素:提供有价值的产品或服务、设计易于传播的信息传递方式、确保信息能从小范围迅速扩散至大规模、充分利用公众的积极性和行为特征、借助现有的通信网络、合理利用外部资源。

3.网络病毒营销的步骤

网络病毒营销的实施步骤(见图2-14)具体如下所述。

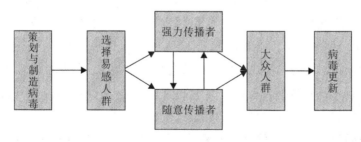

图2-14 网络病毒营销的实施步骤

(1)策划与制造病毒。实施病毒营销的关键是策划与制造病毒产品。不管病毒最终以何种形式呈现,它都必须具备基本的感染基因。也就是说,病毒产品必须具有独特的魅力、不可抗拒的诱惑力、方便快捷的传播力和顺畅高效的扩散渠道。随着互联网的飞速成长，病毒式推广的方式越来越多，如搞笑动画、图片、文字、免费优惠券、免费邮箱等。

(2) 选择易感人群。成功制造病毒产品后，病毒营销的成败则取决于能否找到有影响力的人，即早期的接受者或者意见领袖。通过影响这部分群体，我们就可以找到一个目标消费群体。

(3) 迅速大规模扩散。易感人群感染病毒后，企业还应进一步推动病毒的快速传播，创造易感人群与强力传播者、随意传播者及大众传播者之间接触的机会，以实现病毒的大规模扩散，从而有效推广企业的网站、产品或服务。

(4) 病毒更新。病毒产品如其他产品一样，有其生命周期。一旦病毒产品的传播基本上达到饱和，企业就应该适时推出新一代病毒产品，开展新一轮病毒营销，以维系现有用户，同时拓展新的市场。

2.2.4 网络口碑营销

1. 网络口碑营销的概念

口碑传播是人际传播的一种形式，一般是指口耳相传的信息沟通方式。随着网络技术的发展，特别是网络新媒体技术的应用，网络口碑传播势不可挡，如微博、博客、聊天室、即时沟通工具（如微信、QQ、MSN等）、网络论坛、公告版系统、电子邮件、短视频等形式都成为网络口碑沟通的新方式。

口碑营销是指有效利用口碑传播机制实现企业营销目的的活动。网络口碑营销（internet word of mouth marketing，IWOM）是指利用互联网上的口碑传播机制，通过消费者以文字等表达方式为载体进行口碑信息传播，以实现塑造企业形象、推广企业品牌、促进产品销售等营销目的的网络营销活动。

2. 网络口碑营销的特点

与其他网络营销模式相比，网络口碑营销具有以下显著特点。

(1) 信度高。口碑传播的主体是中立的第三方，与交易双方几乎不存在利益关系，所以口碑传播相对于纯粹的广告、促销、公关、商家推荐等方式而言具有较高的可信度。这种传播方式对品牌知名度和美誉度的改变是潜移默化的，同时也是深入人心的。

(2) 成本低。网络口碑营销的表现形式是消费者以网络沟通与交流的方式将商品信息传递给其他网民。这些网民在口碑相传的过程中主动传播信息并影响他人，从而直接或间接地影响目标顾客的购买决策。由于这种传播是自发的，企业无须支付额外费用，因此，口碑传播成为当今最廉价的信息传播工具之一。

(3) 扩散性强。在社会学领域，"蝴蝶效应"常被用来阐述这样一种现象。即使一个微小的负面机制，如果不加以及时引导和调节，也可能会给社会带来巨大的危害，这种现象有时被形象地称为"龙卷风"或"风暴"。相反，一个微小的正面机制，只要得到正确引导，并经过一段时间的培育，可能会产生轰动效应，甚至引发一场"革命"。口碑同样存在良性与恶性之分，而网络口碑的传播对企业来说也具有这种扩散机制。在这个沟通手段与途径日益多样化的时代,一条"精力充沛"的信息一旦传出,便会以几何级数的增长速度迅速传播。

3. 网络口碑营销的步骤

企业开展网络口碑营销的一般步骤是:在深入的市场营销调研基础上制订网络口碑营销计划;为目标市场提供符合其需求的产品和服务;通过设计合理的激励机制,促使消费者自发传播公司产品和服务的良好评价,从而引导目标顾客通过口碑了解企业产品,形成良好的品牌印象,增强企业的市场认知度,最终实现购买企业产品或服务的目的。

(1)制造传播由头。传播由头必须足以激发用户兴趣,因为只有触动用户内心的敏感点,才能引发其自发传播。

(2)设计传播机制。有了传播内容后,选择合适的传播机制同样重要。只有设计出极具激励性的传播机制,才能使口碑传播如滚雪球般不断扩大,形成多米诺骨牌般的连锁反应。传播机制的动力来源不仅限于金钱,最好的办法是让用户参与产品的开发过程,使用户对产品产生共鸣并自发传播。此外,通过赠送最新的产品或服务,鼓励用户将其分享给他人,也是扩大口碑营销者队伍的有效方法。

(3)选择种子用户。种子用户是口碑传播的关键人物,他们通常是行业内的舆论领袖。网络口碑营销必须找到这些具有强大传播能力的人群,让他们将产品或服务信息再传播出去。这些用户天性热心、乐于助人,喜欢在网上分享和评论各种事物。

(4)维护并更新传播由头。口碑传播过程中可能会出现许多不确定因素,传播方向也不一定总是有利于企业。因此,企业需要积极监控口碑传播过程及网络舆论,并采取积极有效的引导和纠偏措施。

任何一个能引发大众兴趣的传播由头都会随着时间的推移而失去新鲜感,企业应及时更新传播由头,以保持网络口碑的长久活力。

2.2.5 网络内容营销

1. 网络内容营销的概念

内容营销(content marketing)是美国内容营销协会创始人、内容营销之父乔·普利兹在2001年提出的一个营销理念。他认为,在互联网传播环境下,仅仅依靠购买流量来吸引消费者的做法,其转化为实际购买行为的效率越来越低,且性价比日益下降。因此,网络内容营销应运而生,其核心在于通过创作和发布有价值、相关性强且持续更新的内容有效吸引目标人群,并加深这些人群对品牌的信任,最终将这种信任转化为实际的消费行为,为企业带来利润。

2. 网络内容营销的特点

网络内容营销具有三个显著特点。一是通过为顾客提供有价值的信息和服务以吸引并打动顾客,而非过度依赖传统的广告和推销手段。二是吸引并聚集与品牌定位匹配度较高的目标人群,并为其量身定制创作内容。弄清楚目标人群的阅读兴趣、媒体选择等,为其量身定制创作内容,以确保信息的精准推动和营销活动的有效性。三是有可衡量的营销成果,最终能实现盈利目标。真正的内容营销指的是产出对消费者来说有价值的内容,充分利用各种传播媒介吸引消费者的注意力,推动消费者对品牌的了解和认同,从而建立长久的顾客关系。

3. 网络内容营销的策略

(1)消费者精细化策略。 消费者精细化策略是指通过深入探索消费者需求和行为特征,对消费者进行人群细分,并根据不同目标人群的特性选择适合的内容进行推送。

(2)内容场景化策略。 内容场景化策略强调构建与内容相契合的虚拟环境,通过环境元素的巧妙运用使消费者能够感同身受,并激发他们购买、分享及转发行为的意愿。

(3)渠道整合化策略。 渠道整合化策略是指对传播渠道和平台的整合。一方面,内容营销通过整合移动端、PC端和电视端等多个渠道,并根据不同渠道的特性和优势对内容进行整合与分屏传播,全方位扩大品牌传播范围。另一方面,当前消费逐渐呈现平台化的趋势,消费者越来越向几个大的平台靠拢,内容也应顺应这一趋势向平台化方向发展。

(4)营销个性化策略。 营销个性化策略强调根据目标对象的不同特点,创建个性化的内容满足其特定需求,促使消费者向强关系方向转化,最终做出购买决策。此外,针对性的内容仍然需要考虑恰当的时间、适合的传播渠道、正确的内容形式等因素。

(5)技术智能化策略。 智能化技术的不断进步深刻影响着内容营销。智能化技术贯穿于内容营销的各个环节,包括市场调研、内容生产、内容分发、反馈和优化等每个环节,为内容营销带来了一场新的革命。

2.2.6 社交网络营销

1. 社交网络营销的概念

社交网络服务是专指帮助人们建立社会性交际网络的互联网应用服务,其基本原理是将现实中的社交圈迁移到网络上,根据个人意愿和条件建立属于自己的社交圈。通过朋友认识朋友的方式,人们能够迅速建立起一个基于信任的朋友圈。在互联网时代,每个人都可以借助一种或多种网络媒体接收、传播与发送信息。形象地说,每个人都可以利用微信、微博等平台发表自己的观点,每个人都可以通过网络直播、视频分享等方式传播内容,每个人都可以通过创建自己的博客、QQ空间等向大众传递信息,这便是媒体社会化的表现。

社交网络营销是指利用社交网络服务、在线社区、博客、即时通信工具、微博、微信、图片和视频分享、音乐共享等社会化网络媒体开展的营销活动。社会化营销代表着营销方式的转变,既体现了网络媒体共享、实时和互动的特性,也凸显了网络社会化媒体自身独特的优势。

六度分隔(six degrees of separation)理论也叫小世界理论。1967年,哈佛大学的社会心理学家斯坦利·米尔格伦(Stanley Milgram)设计了一个连锁信实验。他将一套连锁信件随机发送给居住在内布拉斯加州奥马哈的160个人,信中附带了一个波士顿股票经纪人的名字,并要求每个收信人将信件寄给自己认为与那个股票经纪人关系较近的朋友,朋友收信后照此办理。最终,大部分信件在经过五六个步骤后都到达了该股票经纪人手里,从而验证了六度分隔现象,即任何两个人之间建立联系,他们之间最多需要六个人(不包括这两个人在内)就能够互相认识。

2. 社交网络营销的特点

(1)个人化与分享性。随着一系列网络社会化媒体的普及应用,媒体与个人的界限逐渐模糊。当个人成为媒体的所有者时,其对信息传播的主动参与性和控制力都会大大增加。在这个过程中,受众个人的主动性和选择性成为影响信息传播的重要因素。

传统网站内容由网站自身生产,而社会化网络的绝大部分内容由用户产生,并且内容公开,便于用户之间共享。社会化媒体有两个关键特征:一是用户生成内容(user generated content,UGC),二是消费者生成媒体(consumer generated media,CGM)。媒体与受众之间的界限变得模糊,两者产生双向交流,用户之间也可以自由互动。

(2)累加性与聚合性。社会化媒体在帮助个人传递信息的同时允许并鼓励用户在此基础上增加个人观点和相关经验。这样,下一个接收者收到的信息就不仅是原有信息,还包含了增加的信息。这一过程继续进行,信息的内容就会无限地增加和丰富。当然,在对信息有不同观点时,增加的内容又以反复论辩的形式继续增加,信息内容在深度上和广度上都得到了扩展。

个人化并不意味着网络社会化媒体传递的信息是零散的。相反,这些信息通过聚合作用紧紧地联系在一起。在社会化网络中,某一类型的信息在特定群体中容易传播,或者某一类型的信息总是能获得某一群体的青睐而得以有效传播。社会化网络中的个人依据兴趣爱好重新分类聚集,形成分众群体。

(3)圈子化与社区化。圈子指具有相同爱好、兴趣或者为了某个特定目的而聚集在一起的人群,如朋友圈、演艺圈等。社交网络媒体不仅具有聚合作用,更重要的是能够迅速形成虚拟社区,使人们能够进行长期、深入的交流。这意味着社区中的人们将建立起更加私人化和富有感情色彩的关系。虚拟社区的意义在于为人们提供了一个网络空间,让他们能够以充沛的感情进行公开的讨论,形成个人关系网络。随着交流的深入,这种线上的亲密关系还有可能延续到线下。

3. 社交网络营销的步骤

以社交网络服务为例,社交网络营销的基本步骤如图2-14所示。

图 2-14 社交网络营销的基本步骤

2.2.7 网络娱乐营销

娱乐营销本质上是一种独特的沟通方式,独立于企业与消费者,却能在双方之间搭建起一座沟通的桥梁,让双方在适当的时间、地点和场合建立适当的联系。与广告的功利性和公关的刻意性不同,娱乐营销更注重在潜移默化中实现双方的心领神会。娱乐营销强调感性营销作用的发挥,即并非简单地从理性角度劝说顾客购买,而是通过感性共鸣激发客户的购买欲望。成功的娱乐营销至少包含六个关键要素,即内容(content)、参与(connect)、成本(cost)、资源整合(convergence)、渠道(channel)和消费者(consumer)。

网络娱乐营销是指借助各种娱乐活动与消费者进行互动,将娱乐元素融入产品或服务中,通过娱乐元素建立起品牌与顾客间的情感联系,从而实现推广品牌内涵、培养顾客忠诚度、促进产品销售等营销目的的营销方式。

2.2.8 网络长尾营销

在网络营销领域,长尾理论是对传统的二八定律的一种颠覆。19世纪末20世纪初,意大利统计学家帕累托发现,许多社会领域都存在着一种"关键的少数,次要的多数"现象,即最重要的部分占比约20%,次要部分占比约80%。从客户管理的角度而言,约20%的关键客户为企业带来约80%的利润或销量,约80%的客户仅为企业带来的20%的利润或销量。从产品销售的角度而言,约20%的重要商品为企业带来约80%的利润或销量,约80%的次要商品仅为企业带来约20%的利润或销量。因此,在市场营销中,为了提高效率,企业习惯把精力放在那些有80%的客户去购买的20%的主流商品上,着力维护购买其80%商品的20%的主流客户。

与二八定律不同的是,长尾理论中"尾巴"的作用是不能忽视的,企业不应该只关注"头部"的作用。在长尾理论中,主体和长尾对总量的影响如图2-15所示。其基本思想体现为,只要存储和流通的渠道足够大,需求不旺或销量不佳的产品所共同占据的市场份额也可以和那些少数热销产品所占据的市场份额相匹敌,即众多小市场会聚成可与主流大市场相抗衡的市场能量。长尾理论已经成为一种新型的经济模式,并在网络经济领域得到广泛应用。网络的出现为企业提供了实现首尾兼顾的可能性,让原本具有潜质的"尾"有机会转化为强势的"头"。在"头"的影响带动下,企业可以吸引更多的"尾",实现以尾制胜的利基化生存,或者实现首尾兼顾的赢家通吃局面。

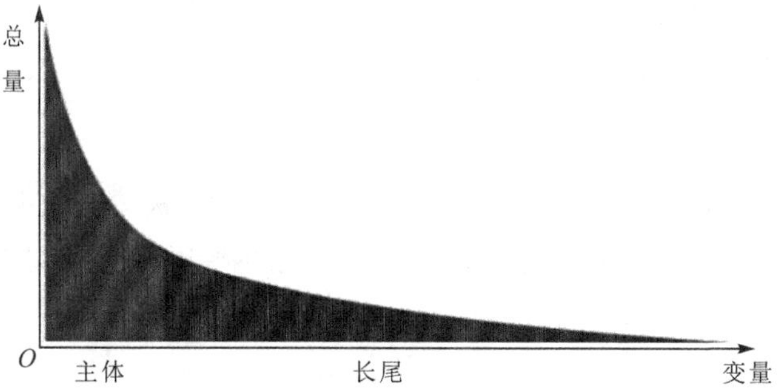

图 2-15 主体和长尾对总量的影响

2.3 网络营销新思维

2.3.1 互联网思维

互联网是由众多节点相互连接起来的,非平面、立体化、无中心且无边缘的网状结构。互联网思维的最初定义就是基于互联网的上述特征来思考解决问题的一种思维模式。相较于传统的工业思维,互联网思维赋予消费者更多的主动权。

互联网思维是在(移动)互联网、大数据、云计算等科技不断发展的背景下,人们对市场、用户、产品、企业价值链乃至整个商业生态进行重新审视的思考方式。真正的互联网思维是对传统企业价值链的重新审视,更在战略、业务和组织三个层面,以及供研产销的各个环节中体现了其深远影响。

互联网思维展现出的特征包括具有前瞻性和预判性;具有开放、共享、创新、探索的精神和心态;从市场趋势和消费者需求的角度思考,开拓全新的市场需求和商业模式;运用互联网技术进行消费者研究和市场分析;运用新兴媒体与消费者进行个性化沟通;具有系统性和战略性思维;善于学习和自我完善。互联网思维的内容及特征(见图 2-16)具体体现在以下 9 个方面。

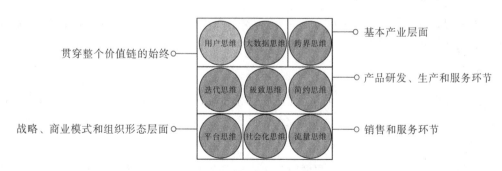

图 2-16 互联网思维的内容及特征

1. 用户思维

互联网思维的核心是用户思维,强调在价值链的各个环节中都要以用户为中心,建立以用户为中心的企业文化。只有深度理解用户,企业才能在竞争激烈的市场中生存。

2. 简约思维

在信息爆炸的互联网时代,网络用户注重消费过程的快捷高效和舒心快乐。因此,简约思维强调在产品设计上追求简洁的外观和简化的操作流程,以满足用户的快速消费需求。

3. 极致思维

极致思维要求企业围绕用户需求将产品、服务和用户体验做到极致,超越用户预期。例如,通过设立首席惊喜官等方式,寻找潜在的推销员或专家,为他们制造惊喜,从而提升品牌影响力和用户忠诚度。

4. 迭代思维

迭代思维强调传统企业必须实时关注消费者需求及其变化,通过微创新和快速迭代的方式,有效满足消费者需求。只有快速地对消费者需求做出反应,产品才更容易贴近消费者。例如,游戏公司每周对游戏进行数次更新。

5. 流量思维

任何一个互联网产品,只有用户活跃数量达到一定规模时,企业才能获得更多的商业机会。因此,企业需要重视流量的积累,为后续的发展奠定基础。

6. 社会化思维

社会化思维强调企业应以网络化的方式面对客户,这将改变企业的生产、销售和营销形态。通过构建社交网络,企业可以更好地了解用户需求。

7. 大数据思维

用户在网络上一般会产生信息、行为和关系三个层面的数据。这些数据的沉淀有助于企业进行决策。在互联网和大数据时代,精准营销成为企业营销策略的重要方向。

8. 平台思维

平台思维强调开放、共享和共赢的理念,通过打造一个多主体共赢互利的生态圈,实现企业的持续发展。

9. 跨界思维

随着互联网和科技的发展,产业边界变得模糊。未来的成功企业需要具备跨界创新的能力,在科技和人文的交汇点上找到自己的定位,同时依靠用户和数据资源,以实现跨界发展。

总的来说,互联网思维是互联网时代创业者和管理者的必备素质。它不仅是一种方法论,更是一种蕴含管理者素质的重要思维方式,对于企业的成功发展具有重要作用。

2.3.2 数智化营销

1. 数智化营销的概念

数智化营销是在数字化形成的海量数据的基础上,运用算法模型,结合具体的业务场景,实现基于人工智能的最优营销决策以及解决方案。数智化营销的重点在于智能化,关键在于充分挖掘数据资产价值,通过运用人工智能技术,结合多元化的业务场景,实施全链路、全触点、全生命周期的精细化管理,从而赋能营销活动,帮助企业构建智能营销决策体系。数智化营销如图2-17所示。

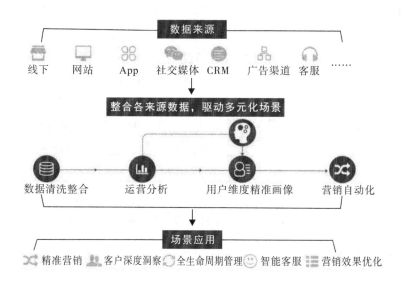

图 2-17 数智化营销

随着数字经济时代的到来,消费者需求和消费场景发生了显著变化。新生代消费者在信息获取和决策制定上展现出多元化的特点,他们习惯从多种线上线下渠道获取信息,如抖音、小红书、微博、公众号、小程序、电商平台、朋友圈。因此,企业应通过全域营销、全渠道触达消费者,并在消费者生命周期的关键节点上利用数智化平台和工具,对消费者的决策过程施加有效的影响。此外,人工智能赋能营销技术快速发展,得益于人工智能在自然语言处理、视觉、图像、语音、语义、文本等领域的不断进步。人工智能在商业场景中的应用步伐不断加速,智能化已经渗透到诊断、投放、评估、内容生产和客服等营销的各个环节,极大地提升了营销活动的效果。

2. 数智化营销策略

在数智化营销时代,数据成为驱动企业增长的核心要素。企业需要通过数据驱动下的精细化运营重构业务流和管理流,实现数字化转型,进而实现业务智能化。

(1) 数据治理。 随着消费数据的爆炸性增长和营销生态的日趋复杂,分散在线上线下各渠道的数据存在来源不一、格式不一、碎片化、身份重复和时效性差等各种问题。企业需要利用人工智能技术结合客户数据平台,对全渠道数据进行智能搜集、识别、清洗、合并、建模、标签和归类,在一个唯一的标识符下,构建用户360度全景画像和人群圈选,以支持企业对不同阶段用户进行精准营销。

(2)智能运营。智能营销系统可以通过AI智能测评诊断为企业提供有针对性的测评报告和执行建议。在触达客户的过程中,企业可以利用数智化营销系统,通过消费行为数据分析,实现一键智能分发、定向推送和广告智能投放。同时,系统可以监测不同渠道的效果,持续优化调整营销策略,以追求最高的广告投入回报(return on investment,ROI)。智能系统还能通过智能线索管理功能自动识别高质量的销售线索,及时提醒销售人员在用户关键决策点上施加影响。

(3)智能客服。智能客服系统通过人机协作,可以帮助企业客服减少大量重复沟通的工作。智能客服具有深度学习能力,其知识库会不断进化,能自动总结、识别和应答高频问题。通过模拟人与人之间的自然对话,智能客服能够快速回复客户的每一个提问。此外,智能客服还能从全渠道接入会话消息,避免在不同平台间切换时发生错漏,从而提升客户体验和企业效率。

(4)智能名片。智能名片集成了热门文章、时事资讯和精美海报等内容,为企业开展全员宣传提供了便捷的途径。通过分享这些内容,企业可以提升客户兴趣。当用户访问智能名片后,AI商机功能会智能分析访客的行为,洞悉其需求,并快速判断其意向度。针对高意向的客户,员工可以及时跟进,根据客户需求提供咨询和解决方案,并进行重点维护,从而直达客户内心需求,提供专业服务体验,进而提升成单率。

2.3.3 元宇宙营销

1. 元宇宙营销的概念

元宇宙(metaverse)作为一个数字化的虚拟世界,既独立于现实空间,又与真实宇宙中的实体一一对应。人们可以通过虚拟形象在元宇宙中生活,体验与现实截然不同的世界。

广义的元宇宙营销是指融合虚拟与现实的营销场景,既涉及虚拟技术如何改变现实世界,也包含现实世界营销元素如何迁移到元宇宙虚拟空间。这一过程实现了营销策略的创新与创造价值。如今,数字虚拟人的兴起、实物转化为数字商品的视觉体验,以及非同质化代币(non-fungible token,NFT)的投资热潮,都是广义元宇宙营销的具体体现。

狭义的元宇宙营销是指人们在虚拟世界中的数字身份与活动。在这个虚拟时空中,具体的营销活动场景得以搭建,其影响范围主要限定在虚拟世界内部。

2. 元宇宙营销策略

元宇宙时代,数字经济与信息技术的有效结合将深刻改变企业的营销方式。消费者的观念也将随之发生巨大变化。在这种形势下,企业需要调整自己的营销策略,迎合时代发展需要,为客户提供更多个性化的服务。元宇宙营销策略主要涵盖以下几个方面内容。

(1) 搭建虚拟化场景营销。元宇宙营销基于物联网、电子游戏、交互技术、区块链和人工智能等一系列底层技术,将现实世界的事物数字化,并以虚拟的形态呈现。通过搭建虚拟营销场景,企业可以拓展商品与服务的销售渠道,并利用虚拟现实(virtual reality,VR)和全息技术,上线虚拟商品,开发虚拟试穿功能,为消费者提供便捷的购物体验。消费者通过购买虚拟商品或服务,获得了精神上的满足。在这种营销场景中,品牌虚拟发布会、线上展厅、购物体验等场景的实时三维(three dimensions,3D)化,以及虚拟代言人的运用都可以丰富客户体验,提高品牌沟通效率。

(2) 开展精准化个性营销。元宇宙利用虚拟现实、增强现实(augmented reality,AR)、混合现实(mixed reality,MR)、扩展现实(extended reality,XR)等技术,结合物理设备,为消费者提供沉浸式购物体验。例如,通过提供服装、鞋帽的虚拟试穿服务,消费者可以直观感受试穿效果。同时,元宇宙中虚拟个体的数据都可以被记录和分析,作为消费者行为研究的重要依据,帮助企业制订更加精准化的营销策略,满足消费者的定制化需求。

(3) 开辟数字化品牌营销。NFT 作为区块链网络上唯一的可信数字权益凭证,是一种可在区块链上记录和处理多维、复杂属性的数据对象。通过创建品牌 NFT,企业可以提高品牌知名度。利用图形、AI、实时渲染等技术,企业可以打造品牌虚拟知识产权(intellectual property,IP)和虚拟偶像,开展品牌代言、动态分享、粉丝互动等活动,充分发挥数字虚拟人的社交功能,吸引更多用户的关注和喜爱。

目前,全球已有多个行业开始布局 NFT 市场,包括奢侈品、运动服装、汽车、体育、互联网、媒体、影视、音乐等行业。例如,耐克通过收购加密时尚潮牌 RTFKT 进入 NFT 市场,并推出了 NFT 运动鞋系列,凭借其创新的设计和多样化的特点,成功吸引了 Z 世代群体的关注。随着元宇宙的不断发展,数字浪潮将持续推动品牌及各行业的创新发展。

(4) 策划沉浸式体验营销。元宇宙为市场带来了前所未有的新营销形式,其中虚拟人、虚拟空间、数字藏品等元素共同构成了品牌元宇宙营销的新玩法。例如,可口可乐在波兰策划了一场虚拟雪橇旅程,用户通过 VR 虚拟技术,能够在虚拟空间化身圣诞老人,体验穿越城市及村庄的奇妙之旅。此外,可口可乐还举办了虚拟元宇宙音乐节,为受众提供了与虚拟人物进行互动的全新体验。再如,戴森推出的戴森展示 VR,使消费者在家中就能轻松了解和测试产品,仿佛身临其境地体验戴森的吸尘器、吹风机等产品的卓越性能。

(5) 使用虚拟人代言营销。虚拟数字人由 AI 技术合成,企业可以量身定制符合自身品牌形象的虚拟人 IP 作为形象代言人连接消费群体。通过视频广告、直播互动和图文内容等方式,虚拟数字人成为企业获取私域流量的有效手段。虚拟数字人不仅突破了商业的时空限制,还具有强大的规模化和可复制能力,让更多想象成为现实。

虚拟人的发展离不开虚拟人技术(如动作捕捉技术、神经网络渲染等)的不断成熟。按技术实现的难易程度,虚拟人可分为二次元、3D 卡通、3D 超写实和真人形象等多种表现形式。虚拟人技术在数字员工领域目前主要有两种应用形式。一种是承接企业面向顾客的业务,如虚拟主播、虚拟客服、虚拟导游、虚拟大堂经理和虚拟教师等,以央视网小C、浦发银行小浦、百度龚俊等为代表。这类数字员工可以直接替代部分传统员工,但更重要的是作为企业在元宇宙世界的代言人。另一种是服务于企业经营和管理,协助企业员工处理各类事务。他们可能身处企业各个部门,提供不同的业务支持,也可能一人身兼多职,如招商局集团的招小影、万科集团的崔筱盼等。这类数字员工与企业员工的关系不是替代,而是伴生,其出现既需要虚拟人技术的支持,也依赖于企业强大的数字化业务能力[①]。

2022年7月21日,百度公司与央视新闻联合举办的2022百度世界大会在线上召开。大会以"AI深耕,万物生长"为主题,展示了国内首个可交互的虚拟偶像度晓晓。她拥有独特的情感交互系统,标志着"人均一个数字人"的时代已经悄然来临。

本章小结

网络营销的实质是一种市场营销活动。本章介绍了企业在网络营销活动中应该树立市场营销观念、社会市场营销观念、顾客让渡价值理论、关系营销理论、服务营销理论和体验营销理论等基本的网络营销观念。在网络经济时代,企业开展网络营销活动还需要遵循摩尔定律、梅特卡夫定律、马太效应、吉尔德定律、达维多定律、721法则、诺维格定律和安迪-比尔定律等基本的网络经济时代特有的内在定律。与不同领域网络营销活动相适的网络营销基本模式有网络整合营销、网络定制营销、网络病毒营销、网络口碑营销、网络内容营销、社交网络营销、网络娱乐营销和网络长尾营销。网络整合营销包括4C组合理论、4R营销理论、4I营销原则和4D营销模型等内容。同时,在网络营销活动中,企业还应该养成适应网络经济要求的互联网思维、数智化营销和元宇宙营销等基本的思维模式。互联网思维主要包括用户思维、简约思维、极致思维、迭代思维、流量思维、社会化思维、大数据思维、平台思维和跨界思维等内容。

思考题

1. 在网络营销活动中,企业应该坚持哪些基本的营销观念?为什么?
2. 在网络经济时代,企业开展网络经济活动时需要遵循哪些内在的运行规律?
3. 常见的不同领域的网络营销活动模式有哪些?
4. 在网络营销活动中,如何体现整合营销的思想?网络整合营销包括哪些具体策略?
5. 与实体产品相比,服务产品具有哪些特征?服务营销可以策划哪些营销策略?
6. 为什么网络整合营销成功的关键是遵循4I营销原则?
7. 在网络营销活动中,企业应该养成的适应网络经济需求的思维模式有哪些?

---

① 张田彤,蔡震.数字员工:企业数字化转型的下一个里程碑[J].国资报告,2022(11):108-111.

第 3 章

网络营销环境分析

网络营销战略规划与策略实施应建立在系统、深入的网络营销环境分析的基础之上。本章在分析网络营销环境概念、内容与特点的基础上,详细阐述了分析网络营销微观环境和网络营销宏观环境的基本思路。

> • 推动战略性新兴产业融合集群发展,构建新一代信息技术、人工智能、生物技术、新能源、新材料、高端装备、绿色环保等一批新的增长引擎。

3.1 网络营销环境分析概述

企业的网络营销行为既受自身条件的制约,又受外部环境的制约。关注并研究企业内外营销环境的变化,及时把握环境变化的趋势,识别环境变化带来的机会与威胁,是网络营销的主要任务之一。

3.1.1 网络营销环境概念

网络营销环境是指对企业网络营销活动产生影响且企业无法控制的各种因素的总称。对网络营销环境进行深入分析是企业制定网络营销战略与策略的前提。

在网络营销活动中,环境既是不可控制的因素,又是不可超越的因素。企业必须根据网络环境的现实状况与发展趋势,制定并不断调整网络营销策略,积极利用网络营销机会,防范可能出现的威胁,扬长避短,从而确保在竞争中保持领先地位。

3.1.2 网络营销环境内容

1. 网络营销微观环境与网络营销宏观环境

根据营销环境对企业网络营销活动影响的直接程度,网络营销环境可分为网络营销微观环境与网络营销宏观环境两个部分。

网络营销微观环境是指与企业网络营销活动联系较为密切且作用比较直接的各种因素的总称,主要包括企业内部条件、网络营销供应商、网络营销中介、网络营销顾客、网络营销竞争者及网络营销公众等。企业网络营销的上下游组织机构构成了其微观环境的主体,如图3-1所示。不同行业的企业所面临的微观营销环境是不同的。因此,微观营销环境又称行业环境因素。

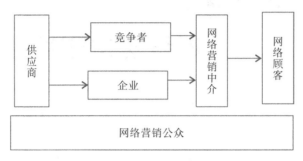

图3-1 网络营销微观环境

网络营销宏观环境是指对企业网络营销活动影响较为间接的各种因素的总称,主要包括政治法律、网络文化、网络技术、自然地理、网络经济、网络人口等环境因素,如图3-2所示。

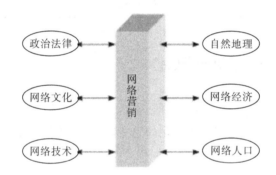

图3-2 网络营销宏观环境

2. 网络营销网络环境和网络营销现实环境

根据是否与互联网特性有关,网络营销环境可分为网络营销网络环境和网络营销现实环境两个部分。

网络营销网络环境是指网络在市场营销活动中的运用使企业的市场营销表现出许多与传统的线下营销不同的特征和规律。企业可以在网上发掘大量营销机会和更为广阔的市场空间。然而,网络经济也给企业营销活动带来了更多的挑战与威胁。因此,企业开展网络营销活动前必须明确认识网络对营销活动的影响,从而确保企业营销活动与网络技术的完美结合,使网络在市场营销方面的应用取得显著效果。

网络营销现实环境是指企业开展网络营销活动时难以脱离的现实环境因素的总称。这些因素同样对网络营销活动的成功与否产生着深远影响。

3. 网络营销外部环境和网络营销内部条件

按照是否属于企业系统,网络营销环境还可分为网络营销外部环境和网络营销内部条件两个部分。根据这些因素对企业生存与发展、企业网络营销活动开展产生的影响是否有利,网络营销外部环境又可分为网络营销环境机会和网络营销环境威胁。根据企业面对外部环境变化时所表现的不同态势,网络营销内部条件可分为网络营销优势和网络营销劣势。这种对企业网络营销活动从外部环境和内部条件,从优势、劣势、机会、威胁四个维度做出分析的方法又称 SWOT 分析法。其中,S 代表 strength(优势)、W 代表 weakness(劣势)、O 代表 opportunity(机会)、T 代表 threat(威胁)。网络营销环境分析的目的就是发挥优势、克服劣势、寻求机会、避免威胁,以谋求企业网络营销外部环境和内部条件与营销目标间的动态平衡。

3.1.3 网络营销环境特点

乌卡(VUCA)时代是指 volatility(易变性)、uncertainty(不确定性)、complexity(复杂性)、ambiguity(模糊性)共存的状态。乌卡一词源自 20 世纪 80 年代沃伦·本尼斯和伯特·纳努斯的领导理论,后被美国陆军战争学院引入。罗伯特·麦克唐纳(Robert McDonald)借用这个军事术语将 21 世纪网络经济时代的商业环境描述为"这是一个 VUCA 的世界"。网络营销环境比较显著的特点如图 3-3 所示。

图 3-3 网络营销环境特点

1. 易变性

易变性是指网络营销环境新旧更迭交替迅速,各子系统间波动频繁且无征兆、难追溯,也就是人们常说的"唯一不变的就是变"。在日新月异、层出不穷的新技术驱动下,商业秩序、业务逻辑、用户行为等不稳定性大大增强,随时都有可能发生变化。因此,企业必须灵活应对,但做出相应变化的难度也相应增大。

2. 不确定性

不确定性是指网络营销环境变化的走向难以确定。影响企业管理决策不确定的因素有很多,既包括组织机构、人员、产品、业务流程、信息系统等诸多企业内部因素,也包括竞争环境、政治环境、法律环境、经济环境等众多外部环境因素。此外,突如其来的"黑天鹅"事件也增加了商业环境的不确定性。不确定性越来越高的商业环境对企业的持续创新能力也提出了更高的要求。

3. 复杂性

复杂性是指在易变性和不确定性的影响下,网络营销环境越来越复杂。这种复杂性体现在各因素间的相互影响和行为的成因更为广泛,甚至涉及跨界因素。"黑天鹅"事件常常会引发一系列的连锁反应,如多米诺骨牌一般。从企业数字化的角度看,复杂性又可分为业务复杂性和技术复杂性。业务复杂性是指业务环境的各种因素间不是孤立存在的,而是相互影响的,任何一处的变化都会影响其他环节。技术复杂性是指数字化系统不仅需要考虑功能的易用性与适用性,还需要考虑性能方面的稳定性、可靠性与扩展性。

4. 模糊性

模糊性是指在网络营销环境中,由于各种数字技术的推动,从物理世界到数字世界的边界越来越模糊。简单环境的基本特征是常态、连续、线性、可确定的关系。而复杂环境的特征是易变、不确定、非线性、不连续、非次序化的关系,事物之间的因果关系变得难以捉摸。

"黑天鹅"事件:在发现澳大利亚之前,欧洲人一直认为天鹅都是白色的。然而,当他们在澳大利亚之发现黑色羽毛的天鹅时,这一认知被彻底颠覆。原来天鹅不仅有白色的,还有黑色的!后来,美国著名投资人塔勒布便用"黑天鹅"事件特指那些极其罕见、无法预测、出乎意料、发生概率较小的高风险事件。这类事件一旦发生,往往会颠覆人们的传统认知。

"灰犀牛"事件:灰犀牛是非洲大陆上的巨型动物,虽平时性情温和,但一旦受到威胁或挑衅,其潜在的危险不容忽视。"灰犀牛"事件用来比喻那些大概率且影响巨大的潜在危机。这些危机虽可预测,但一旦发生,其后果往往十分严重。

"疯狗浪"事件:这是一种极难被预测的突发性巨浪事件,通常由海底地形或横流引起的海浪集中涌向狭窄缝隙或不同方向的小波浪汇聚而成。当这些波浪突然撞上礁石或岸壁时,就会在几秒内形成高达十几甚至几十米的水墙。这种突如其来的巨浪,由于其难以预测性和巨大的破坏力,被科学家们形象地称作"疯狗浪"(rogue wave)。

3.2 网络营销微观环境分析

3.2.1 企业内部条件

企业内部条件是指那些对企业网络营销活动产生影响而营销部门又无法直接控制或改变的各种内部因素。这些因素或者对网络营销活动起制约作用,造成企业网络营销的不利局面;或者对网络营销活动发挥保障作用,形成企业网络营销的优势地位。企业内部条件分析是企业科学规划营销战略、合理制定营销策略的基础。

在网络营销活动中,企业内部条件分析主要涉及企业发展战略对网络营销的重视程度、网络营销所需资源的保障能力,以及企业管理体制对其他部门配合网络营销活动的协调能力等方面。企业内部条件对网络营销的影响主要体现在以下3个方面。

(1) 企业组织结构的快速反应能力是网络营销的保障。组织结构是影响企业网络营销效能的重要因素之一。战略决定结构,结构支撑战略。数字化时代要求企业构建去中心化、去中介化、扁平化、外包化、网络化的组织架构。同时,营销模式精细化、精准化,生产模式模块化、柔性化,产品设计版本化、迭代化,研发模式开放化、开源化都是网络营销得以顺利实施的有效保障。

(2) 人才是网络营销的必要条件。在激烈的市场竞争中,企业要想在网络营销活动中赢得优势地位,不仅依赖于技术、设备、资金等资源,更依赖于那些能有效管理并利用这些资源的高级人才。网络营销的不断创新与动态管理,任何时候都需要对高技术人才的依赖。网络营销的管理者必须是既通晓商务营销理论又熟谙商务营销实践,既了解网络技术知识又能熟练操作各种网络营销工具的复合型人才。

(3) 企业内部管理信息化、网络化是网络营销的基础。要实现网络营销的快速应变,企业必须建立内部管理信息系统(management information system,MIS)。如果内部的管理流程和信息处理能力尚未完善,企业就急于开展网络营销和电子商务,可能会面临更大的运营风险,从而无法充分发挥网络在市场营销中的巨大潜力。

3.2.2 网络营销供应商

供应商是指向企业及竞争者提供所需产品或服务等资源的企业和个人。供应商提供的资源在品种、规格、数量和质量上是否符合企业生产要求,以及资源的价格、供货时间和供应商的资信等因素都直接关系着企业营销工作的成败。因此,企业应选择那些能保证质量、交货及时、供货条件好且价格低廉的供应商,并与供应商建立长期的供销关系,以便在及时供货、价格等方面享受优待。同时,企业应尽可能多选择几家供应商,以避免对某个供应商的过度依赖。在网络经济条件下,为适应网络营销的要求,企业与供应商的关系主要表现出以下变化。

(1) 企业对供应商的依赖性增强。在网络营销条件下,企业可以选择的供应商数量虽然大大增加,但企业对供应商的依赖不减反强。为了实现降低成本、发挥优势、增强应变敏捷性的目的,企业会对组织结构和业务流程进行重组或再造,将非核心业务外包出去,从而增加对供应商的依赖。

(2) 企业与供应商的合作性更强。互联网的应用使企业和供应商之间的信息共享、产品共同设计、技术难题合作解决等变得更加便捷,为企业和供应商之间建立长期稳定的合作关系提供了有力支持。

3.2.3 网络营销中介

网络营销中介是指协助企业推广、销售和分配产品给最终购买者的企业和个人,主要包括中间商、物流配送机构、营销服务机构和金融机构等。

1. 中间商

中间商是连接企业与消费者的桥梁,协助企业寻找并接触潜在顾客。中间商可分为经销商和代理商两类。经销商又可分为批发商和零售商两类。在网络经济时代,中间商角色的变化对企业营销活动的影响主要表现在以下几个方面。

(1)网络中间商出现。 随着互联网的普及,许多企业纷纷建立自己的网上销售网站,如海尔、联想等。有些企业不仅在自己的网站上销售产品,还通过其他网店销售自己的产品;有些企业将自己的产品交由网上商店经销或代理,如惠普、雀巢等;有些企业则在网上商城租用店面或通过交易平台、购物搜索网站发布产品信息从而形成多元化的网络销售渠道。毫无疑问,互联网为企业商品开辟了一条全新且高效的销售途径。

(2)中小企业进入市场的障碍明显降低。 跨国公司所建立的国际分销网络作用的日益减弱,使得中小企业更容易进入市场,与大型跨国公司展开竞争。

(3)企业面向顾客的机会增多,对传统中间商的依赖性减弱。 通过互联网,制造商能够直接与最终用户建立联系,直接销售和直复营销的比例增大,批发商的部分职能被互联网技术所替代,而由于网上购物和无店铺销售的兴起,零售商的部分业务也受到冲击。因此,传统中间商在商品流通中的作用逐渐减弱。在网络营销活动中,过去由传统中间商承担的售前、售中和售后服务,现在则由于中间商的减少而改由制造商自己解决。如何更好地提供这些服务便是网络营销企业不得不面对的问题。

(4)网络消费渠道多元化特征明显。 随着短视频、社区团购等新型互联网平台的兴起,消费者的线上消费渠道日益丰富,不再局限于传统的电商平台。

2. 物流配送机构

物流配送机构是指协助制造商储存产品或负责把产品从原产地运送到销售地的企业,主要包括仓储企业和运输企业。

企业的生产基地可能相对集中,而消费者则遍布世界各地。为解决这一问题,企业通常采取买方完成(取货)、卖方负责(送货)和第三方物流等方式。第三方物流作为专业的物流服务提供者,通过提供一整套物流活动,为企业提供高效、便捷的物流服务。

物流配送机构对企业网络营销的影响主要表现为企业对物流配送机构的依赖性加强。物流配送服务的质量和效率直接影响企业的电子商务和网络营销效果。

3. 营销服务机构

营销服务机构包括市场调研公司、广告代理公司、广告媒体机构和营销咨询策划公司等。它们对网络营销活动的影响主要表现为企业对营销服务机构的依赖性日益增强。在网络经济时代,企业面临的市场环境更加复杂多变,营销问题也更加多样化。营销服务机构凭借丰富的经验和专业知识,能够帮助企业更好地解决这一系列的问题,从而选择最佳的目标市场。

第三方检测机构,又称公正检验机构,是独立于买卖双方的第三方组织,它以公正、权威的非当事人身份,根据有关法律、标准或合同规定对商品进行检验活动。比较著名的第三方检测机构有德国技术监督协会、瑞士通用公正行、英国天祥集团、法国国际检验局、美国科学安全公司等。

4.金融机构

金融机构为企业提供融资、结算或保险等服务,以确保交易的顺利进行。金融机构主要包括银行、信托公司、保险公司等。对于通过网络营销手段达成交易的买卖双方来说,银行等金融机构的介入是必需的。银行等金融机构通过安全、便捷的支付和结算服务,对网络营销的发展提供了有力支持。

3.2.4 网络营销顾客

在网络营销活动中,企业亟待解决的问题是以顾客需求为核心的顾客关系再造和顾客关系管理。

在全球化背景下,如何与分布在世界各地的顾客群保持紧密关系,深入了解其特性,并通过深入细致的消费者教育与企业形象塑造,建立起顾客对网上虚拟企业和网络营销的信任,是网络营销成功的关键所在。在网络经济条件下,网络营销的目标市场、顾客的消费观念和消费行为与传统经济环境相比存在很大差异。如何跨越时空与文化差异,实现顾客关系再造,是企业在网络营销中需要深入研究的问题。

在买方市场条件下,企业的一切营销活动都应以顾客(消费者或用户)的需求为中心。顾客对企业提供的产品或服务的认可程度直接反映了企业营销活动的成效。因此,如何通过互联网发现顾客、吸引顾客、满足顾客需求、留住顾客,并与顾客建立稳定的联系等都是网络营销活动中必须着力解决的问题。

3.2.5 网络营销竞争者

商品经济中竞争无处不在。竞争不仅给企业带来压力,也为其注入活力。竞争促进了企业的优胜劣汰,同时优化了社会资源的配置。

在网络经济环境下,网上虚拟市场中的竞争呈现出新的格局,主要表现为以下几点。

1.竞争者识别的难度加大

在全球性的网上虚拟市场中,竞争者的数量大大增强,且有着更大的隐蔽性。高新技术的应用使得行业边界日益模糊,竞争范围更广,竞争对手识别更加困难。

2.企业竞争的国际化进程加快

互联网的普及加速了世界经济一体化的进程,企业间的国际竞争日益激烈。互联网贸易不受时间和地域的限制,企业不论规模大小,在为竞争者提供大量机会的同时也带来了更为激烈的竞争。

3. 合作发展比竞争更重要

在网络经济环境下,企业如何通过网络组成合作联盟,以联盟的资源规模创造竞争优势,成为企业发展的重要手段。如何运用网络与众多竞争者建立多元化、动态化的竞争与合作关系,既是企业生存与发展能力的体现,也是企业获取整体竞争优势的关键。

4. 不断的技术创新成为企业生存之本

自主创新能力是企业保持竞争力的核心。尤其在网络经济时代,持续的技术创新将成为企业生存立命之本。高新技术产业的数字化、网络化和智能化将成为经济主流,而这些都以先进的技术和持续的创新为基础。

3.2.6 网络营销公众

公众是指那些对企业实现营销目标有现实或潜在影响的群体和个人。在网络经济时代,网络的开放性和共享性使得公众对企业的影响力不断加大。明智的企业都会采取卓有成效的措施与社会公众建立并保持良好的建设性关系。除了顾客、营销中介及竞争者,企业还需要关注以下公众:媒介公众,如报纸、杂志、广播、电视等有广泛影响的大众传播媒体;政府公众,如与企业营销活动相关的政府机构;社团公众,如学校、医院、科研机构等;公众利益团体,如消费者利益保护组织、环境保护组织等;一般公众,即虽与企业无直接利害关系,但其言论对企业网络营销有潜在影响的公众;社区公众,即与企业同处某一区域的其他组织和个人;内部公众,即企业内部员工。这些公众虽然可能并不直接成为企业的顾客,但企业的行为直接或间接地影响他们的利益,而企业的营销成效也受到这些公众舆论和行为的制约。因此,加强与各类公众的沟通与了解,获得他们的理解与支持,是企业做好营销的重要条件之一。

3.3 网络营销宏观环境分析

3.3.1 网络营销政治法律环境

网络营销政治环境是指那些对企业网络营销活动有一定影响的各种政治因素的总和。这些因素主要包括一个国家或地区的政治制度、政治局势、政府关于电子商务和网络营销方面的具体方针政策。

网络营销法律环境是指能对企业的网络营销活动起到规范或保障作用的有关法律、法令、条例及规章制度等法律性文件的制定、修改与废除及其立法与司法等因素的总称。

政治法律环境对企业网络营销活动的影响主要体现在两个方面:一是保障作用;二是规范作用。因此,在网络营销活动中,企业采取的策略应注意以下几点:①企业的网络营销活动要遵守目标市场所在国的相关法律法规的规定。②企业的网络营销活动要服从国家有关发展战略与政策的要求。③企业要积极利用国家政策给网络营销带来的机会,争取出台有利于企业、社会和消费者的法律法规。④企业要积极运用国家法律武器,保护自己在网络营销活动中的合法权益。

互联网的迅速普及和在此基础上形成的全球化电子商务构架在改变传统贸易框架的同时,也对诸多领域现有的政策提出了挑战。网络营销作为一种崭新的商务活动方式,涉及大量传统的商务活动所没有涉及的问题。

我国政府在深入研究国际先进经验的基础上,结合国内实际情况,逐步制定了一系列具有中国特色的电子商务法规体系。《中华人民共和国电子签名法》于2005年4月1日起施行。中华人民共和国信息产业部(现工业和信息化部)发布的《互联网电子邮件服务管理办法》自2006年3月30日起施行。2010年7月,国家工商行政管理总局出台《网络商品交易及有关服务行为管理暂行办法》。中国人民银行制定的《非金融机构支付服务管理办法》自2010年9月1日起施行。《网络交易管理办法》自2014年3月15日起施行。《网络商品和服务集中促销活动管理暂行规定》自2015年10月1日起施行。2017年1月6日,国家工商行政管理总局公布《网络购买商品七日无理由退货暂行办法》。《中华人民共和国电子商务法》自2019年1月1日起施行。2020年5月,中华人民共和国人力资源和社会保障部联合市场监督总局和国家统计局发布了新职业"互联网营销师",将互联网营销师职业分为选品员、直播销售员、视频创推员和平台管理员4个工种。2021年4月,国家互联网信息办公室等七部门联合发布《网络直播营销管理办法(试行)》。中国网络视听节目服务协会发布的《网络短视频内容审核标准细则》(2021)明确了短视频节目及其标题、名称、评论、弹幕、表情包等,其语言、表演、字幕、画面、音乐、音效中不得出现21类100条具体内容。这为平台审核短视频提供了更直观、可执行的依据。2023年2月25日,国家市场监督管理总局公布《互联网广告管理办法》自2023年5月1日起施行。中国电子商务及网络营销法规体系正在渐趋完善和规范。这些法规的颁布和实施,结束了我国互联网信息服务业和网站管理无章可循、无政府的状态,使得网络营销活动更加有法可依、有章可循。

3.3.2 网络营销人口环境

从企业营销的角度看,市场是一个集合了现实或潜在需求且具备货币支付能力的消费者群体。市场的构成要素是人口、欲望和购买力。人口的数量、结构、分布及其变化趋势都会对企业的网络营销策略产生一定影响。因此,企业在开展网络营销时需从两个方面着手收集资料:一是通过直接收集一手资料分析用户数量和结构,从而发现潜在的营销机会;二是通过收集二手资料了解网络营销的人口环境,从而制定行之有效的营销策略。我国互联网上网计算机数、用户人数、用户分布、信息流量分布等统计信息对国家和企业动态掌握我国互联网发展情况、制定相关决策依据具有十分重要的意义。自1997年起,国家主管部门研究决定由CNNIC牵头组织开展中国互联网络发展状况统计调查,形成了每年年初和年中定期发布《中国互联网络发展状况统计报告》的惯例。这份报告力图通过核心数据反映我国制造强国和网络强国的建设历程,成为我国政府部门、国内外行业机构、专家学者和广大人民群众了解中国互联网发展状况的重要参考。因此,企业的网络营销决策者需要关注这些信息。人口环境对企业网络营销的影响主要体现在以下几个方面。

1. 网络用户的数量及其增长速度决定网络市场的规模

从总体上讲,网络营销市场的规模与网络用户的总量成正比。通过统计一个国家或地区的网络用户数及人均国民收入,我们就可以大致了解这个国家或地区网络营销的市场潜力。我国城乡人均收入增长迅速,吸引了全球市场的关注。根据CNNIC的资料,我国网民总数位居世界前列,网民规模持续稳定扩大,这为网络营销提供了大量的潜在顾客源。如果面向国际市场,企业还必须关注世界人口的变化趋势。

2. 网络用户的结构决定或影响着网络营销产品及服务的需求结构

分析网络用户结构主要涉及网络用户的性别、年龄、家庭、地理、学历和职业等内容。

(1)性别结构。随着网民规模的逐渐扩大,网民结构与现实生活中的人口结构将逐渐趋近。从普及率的角度来看,互联网在男性中的普及程度要略高于女性。性别不同不仅在需求上存在较大差别,还在购买习惯与购买行为上存在较大差异。例如,女士对化妆品的需求较大,而男士多倾向于烟酒。

近年来,我国互联网普及率稳步提升,男女性别差异在网民结构中逐渐缩小,趋于均衡。数据显示,我国网民中男女性别比例从1997年10月的87.7∶12.3降低至2023年12月的51.2∶48.8,与整体人口中男女比例基本一致。

(2)年龄结构。不同年龄段的消费者对商品和服务的需求也不相同。例如,婴儿需要奶粉和尿布,儿童需要糖果和玩具,而老年人则需要医药产品,由此形成了各具特色的市场。随着社会的发展和人口老龄化的加剧,老年人用品的需求将不断增加,从而形成一个庞大的"银发市场"。我国已步入老龄化社会,企业在营销中应充分考虑这一趋势。

我国有关部门陆续出台互联网适老化及无障碍改造方案,推动老年群体和残障群体融入互联网。互联网正助力老年群体及残障群体跨越"数字鸿沟",推进民生服务便利共享。数据显示,我国50岁及以上网民占比从2008年底的5.7%提升至2023年6月的32.5%。随着老年网民占比的逐步提高,代际"数字鸿沟"将进一步缩小。

(3)家庭结构。家庭作为商品采购的基本单位,其数量及成员构成对企业的营销活动具有显著影响。家庭数目众多,自然对家具、家电的需求量大。而家庭规模的小型化发展则使得小型炊具市场逐渐扩大,大型炊具市场相对萎缩。这种变化不仅体现在日常用品上,更对家具、家电等大宗消费品的需求产生了深远影响。

(4)地理结构。由于地理位置、气候条件、自然资源和风俗习惯的不同,不同地区的人群在消费需求、购买习惯和购买行为上表现出明显的差异。

随着农村基础设施日益完善,农村网民数量持续增加,互联网普及率逐年提高。数据显示,从2014年12月到2023年12月,我国农村地区互联网普及率从28.8%提高至

66.5%。同时,互联网促使农村人才"走回来",推动农村产品"走出去"。一方面,"互联网+农业"的兴起催生了农村电商等新业态和新模式。另一方面,基础设施和数字资源搭建"农村产品进城"双线并行的通路。"村村通"工程打通农村产品走出去的"最后一公里",线上销售平台、新媒体宣传推广等互联网特色方式让农村产品获得"出圈"机会,进一步推动优质农产品融入国内国际产业链和供应链。

(5)学历结构。随着网民规模的逐渐扩大,网民的学历结构逐渐趋近于中国总人口的学历结构,互联网用户正逐步向较低学历人群扩散。不同受教育程度的网络用户的价值观念、消费观念和生活方式等存在较大差异。因此,在判定网络营销策略时,企业应充分了解不同教育程度人群的需求差异,认真分析网上用户的学历结构,以制定出更具针对性的营销策略。

(6)职业结构。职业不同往往导致人们的收入水平和需求内容存在较大差距,进而影响其购买行为。特别是满足高层次需求的购物行为上,不同职业人群的表现也会有很大区别。

在网络经济时代,职业上的变化突出表现在两个方面。一是互联网催生多样化的就业领域和职业类型,诸多新型职业应运而生。移动互联网、云计算、大数据、人工智能等新一代信息技术持续发展,形成了一批新的职业岗位,如人工智能训练师、区块链应用操作员、信息安全测试员、互联网营销师等。二是互联网相关职业具有就业容量大、进出门槛灵活、兼职性强等特点,为劳动者增加了收入来源。

3.3.3 网络营销科技环境

科技是影响企业营销活动诸多因素中影响直接、力度大且变化快的因素。由于互联网的普及,全球经济正处于深刻变革中。以计算机及网络通信技术为代表的信息产业已经渗透到人类社会生活和经济生活的各个领域。传统经济模式也正在向知识经济模式转变。随着经济模式和市场竞争形态的转型,无论传统企业还是作为新经济代表的网络公司,都将面对这一转型带来的机遇和挑战。企业网络营销活动的开展需要深入研究新技术带来的市场机会与潜在威胁。

1. 科技的变革为企业带来营销机会的同时也带来了环境威胁

对企业的发展来说,新技术既蕴含创造性,又潜藏毁灭性。每一次的技术进步都会给部分企业带来新的市场机会,甚至催生出全新的行业。但与此同时,新技术的崛起,特别是科技浪潮的推动,也为某些行业的企业带来环境威胁,甚至导致某些企业面临灭顶之灾,旧行业在冲击中逐渐凋零。

王永贵教授认为,在充满不确定性的数字经济时代,"ABCDE"——人工智能(artificial intelligence)、区块链(blockchain)、云计算(cloud computing)、大数据(big data)和新兴技术(emerging technology)成为当今时代的主旋律,不断重塑企业的竞争规则和本质,勾勒出全新的竞争蓝图,引领着顾客中心时代的到来。也有学者认为,技术的飞速发展已成为重塑管理的重要因素,其中人工智能、区块链、云计算和大数据等核心技术正在深刻改变企业的商业模式和管理模式,推动企业不断向生态化转型。因此,管理即将进入"ABCDE"时代。

2. 科技的变革为企业改善经营管理提供了有力的技术保障

科技的发展不仅对企业经营管理提出了更高的要求,也为企业改善经营管理提供了有力的技术支持。网络技术在企业经营管理中的应用及电子商务系统的日益完善,使得企业的经营管理工作变得效率更高、效益更好。

Web 3.0未来将以感知网络为主,与人工智能紧密结合,对数据进行识别和分类。万物互联将成为主要趋势,而云计算则是Web 3.0的主要特征。Web 3.0的发展涵盖虚拟现实、人工智能、区块链、去中心化金融和物联网等多个领域,涉及的技术包括大数据、虚拟现实和算法等。

3. 科技的变革能创造出许多新的网络营销方式

我国网络营销发展至今,互联网发挥了三个方面的重要作用。一是作为数字时代的基础设施,互联网持续扩大连接范围,支撑了跨层级、跨地区、跨主体和跨领域的大连接,形成了规模效应并展现了一定的公共性。二是作为数字经济的重要引擎,互联网不断释放创新活力,推动新应用、新模式、新业态和新场景的大融合,促进了数字产业化和产业数字化的稳步发展,为经济高质量发展提供了不竭动力。三是作为数字社会的互动平台,互联网充分发挥媒介作用,促进了不同年龄、职业和群体间的大交互,形成了生机勃勃、活力四射的数字文化。

针对网络营销的特点和企业生存发展的需要,企业应当及时转型,积极进行技术创新,以实现科学决策。具体来说,企业可以采取以下对策。

(1)实施产业联合战略,谋求合作发展道路。 随着网络经济对企业经营的深入影响,计算机、通信网络及信息产业成为带动新经济的"火车头",并促使相关市场转型。因此,企业要想发展,必须实施产业联合的发展战略,以求共同发展。

(2)坚持不断学习,提升自己的应变能力。 网络在社会生活各个层面的广泛应用,使得信息的时效性大大加强,企业面临的信息更加庞杂。为此,企业应通过不断学习,把企业建设成为一种学习型组织,以适应迅速变化的竞争环境,掌握新技术和新知识的应用,充分认识信息传播和知识学习的重要性。

(3)重视网络经济中不均衡增长的压力。 网络经济导致的不均衡增长主要表现在消费者需求的多样化。由于产品多样化往往意味着产品生产的小批量和多品种,并且竞争对手多,消费者获取产品或服务的渠道多,消费者的选择余地大,因此,企业产品在畅销的同时也面临滞销的风险。企业只有及时把握网络信息脉搏、科学控制生产,才可以从容应对这种压力。

4. 关注网络新技术,不断创新网络营销方式

随着网络技术的普及,企业间的竞争透明度越来越高。技术更新、新产品推出等往往同步进行,产品性能、特点及价格也基本趋于一致。因此,企业仅靠产品质量、技术专利和低价已经很难在市场竞争中脱颖而出。在此情况下,谁能吸引更多的消费者,谁就能在网络营销竞争中占据优势,这就是人们在实践中通俗概括的"眼球经济"或"注意力经济"。因此,企业必须密切关注网络新技术,并积极将其运用到网络营销实践中,如提供更多的娱乐信息、服务信息和共享资源,吸引更多的消费者,从而提高公司网页的访问率。

3.3.4 网络营销文化环境

文化包括精神文化与物质文化两大层面。精神文化是人们对客观物质世界的主观认识,或者说是人们对无差别的物质世界赋予的有差别的、主观的认识。社会文化是指社会成员共有的对客观物质世界的共同看法、态度及观念等,它反映了社会成员的精神财富。社会成员中某一社会群体所共有的、与其他群体相区别的对客观物质世界的主观认识,我们称之为亚文化,如民族亚文化、地理亚文化等。每个消费者都身处一定的社会文化环境之中,其消费需求与消费行为也必然带有这种社会文化的印记。

网络文化,作为网络社会的亚文化,是一种不分国界和地区,建立在互联网基础上的文化形态,涵盖了人们在信息网络应用与技术开发过程中所形成的一整套价值观念、思想意识、行为方式、语言习惯、知识符号及社会关系等。所有接触互联网的人了解的不仅是技术,还是一种以网络为媒介、以信息为标志的全新生活方式。

作为一种日益深入人类社会生活各个领域的新技术工具,网络技术体现了特定的文化理念和人类的精神追求。网络技术为人们创造了不同于传统的数字化虚拟空间,同时也为人类营造了一个虚拟社会。在这个虚拟社会中,没有权威和世俗约束为人们展示个性提供了可能。人们在此进行思想交会、观念交融、价值转变和行为调整,形成了独具特色的网络文化。网络文化的构成要素主要有以下几个方面内容。

1. 网络语言

网络社交中形成了网络社会约定俗成、自我确认、互相认同的"方言",即网络语言。这种语言一般由汉字、数字、符号、外文甚至图形等组成,能够简单、迅速地表达意思和情绪。互联网发展至今,部分网络流行语虽昙花一现,但也有不少网络用语逐渐被大众认可和接受。从互联网进入百姓家开始,网络语言就以其简洁和创新的特性受到年轻人的喜爱。网络语言的内涵、外延、形成和结构日渐丰富,每年都会有一些机构按照一定的标准评选一些高频网络用语。

2. 网络语体

语体是为适应不同交际需求而形成的具有稳定语言使用特点的语文体式。定型的语体形式表现为确定的语句结构和语篇结构。网络语体则是为了适应网络交际需要,运用全民族语言特点,在网络聊天、论坛、文学、直播等领域使用的口语或文字沟通方式。网络语体具有简洁、时尚、活泼、创新的特点。

由于网络交际的即时性和键盘输入的特点,交际者在运用语言时追求简短易懂。这使得网络语体介于口头语体与书面语体之间。具体来说,网络语体虽是一种非面对面的口头交际,但其通过键盘输入的方式,呈现给交际双方的是可视化的文字,因此它又不可避免地有一些书面语体的特点。同时,网络交际的快捷性也促使语言的简洁和变异成为网络交际的趋势。

在网络交际中,各种网络语体不断涌现,且几乎每一种网络语体都能够在一段时间内得以流行,如淘宝体、凡客体等。

在网络营销活动中,营销人员需要了解并恰当运用这些流行的网络语体,以实现理想的营销效果。从营销客服与消费者沟通网络广告文案策划,再到网站图文信息的发布,网络语体的运用都至关重要。

3. 网络礼仪

互联网在其长期发展过程中逐步形成了网络行为准则,即网络礼仪(netiquette)。许多互联网服务提供商将这些准则规范化,形成了一系列网络社会约定俗成的行为规范与准则。比较突出的网络礼仪规范主要有以下几个方面。

(1)自由自律。网络社会鼓励并尊重个性发挥,但适当的规范不可或缺。无论企业还是个人,在享受网络自由的同时都应保持自律。在网络营销活动中,消费者得到了前所未有的自由选择权,企业只有充分满足消费者"独立人格"与"自主决策"的需要,才能赢得网上目标顾客的信任与认可。

(2)平等尊重。网络是一个相对独立的空间,没有权威的统治,不受世俗的约束。人们通过网络媒介进行交流与沟通,所有参与者都在一个相对自由与平等的环境中生活。在这个虚拟社会中,人们可以在宽松、平等的网络交往环境中展现自我和个性,无须考虑地位差异、等级差别与贫富悬殊,从而实现真正的平等相处。

美国学者布吉林教授曾提出了 3A 法则,即接受(accept)、重视(admire)、赞同(appreciate)对方。这一理论不仅适用于现代礼仪交际,也成为网络礼仪的规范。例如,在利用电子邮件进行网络营销时,公司或个人必须及时礼貌地给予答复,确保邮件回复内容清楚、简洁、有价值,并避免发送不受欢迎或明确表示拒绝的电子邮件。同时,不应随意向讨论组发送广告,除非得到明确允许,也不应该将相同广告发送给不同讨论组。

(3)礼貌诚信。网络社会中的自由并非绝对不受任何约束的自由,平等也非打破一切现实差异的平等。因此,在网络社会中,用户还应该遵循必要的礼仪规范,使用礼貌语言与符号,并讲求诚信、真诚待人。

互联网是一个虚拟的世界,人们可以在网络社会中根据自己的需求设定网络社会中的角色。这种网络交流的随意性和隐匿性在很大程度上造成了网络社会的信任危机。在网络营销活动中,如果没有诚信,人们就无法消除信息的不确定性,从而不能预期交易行为发生的确定性。缺乏诚信,人们即使有交易需求,也缺乏交易动机,从而无法实施交易行为。因此,讲求诚信应该成为网络营销中一条最基本的礼仪规范。

(4) 遵公守法。网络的无约束性可能使得人性中的恶念得到释放,网络的隐蔽性也给人们逾越社会规范提供了空间。但是,网络社会中的自由并非绝对"无政府主义"的自由。也就是说,网络社会中人们也应遵守社会公德与法律法规。

4. 网络习俗

在网络社会逐步形成的过程中,一些习惯性的观念、态度与行为方式也逐渐为人们所接受。其中,网络习俗比较突出,主要体现在以下两个方面。

(1) 休闲娱乐。互联网作为一个相对轻松的平台,人们习惯于在轻松的气氛中开展业务交流。例如,企业或产品名称在网络环境中若能给人留下深刻的印象,将能收到极佳的效果。为迎合这种休闲的网络文化,企业在命名时应考虑采用活泼有趣的名字。同时,在促销和广告宣传策略方面,企业也应该保持这种风格,注重可读性,避免过于教条和死板。产品说明书也应该尽量做到轻松活泼,以更好地适应这种非正式的网络环境。

(2) 免费共享。成功的互联网业务活动往往提供了有价值的信息并对所有的访问者免费,且对访问者无任何附加条件。这种免费习惯的形成源于互联网早期的非商业性质,即人们习惯于在互联网上免费获取有价值的信息。这也是吸引人们访问企业网站的主要原因之一。事实上,提供免费信息或服务是企业网络营销战略的重要内容。例如,通过提供免费的信息或服务,企业可以了解顾客对本公司产品的兴趣,同时展示本公司在技术、质量和承诺等方面的实力,从而树立企业在网络市场上的良好形象。

5. 网络节日

随着网络时代的深入发展,网络节日正逐渐融入人们的日常生活。这些节日以其丰富多彩的内容、高度的参与性和互动性,吸引了人们的目光,改变着人们对节日生活的传统认知。网络节日已成为网络营销创意的重要来源和促销策划的绝佳契机。

近年来,一些网络节日逐渐流行。例如,每年的 11 月 11 日被定为"单身节"或"光棍节";每年的"双 12 购物狂欢节"是继"双 11"之后,各大电商网站推出的年度网购盛宴;小米公司则在每年的 4 月 6 日举办盛大的"米粉节";苏宁易购的"818 发烧购物节"是苏宁易购在每年 8 月 18 日期间推出的一系列大型促销活动;京东"618 全民年中购物节"起源于京东的店庆日;感恩节后的星期五被商家们称为"黑色星期五"。此外,还有如"517 吃货节""网络情人节""女生节"以及专门为农民打造的"6 月 6 农民节"等。这些节日不仅丰富了人们的文化生活,也为企业提供了创新的营销机会。

6. 网络文化圈层

亚文化,作为非大众的文化形式,体现为特定年龄、人群、职业、身份和生活状态的特定文化形式、内容和价值观。圈层是指因社会背景、兴趣爱好等相近而形成的特定社会群体。互联网的演变史就是一部亚文化圈层的演进与变迁史。从最早的 BBS、QQ 群,到贴吧、微博、微信,再到现在的抖音、快手等,社交逐渐占据了互联网,特别是移动互联网的核心地位。我国近 11 亿网民因各自的兴趣偏好而呈现出不同的互联网使用特点。在

"社交+电商""社交+内容"等模式的助力下,他们形成了一个个情感共同体,催生出一个个细分的互联网文化圈层。这种从个性化到圈层化的演变,不仅丰富了网络文化的内涵,也满足了网民日益增长的精神需求。

网络营销,作为一种面向虚拟社会的市场营销活动,虽然能跨越时空界限,但要在短期内跨越现实社会的文化鸿沟却非易事。这是因为,尽管网络社会逐步形成了其独有的文化内容,但其成员来自五湖四海,拥有不同的宗教信仰、语言习惯和习俗禁忌。因此,社会文化成为影响企业网络营销活动的重要因素之一。企业要想使网络营销活动得到目标市场消费者的喜爱和认可,就必须认真研究目标市场顾客群的文化背景。只有真正了解并满足他们的文化需求,才能顺利实现预定的营销目标。

在营销活动中,了解并遵守网络文化、习俗和礼仪至关重要。企业应熟悉网络上的各种习俗,避免触碰文化禁忌。网络软营销的魅力正体现在遵守并巧妙运用网络礼仪规则,从而获得一种微妙的营销艺术效果。

3.3.5 网络营销经济环境

网络经济是建立在网络基础之上并由此衍生出的一切经济活动的总和。根据美国国际数据公司的定义,网络经济涉及利用互联网技术进行投资,以及通过互联网销售产品和服务,其涵盖范围广泛,包括技术开发、营销、内容设计、专业服务、教育和培养等多个方面。网络经济并不仅指以计算机网络为中心的单一行业,还包括由此衍生出来的多个相关行业。但从本质上看,网络经济是一种以信息技术为基础,以知识要素为主要驱动因素,以网络为基本工具的全新生产方式。

网络经济虽源于传统经济,并以传统经济为依托,但二者在诸多方面仍存在显著差异。传统经济学所揭示的基本经济规律和原理在网络经济中依然适用,但网络经济所展现的独特特性对网络营销的理念、战略及策略都产生了深远影响。概括而言,网络经济主要有以下几个特点。

1. "地球村"形成

"地球村"这一概念由加拿大传播学家马歇尔·麦克卢汉1967年在其著作《理解媒介:论人的延伸》中首次提出,用以形容现代科技迅速发展下,地球因广播、电视、互联网等电子媒介以及各种现代交通方式的飞速发展而变得越来越小,人与人之间的时空距离大大缩短,仿佛整个地球就是一个紧密相连的小村落。

网络经济打破了时间和空间的限制,极大地推进了全球一体化的进程,使得各国经济依存度增强。企业可以通过互联网面向全球用户,产品也可以走向世界。封闭的经济体制在网络时代注定是无法生存的,因为网络经济完全开放。全球经济贸易的广度与深度也将因此得到极大的拓展。

2. 正反馈机制形成

传统经济模型认为,商品需求增加,价格随之上涨;价格上涨,供给随之增加,需求即减少；需求减少，价格随之降低。这种现象用控制论术语概括就叫负反馈机制。但是，在网络经济的一些领域，商品价格下降，需求随之增加；需求增加，供给成本会因此而降低；供给价格进一步降低，需求增加。这种因需求方规模经济效应导致的供给方低成本、低价格，进而形成高需求、低价格的现象用控制论术语概括就叫正反馈机制。由于网络经济具有正反馈机制，所以网络参与者越多、覆盖面越广，网络的价值就越高。例如，电信服务市场就是一种典型的正反馈市场。

在网络营销中，正反馈效应表现为市场份额的扩大将带来更快速的发展，而市场占有率的缩小则可能导致加速下滑。这种"强者越强，弱者越弱"的马太效应正是网络经济中正反馈机制的具体体现。

3. 冒尖市场出现

正反馈机制使强者更强，弱者更弱。因此，当两个或多个公司争夺正反馈效应显著的市场时，往往会出现只有一家公司可以脱颖而出，最后形成自然垄断的情况。这种市场被称为冒尖市场，媒体则称之为"赢家通吃，输家通盘"。微软公司的发展就是一个典型的例子，其通过不断创新和巩固市场地位，最终成为行业翘楚。

4. 快鱼吃慢鱼

根据冒尖市场原理，不断追求垄断成为网络经济的主要动力。企业要想打破其他企业已经形成的垄断，往往需要依靠创新来获得竞争优势。在网络经济时代，创新获得的垄断必须依靠进一步的创新才能突破。产品的生命周期大大缩短，产品的更新换代速度越来越快。因此，为追求市场地位，企业必须在创新上展开激烈的竞争。

5. 船小好掉头

在网络经济时代，小企业能够与大企业一样通过网络平台展示自己的产品，而且在高风险与高收益并存、需求瞬息万变的市场条件下，企业的快速反应能力和市场敏感度成为其生存与发展的关键。小企业具有反应速度快、转向灵活、投入低、风险分散等优势，特别适合网络经济时代高新技术产业发展的需要。因此，中小企业地位的上升成为网络经济发展的必然趋势。

6. 虚实结合

网络经济作为一种虚拟经济，在互联网构建的虚拟空间中进行经济活动。它不受时空限制，既可以是实物经济的虚拟化表现，也可以是独立的虚拟经济行为，与现实空间中的实物经济并行不悖。网络经济的虚拟使得无形资产的重要性日益凸显，拥有最多无形资产的人往往是最富有的人。此外，人们的思维模式也在从有形思维向虚拟思维转变。例如，许多传统企业在组织上突破了有形界限，虽有设计、生产、营销、财务等完整的功能，但不保留完整执行这些功能的组织，而是将这些组织分离出去，借助外界力量整合和弥补自身不足，以创造竞争优势。这是企业组织形式在网络经济时代的主要演进方向之一。

7. 次要的长尾胜过关键的少数

长尾理论是网络时代的一种新兴理论,由美国学者克里斯·安德森首次提出。长尾理论认为,由于成本和效率的因素,过去人们只关注那些重要的人或事,即正态分布曲线的"头部",而忽略处于曲线"尾部"、需要更多精力和成本去发掘的多数人或事。而在网络时代,由于关注的成本大大降低,人们有可能以很低的成本关注正态分布曲线的"尾部"。这种对"尾部"的关注所带来的总体效益有时甚至会超过"头部"。克里斯·安德森认为,网络时代是关注"长尾"、发挥"长尾"效益的时代。

8. 产业跨界融合

迅速发展的信息技术和网络技术具有极高的渗透性,其使得信息服务业迅速向第一、第二产业扩张,导致三大产业间的界限日益模糊,出现了第一、第二和第三产业相互融合的趋势。

9. 平台经济兴起

平台经济是一种通过平台实现生产、交换、分配与消费等环节的新型生产方式,具有交易效率高、交易成本低的优势,大大提升了商品的流通范围和覆盖面。数字经济条件下的平台经济本质上是一种创新的产业组织模式,更是一种能够创造市场价值的商业模式。作为调节市场的一种基础设施,它有效地配置了市场资源,顺应了数字化时代的商业逻辑,融合了数字化、智能化技术,不仅为自身创造了价值,还为实体企业的发展提供了强大动力,必将有效提升经济效率。截至2022年年底,我国已拥有超过150家具有显著行业和区域影响力的特色平台。

3.3.6 网络营销自然地理环境

网络营销自然地理环境是指影响网络营销目标市场顾客群需求特征与购买行为的气候、地貌、资源和生态等因素。

从网络营销活动的角度看,网络似乎可以跨越时空,使得自然地理环境对其影响有限。但不可否认的是,从目标市场顾客群的需求特征与购买行为的角度来分析,自然地理因素会对网络营销产生较大影响。例如,我国幅员辽阔,南北、东西地区之间的气候差异较大,这种差异导致人们对某些产品存在着较大甚至根本不同的需求。在寒冷的地区,人们对羽绒服和太空衣的需求量较大,而对电风扇和制冰机的需求量则相对较小;而在热带和亚热带地区,人们对这些物品的需求则恰恰相反。又如,平原地区的大型农机市场需求旺盛,自行车也备受青睐;而在山区,小型农机则更受欢迎,自行车的需求量则相对较少。

本章小结

网络营销环境是指对企业网络营销活动产生影响且企业无法控制的各种因素

的总称。根据营销环境对企业网络营销活动影响的直接程度,网络营销环境可分为网络营销微观环境与网络营销宏观环境两个部分。网络营销微观环境主要包括企业内部条件、网络营销供应商、网络营销中介、网络营销顾客、网络营销竞争者及网络营销公众等。网络营销宏观环境主要包括政治法律、网络文化、网络技术、自然地理、网络经济和网络人口等环境因素。网络营销环境具有易变性、不确定性、复杂性和性模糊性等特点。

◉ 思考题 ◉

1. 何谓企业的网络营销环境?网络营销环境的具体内容是什么?
2. 在网络营销中,企业考虑社会文化因素有何重要性?
3. 在网络经济条件下,环境因素发生了哪些变化?企业应该采取哪些对策?
4. 为什么网络营销能发生"使大企业变小,小企业变大"的魔术般的效果?
5. 网络社会文化与现实社会文化有何不同?网络社会应该遵循什么样的礼仪规范?
6. 搜集整理最新的网络流行语和网络流行语体,并分析哪些可以运用于某一企业或其产品的网络营销活动中?这些网络用语或网络语体的流行对企业开展网络营销活动有何启发?
7. 网络营销环境有哪些显著的特点?为什么称之为乌卡时代?
8. 在满足网民个性化需求的过程中,网络文化圈层是如何形成的?

第4章 网络市场分析

网络营销的对象是网络市场。本章在界定网络市场概念的基础上,剖析网络市场的特点和构成,从而进一步分析网络消费者需求、行为及购买决策过程,并据此提出针对性的营销对策,以更好地满足市场需求。

> - 江山就是人民,人民就是江山。中国共产党领导人民打江山、守江山,守的是人民的心。治国有常,利民为本。为民造福是立党为公、执政为民的本质要求。必须坚持在发展中保障和改善民生,鼓励共同奋斗创造美好生活,不断实现人民对美好生活的向往。
> - 营销已经从"以产品为中心"的1.0时代和"以顾客为中心"的2.0时代过渡到"人文中心主义"占据主导地位的3.0时代。

4.1 网络市场分析概述

网络营销是企业利用互联网技术、围绕消费者需求、面向网络市场开展的一种市场经营活动。网络营销从了解网络市场的需求开始到满足网络市场的需求结束。可以说,网络市场需求是网络营销活动的核心。

4.1.1 网络市场的概念

网络市场是在特定时空条件下,对某种产品或服务具有现实和潜在需求的网上用户群体。这些用户愿意并能够通过互联网实现部分或全部的购买行为。

在网络营销学中,网络市场可以根据情况用网络消费者群、网上购买者群、网上用户群、网上客户群及网上顾客群等术语来替换。

4.1.2 网络市场的特点

与传统的线下市场相比,网络市场具有以下显著特点。

1. 互动性

网络市场是一个互动性的市场。网络营销可以通过网页实现实时的人机对话。例如,企业可以通过在程序中预先设定访问路线及超文本链接,把用户可能关心的问题的相关内容按一定的逻辑顺序编排好,从而使用户在选择特定的图文标志后即可方便地浏览感兴趣的内容或相关网页。企业还可以在网页上设置通用网关程序,自动采集用户数据,并通过电子公告牌或电子邮件实现异步的人机对话。

2. 虚拟性

网络市场是一个虚拟性的市场。在网络市场中,消费者所见的商品并非实物,而是企业网站对商品的多媒体、数据化的展示。企业可以在网络上构筑一个全方位展示产品的虚拟展厅,用立体逼真的图像,辅之以文案、声音等向用户展示产品信息,并通过网络进行商务谈判、合同签订、电子交易等活动。网络营销中所说的网上商店、网上商城、网上一条街、网上银行、电子钱包、合同洽谈室等都是电子信息技术的虚拟演示,消费者可以在不接触实物的情况下了解产品信息。

3. 全球性

网络市场是一个全球性的市场。网络已基本覆盖世界上大多数国家。只要有网络的地方,企业就可以直接与用户一对一地进行各种商务活动,从而消除地理区域对企业营销活动的限制。这一特点为一些中小企业带来了无限的商业机会,也为中小企业广泛开展市场营销活动、进入国际市场创造了良好的条件。

4. 全天性

网络市场是一个全天性的市场。网络营销活动可以使企业全天候 24 小时地进行各种营销活动。企业可以随时发布信息、签订合同、进行电子交易和提供服务。用户也可以随时在网上寻找所需信息、购买产品或服务。

5. 高效性

网络营销可以大幅提高企业的营销效率。利用网络营销系统,企业可以极大提高交易信息的传递速度。据测试,用户从输入商品信息到拿到网上商店出具的电子收据仅需 5～20 秒,这一速度远超传统营销方式。

6. 数智性

在网络营销 Web 1.0 和 Web 2.0 阶段,网络营销面对的主要是"搜索+购物"的线上市场,而在网络营销 Web 3.0 阶段,网络市场则进入"算法+数据"驱动的新阶段。算法驱动的程序化、算法推荐等的日益普及,为网络交易供需匹配提供了主导机制。同时,基于算法驱动的新型网络交易平台快速发展壮大,算法定价模型在网络交易领域的应用逐渐增多,"数据+算法"成为平台经济增长的有效动能。例如,今日头条使用算法推荐分发内容,取代了以人工推荐为主的推荐方式,使得用户浏览的新闻内容更符合用户的个人喜好。

4.1.3 网络市场的构成

1. 网络市场的规模

经济学通常将市场三要素界定为买方、卖方和商品。市场营销更多的是从卖方的角度分析买方,所以市场营销将所有买方统称为市场,而将所有卖方统称为行业。简言之,市场其实就是买方的代名词。基于这一视角,市场营销学一般认为市场三要素分别是人口、购买欲望和购买力。网络市场的规模主要取决于上网人口的数量、购买欲望的强烈程度与购买能力的大小三个基本要素。三者之间的关系可以表述为:网络市场=上网人口×(购买欲望+购买力)。从增长速度来看,我国的上网人口正在以惊人的速度增长;而从绝对量来看,我国已是全球第一大网络用户国。因此,网络市场的规模潜力是巨大的,B2C 的发展前景是光明的。

2. 网络市场的构成

按照购买者身份的不同,网络市场可以细分为网络消费者市场和网络组织市场两大类。我们一般把那些为了满足自身生活消费需求,通过互联网实现部分或全部购买行为的所有消费者称为网络消费者市场,也称网络零售市场,主要包括 B2C 与 C2C(customer to customer,顾客对顾客电子商务)两种模式。同样地,那些通过互联网实现部分或全部购买行为的所有组织称为网络组织市场,主要包括 B2B 和 B2G(business to government,企业对政府电子商务)两种模式。网络组织市场根据组织购买商品或服务目的的不同又可以划分为网上企业市场和网上非营利组织市场,前者又包括网上生产者(制造商)市场和网上转卖者(中间商)市场。网络市场的构成如图 4-1 所示。

图 4-1 网络市场构成

4.1.4 网络消费者市场与网络组织市场的区别

分析网络消费者市场与网络组织市场的区别,是企业决定实施 B2B 网上营销战略还是 B2C 网上营销战略的主要依据。一般而言,相对于消费者市场,企业购买者市场具有以下显著特点:购买者数量较少,购买数量或金额通常较大,买卖双方关系较为紧密,需求属于间接需求且缺乏弹性,购买行为理性化,以及购买决策过程比较复杂。

B2C 网上用户通常是居民个人或家庭,一般以满足生活性消费需求为目的,用户上网购物消费的行为具有追求时尚性、娱乐性、便利性、求廉性、品牌偏好性等特点。而 B2B 网上用户一般是营利性机构,其购买目的是为了满足生产性或经营性需求,最终目的是实现赢利。B2B 网上用户的行为特征一般表现为试用性、理性化、非固定性和利益驱动性。网络消费者市场与网络组织市场的区别如表 4-1 所示。

表 4-1 网络消费者市场与网络组织市场的区别

5W/H	项目	B2C	B2B	B2G
who	身份	个人或家庭	制造商或中间商	政府、社团、事业单位等
	使用者	为自己购买	为组织采购	为组织采购
	购买者	非专家	专业采购人员	专业采购人员
	决策者	个人决策	集体决策	集中招标采购,受到监控
	上网比例	目前较低	较高	较高
what	需要	生活性消费	生产性消费或转卖	公共需要或事业性需要
	产品	消费品	生产资料	公共产品
	需求弹性	大	小	小
why	购买行为	简单	复杂	复杂
	动机	非营利,满足需要	营利	非营利,办事为主
	最初登录网站原因	广告引入,促销拉入,主动搜索,有意找入,无意链接,顺路经过	广告引入,中介推荐,主动搜索,有意找入,网页链接,门户推荐	广告引入,中介推荐,主动搜索,有意找入,网页链接,门户推荐
where	市场范围	广阔而分散	狭小而集中	狭小而集中
	地点	生活地	工作地	工作地
when	时间	主要在 8 小时以外	主要在 8 小时以内	主要在 8 小时以内
how	购买批量	单件零星	批量高额,依需而定	批量高额,限定总额
	选择网上购买的主要因素	心理偏好,行为习惯,便宜便利,安全时尚,休闲娱乐,轻松方便	供货及时,质量可靠,数量充足,条件优厚,服务保证,长期交易	供货及时,质量可靠,数量充足,条件优厚,服务保证,长期交易
	营销关键	诱导劝说	建立关系	建立关系
	物流方式	邮寄,快递	第三方物流	第三方物流
	支付方式	异地邮寄,货到付款	银行转账,电子支付	银行转账,电子支付

4.2 网络消费者需求分析

网络消费者是指在互联网这一虚拟环境中进行购买与消费的群体。他们与传统网下购物的消费者有着显著区别。网络购物作为一种新的消费形式,使消费者可以不受时空限制在虚拟的网络市场环境中与企业进行商品交换。与传统面对面的营销方式相比，虽然商品交换的本质没有变，但网络营销在具体的实现过程中却展现了许多特别之处。特别是网络消费者的需求呈现出一系列新的内容和特点。因此，深入研究网络消费者的需求特性对于制定有针对性的营销策略至关重要。

4.2.1 网络消费者需求的内容

马斯洛需求层次理论对网络消费者需求层次分析的指导意义如下所述。

1. 生理需求

这是人类生活和生存最基本的需求。虽然网络消费者大多数已经解决了基本生活用品的购买问题，但他们对生活必需品的追求并未停止。当然，消费者选择上网购买生活用品主要是出于便利性的考虑。

2. 安全需求

网络消费者乐于通过网络查询购买适合自己的产品或服务。但由于对网络交易安全性的考虑，部分消费者对网络交易形式持保留态度。所以，网络营销一方面要提供满足消费者安全需求的产品或服务，另一方面要确保交易过程的安全性，以满足消费者对安全购物的需求。

3. 社交需求

企业在网络营销活动中可以向消费者提供如旅游、会议、社团活动等方面的信息和服务。同时，借助电子邮件、公告板系统和直播间等功能，促进消费者进行信息交流和情感沟通是吸引潜在消费者的有效策略。

4. 尊重需求

从内部营销角度来说，企业网站应设立员工个人主页，特别是表彰具有榜样作用、对企业做出突出贡献的优秀员工，以体现对员工的尊重。从外部营销角度来说，企业在营销活动中要满足消费者受尊重的需求，为消费者提供能彰显其身份与地位的产品。

5. 自我实现需求

在网络营销活动中，企业可以利用网络资源为消费者提供更多实现个人价值、获得成就感的产品或服务，还可以为消费者提供就业信息，为消费者创造展现自身价值的平台或机会。

在这五个层次的需求中，生理和安全需求是消费者基本的物质需求，满足这类需求消耗的是一些基本的生活必需品；社交、尊重和自我实现需求属于精神需求，这类需求的满足需消耗一些比较高级的生活资料。对大多数人来说，他们的需求不是单一的而是多层次的，即在每一个层次上或多或少的都会有一些需求，但由于条件限制，这些需求只能部分得到满足。这种差别是网络营销人员必须深入了解和学习的。网络营销人员还必须了解并学会分析消费者的需求，分析消费者需求的轻重缓急，因为这是企业有针对性地开展营销活动的重要前提。

4.2.2 网络消费者需求的特点及对策

网络消费是一种新型的消费形式,消费者可以不受时空限制地在虚拟的网络市场环境中与企业进行商品交换。与传统面对面的营销方式相比,虽然交换的本质没有变,但在具体的实现过程中,网络营销却有许多特别之处,特别是网络消费者的需求呈现出一些新的特点。对这些特点进行深入分析有助于我们采取更有针对性的营销策略。

1. 反向扩展性

网络消费者需求的反向扩展性是指网络消费者需求由高层次需求逐步向低层次需求扩展延伸。在传统的营销模式下,企业营销活动的开展必须遵从消费者需求由低层次需求向高层次需求逐步延伸发展的规律,即当消费者低层次需求满足以后才会产生高层次的需求。而在网络营销条件下,消费者的需求变化则由高层次需求的满足逐步向低层次需求扩展延伸。实践证明,消费者最初上网的目的是为了寻求满足一些高层次需求的产品或服务,如购买图书资料、娱乐光盘或计算机软件等。到了成熟阶段,随着熟悉并掌握网上消费的规律和操作流程,消费者对网上购物有了充分的信任。当对网上购物消费的优点"情有独钟"时,消费者才会从购买满足高层次需求的精神消费品向大量购买日用消费品扩展延伸。因此,在网络营销活动中,企业营销人员应该充分认识到这一规律,并慎重、合理、恰当地逐步推出网上销售的产品。

2. 更大的差异性

网络营销面对的是全球消费者,因此网络消费者的需求具有更大的差异性。这些差异来自国别、民族、信仰、生活习惯、文化禁忌等方面的不同。企业在开展网络营销时必须认真考虑这些需求的差异,对产品的构思、设计、制造、包装、运输、销售等全过程做出总体规划与安排,以实现预期的营销效果。

3. 明显的交叉性

在网络消费者中,同一消费者各个层次的需求并不是相互排斥的,而是紧密联系的。不同消费者所表现的需求也可能分属不同的需求层次。也就是说,网络消费者需求之间存在着明显的交叉性。所以,网络营销可以针对不同消费者经营多种商品,对同一消费者也可以同时推销不同的商品。

4. 较大的超前性

网络消费者以年轻人居多,他们一般都对新生事物反应灵敏且接受速度快,并容易更新观念。因此,网络营销应该考虑到这一需求特点,不断推动营销创新,刺激需求,以吸引网络消费者。

5. 较强的可诱导性

消费者的需求,特别是高层次的需求,并不常常表现为现实需求而是潜在需求。网上消费多以高层次需求为主。因此,在网络营销活动中,企业应通过各种网络营销策略,激发网络消费者的潜在需求,并实现由潜在需求向现实需求的转变,变微弱的购买欲望为强烈的获取动机,变反复的犹豫为坚决的购买行动。

6. 较多的理性化因素

对于网络消费者来说,他们可以选择的生产厂家和产品范围不再局限于某个城市或市场,因此可以对商品价格进行广泛的横向比较并做出比较理智的决策。

网络营销很难依靠消费者不充分的信息或企业的地理优势形成垄断局面。因此,企业只有利用一切有效的方法和工具与网络消费者进行充分的信息沟通以收集他们的需求信息,及时抢占先机,向他们推出适销对路、物美价廉的产品或服务,才能在竞争对手云集的网络营销活动中取胜。

7. 个性化色彩明显

出于规模经济的考虑,批量化和标准化的生产方式使得消费者的个性被淹没于大量低成本、无差异和大众化的产品浪潮之中。然而,没有一个消费者的需求是完全一样的,市场营销只有把每一个消费者都看成是一个细分市场时,营销效果才是最好的。网络营销的产生和柔性化生产系统的发明使用使得个性化消费成为消费的主流。

8. 主动性增强

在网络营销环境下,消费者不再是广告信息的被动接受者,而是产品信息的积极寻求者。消费者可以在几乎覆盖全球的网络上寻找符合自己需求的产品。这一过程不受时空限制,从而大大增强了消费主动性。

9. 对购买方便性的需求与购物乐趣的追求并存

网络营销为消费者提供了一个从无到有的购物过程。在这个过程中,消费者不仅追求购物的便利性,还注重购物的安全性。

10. 兴趣、聚集、交流的需求表现突出

在网络经济的影响下,网络已经逐步深入人们社会生活的各个方面。网络消费者上网最主要的目的不仅是满足基本的生存需求,更是追求更高层次的享受与发展需求。其中,最为突出的是消费者对兴趣体验、社交聚集和沟通交流的需求。

11. 定制化需求显著

在传统的市场营销活动中,制造商是产品分销的起点,中间商是产品分销的中介,消费者是产品分销的终点,消费者只能在店铺中挑选已经生产出来的产品。而网络营销的出现改变了这一状况。消费者可以深度参与到产品的设计、生产与流通过程中。例如,通过企业的网上定制营销,消费者可以自定义手机铃声、冰箱款式、摩托车造型、房屋户型等,甚至对于一些数字化的产品,消费者还可以自主完成下载过程。

12. 自媒体需求凸显

互联网极大地满足了人们日益增长的表达意愿和自由的需求。在自媒体时代,每个

人都是信息的发布者,Web 2.0 技术为这种新的传播形式提供了强大的支持。例如,博客使得每个网民都能成为媒体身份的信息发布者。

传播学专家指出,当粉丝数达到一定数量时,其影响力就如同传统媒体。因此,自媒体在现代社会中的影响力不容忽视。

13. 碎点化消费

在移动互联网时代,人们使用网络的时间呈现出显著的碎点化特征。移动互联网正在以极快的速度,通过零碎时间的积累,逐渐占据传统媒体潜在消费者眼球的时间。碎点化的时间分配和移动上网的便捷,使得各类符合这些特点的移动设备应用和服务获得了越来越多的青睐。如何适应消费者的碎点化时间进行网络营销成为企业需要深入研究的重点。

14. 娱乐化主张

美国经济学家沃尔夫在《娱乐经济》一书中提出,消费者在购买任何产品时都在寻求娱乐成分。随着经济的持续发展和居民收入水平的提升,消费者对娱乐化消费的需求也在快速发展。无论是阅读、视频、聊天、社交还是游戏,网络都为用户带来了愉悦的体验。

15. 体验化选择

良好的用户体验是吸引和留住用户的关键。在移动互联网时代,将技术和人文相结合,深度挖掘用户需求,提供良好的用户体验,成为企业成功的关键。市场调研公司的数据也证明了这一点,良好的用户体验能够显著增强用户的黏性。

16. 乐于分享

Web 2.0 带来了全新的传播理念,网络消费者不再是信息的被动接受者,而成为信息的主动获取者和发布者。例如,网络消费者可以通过博客、贴吧、QQ 群、微信等网络工具分享个人购物体验和观点,形成 B2C2C(business to consumer to consumer,企业对顾客对顾客电子商务)的信息传播模式。

17. 用户生产内容

随着互联网和电子商务的快速发展,传统的销售模式已经不能满足消费者的需求。UGC 模式出现并广泛应用于多个电商网站。在 UGC 模式下,消费者不再是信息的被动接受者,更是信息的生产者、加工者和传播者,从而推动了电商网站的创新和发展。

4.3 网络消费者行为分析

传统营销和现代营销的最大区别在于它们所依赖的理论基础与导向不同。传统营销建立在心理学基础之上,主要侧重于分析消费者的心理需求,如认知、态度、情感、学习、记忆等各种心理变量,并以此为导向制定营销策略。现代营销则建立在行为分析基础之上,特别是随着大数据、人工智能等先进技术的应用,市场分析决策更加关注消费者行为变量的分析。

4.3.1 网络消费者行为分析

网络消费者行为分析包括两个方面内容：一是消费者网络行为分析，二是消费者上网行为分析。以某一营销网站为例，消费者网络行为分析也是对该网站访客行为的分析。分析指标大致可以划分为上网行为和网站访问行为两大类，每个大类又细分为多个具体的指标。

1.消费者上网行为分析

(1)上网接入设备。目前，消费者上网的接入设备主要包括台式电脑、笔记本电脑和手机。总的来说，我国网民对上网设备的选择趋于多样化，虽然台式电脑上网人数仍占绝大比例，但其使用比例在逐年下降，而笔记本和手机的使用比例则在逐年上升。手机上网以其特有的便捷性获得了广大网民的认可。在使用手机上网的网民中，年轻的男性网民占比较大。

(2)上网地点。网民经常上网的地点包括家里、网吧、办公室、学校及其他场所。根据 CNNIC 统计，家庭是网民上网的主要地点，网吧和办公室则分别位居第二和第三。

(3)上网时长。上网时长一般指网民平均每周上网的小时数，是反映网民上网活跃度的重要指标。

(4)上网费用。上网费用一般指网民每月用于上网的费用，反映了网民对上网的经济投入。

(5)网络应用。网络应用主要指网民上网的主要目的与方式，包括网络直播、即时通信、网络音乐、网络新闻、博客/个人空间、网络游戏、网络视频、电子邮件、社交网站、网络文学、微博、网络购物、网上支付、网上银行、论坛、网络炒股、团购、旅行预订等多种应用。

2.消费者网站访问行为分析

消费者网站访问行为分析主要是通过分析消费者访问网站页面的痕迹与过程，对有关数据进行统计分析，从而发现消费者访问网站的规律，进而优化网站结构或制定有针对性的营销策略。

(1)消费者网站访问行为分析指标。就某一网站而言，分析消费者网站访问行为主要是分析导入网站(消费者从哪些站点链接转入)、浏览网站时长、使用的搜索引擎及其关键词、不同时段的用户访问量、独立访问者数量、重复访问者数量、页面浏览数、平均每个访问者的页面浏览数、某些具体文件或页面的统计指标(如页面显示次数、文件下载次数等)、用户登录 IP(internet protocol,互联网协议)地址地区分布状况等。

(2)消费者网站访问行为分析技术。大型企业可以根据需要开发自有的网站流量统计分析系统，小企业则完全可以利用第三方流量统计系统进行辅助分析。这些系统一般需要企业在第三方服务提供商网站上注册账号，获取统计代码，并将统计代码插入到需要统计的网页中，以实现对消费者访问行为的跟踪和分析。

◎ **实例** 珠海市五一一八科技有限公司是一家专注于互联网大数据应用的技术导向型公司,旗下有5118营销大数据和磁流体等产品,为网站运营人员、排名从业人员及新媒体从业者提供了有价值的专业分析结果和指引。同时,"友盟+"、广州有啦网络科技有限公司、站长之家等都是比较受欢迎的网站访问行为分析服务提供商。

4.3.2 消费者行为模式分析

1. Web 1.0消费者行为模式分析

(1) **AIDA模式**。1898年,美国广告学专家刘易斯提出"AIDA"消费者行为模式,即attention(注意)、interest(兴趣)、desire(渴望)和action(行动),也称艾达公式。

(2) **AIDMA模式**。在AIDA模式的基础上,美国广告学专家又提出"AIDMA"消费者行为模式,即attention(注意)、interest(兴趣)、desire(消费欲望)、memory(记忆)和action(行动),如图4-2所示。AIDMA模式属于传统营销的消费者行为模式。传统媒体时代与互联网Web 1.0时代强调以媒体为中心,向用户单向传递信息,网络消费者行为分析广泛奉行的是AIDMA模式。

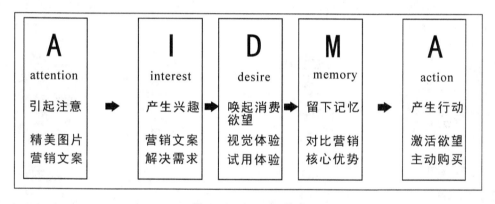

图4-2 AIDMA模式

2. Web 2.0消费者行为模式分析

在Web 2.0时代,由于搜索和分享应用的出现,消费者行为由被动变成主动,消费者通过搜索与分享可实现信息的传递与渗透。目前,针对网络消费者行为分析,AISAS和SIPS模式具有较高的适用性。

(1) **AISAS模式**。从传统时代到网络时代,互联网与移动应用得到了飞速普及,特别是随着Web 2.0的发展,传统的消费者行为模式发生了显著变化。消费者行为逐渐从传统的AIDMA模式向具有网络特质的AISAS,即attention(注意)—interest(兴趣)—search(搜索)—action(行动)—share(分享)模式转变(见图4-3)。AISAS模式是日本电通公司2004年针对互联网与无线应用时代消费者生活形态的变化归纳概括出的一种新的网络消费者行为模式。search(搜索)和share(分享)这两个具备网络特质的"S"的出现,凸显了互联网时代搜索和分享在消费者行为中的重要地位。

图 4-3 AISAS 模式

(2)**SIPS 模式**。在新媒体时代,受众的行为具有从整体性到碎片化的特点。碎片化包括两层含义:一是受众媒体分布的碎片化;二是受众接收信息的碎片化。随着社交网络的兴起,消费者的行为模式也在发生变化。2011 年,日本电通公司提出 SIPS 模式,即 sympathize(认同)、identify(确认)、participate(参与)以及 share and spread(分享与传播),如图 4-4 所示。

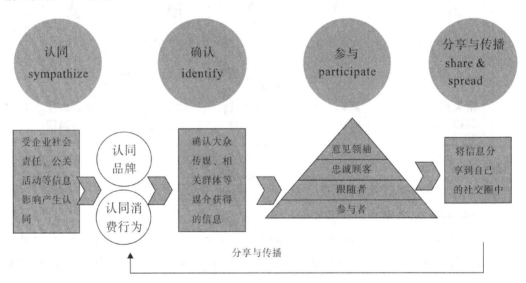

图 4-4 SIPS 模式

(3)**SICAS 模式**。2011 年,互联网数据中心(Data Center of the China Internet,DCCI)通过技术手段,对数字时代下的营销行为发起方(企业)、营销行为参与方(广告主、广告代理、网络媒体等)、营销行为响应方(用户)进行了长期、连续和实时监测分析后,将用户消费行为重新定义为 SICAS 模式,即品牌与消费者之间建立感知(sense),产生兴趣并形成互动(interest & interactive),建立连接并互动沟通(connect & communicate),产生行动(action),对外分享(share)。SICAS 模式是在全网、全景的全数字营销环境下提出的用户消费行为模式。用户消费行为模式变革如图4-5所示。

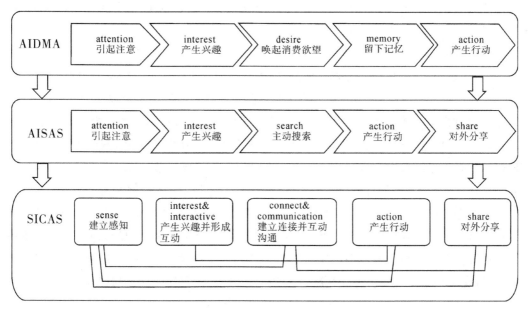

图4-5 用户消费行为模式变革

3. Web 3.0 消费者行为模式分析

在Web 3.0时代,即智能互联网情境下,大数据、云计算、人工智能等技术的应用使得消费者行为分析更为全面和精细。

(1)AIPL模型。电商渠道品牌运营分析使用最多的是AIPL模型,也是阿里巴巴推崇的一种营销模型。AIPL模型(见图4-6)反映了消费者对品牌从"认知(awareness)—兴趣(interest)—购买(purchase)—忠诚(loyalty)"的转化过程以及人群分布。

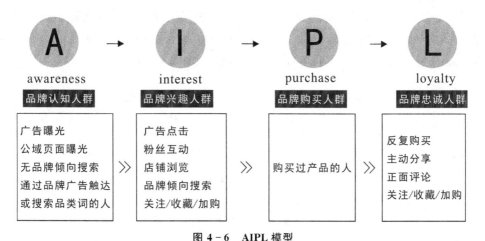

图4-6 AIPL模型

A(awareness):品牌认知人群,一般指与品牌被动接触的用户,如通过品牌广告触达或搜索品类词的人。

I(interest):品牌兴趣人群,一般指与品牌主动接触的用户,如点击广告、浏览品牌或店铺主页、参与品牌互动、浏览产品详情页、搜索品牌词、领取试用、订阅/关注/入会、加购收藏的人。

P(purchase):品牌购买人群,指实际购买过产品的人。

L(loyalty):品牌忠诚人群,如复购用户或对品牌有正面评价或分享的用户。

在AIPL模型出现之前,商家和品牌商只能了解在天猫和淘宝上成交的用户数量,具体这些用户是怎么转化来的,哪个转化环节出现问题,他们并不清楚。为了帮助商家更好地认识用户,进行精细化运营,阿里巴巴提出了AIPL消费者行为全链路可视化模型。该模型是阿里巴巴数据银行和全域营销概念中的一个重要环节。AIPL模型可以帮助企业全面认识用户人群,判断成交不足的环节,并据此制定针对性的网络营销策略。

电商企业使用的AIPL模型如同一个倒漏斗,最初的认知群体规模庞大,而忠诚度群体规模最小。忠诚度群体的数量直接决定了模型的转化率。AIPL模型通过对不同阶段的用户规模和行为转化关系进行量化追踪,实现全链路可视化。用户规模量化后即用户数量,转化关系量化后即各种转化率。AIPL各阶段的用户转化情况如图4-7所示。

图4-7 AIPL各阶段用户转化情况

(2)FAST模型。AIPL模型可以帮助企业了解品牌人群资产总量及各链路人群的分布。FAST模型则在AIPL模型的基础上,从数量和质量两个维度来衡量品牌人群资产运营的健康程度。在数量指标层面,FAST模型提供了全网消费人群总量(fertility)和高价值人群即会员总量(superiority)。在质量指标层面,FAST模型则关注人群转化率(advancing)和会员活跃率(thriving)。FAST模型如图4-8所示。

数量指标	质量指标
F (可运营人群,消费人群总量)	**A** (人群转化率)
S (高价值人群,会员总量)	**T** (会员活跃率)

图4-8 FAST模型

该模型主要帮助企业了解可运营消费者的总量情况,首先利用商品成交总额(gross merchandise volume,GMV)预测算法,预估品牌消费者的总量缺口,然后基于缺口情况优化营销预算投入,站内外多渠道"种草拉新",为品牌进行资产扩充,并指导品牌进行未来的货品规划和市场拓展,多方位拓展消费者。

(3)**ARPR 模型**。ARPR 模型也称消费者私域成交链路模型,即私域消费者全生命周期模型,如图 4-9 所示。

图 4-9 ARPR 模型

A(acquisition,获客):通过包装卡、客服、短信、电话等方式将消费者从公域平台引流到私域端。

R(retention,留存):让消费者通过朋友圈点赞、评论、沟通等方式加深与商家的关系。

P(purchase,购买):通过让消费者再次购买产品,加深消费者对个人 IP 和品牌的认知。

R(referral,传播):通过促使消费者自发进行一系列的传播动作,以实现自我裂变。

(4)**AARRR 模型**。AARRR 模型简称 2A3R 模型,也称增长黑客理论模型,由硅谷著名风险投资人戴夫·麦克卢尔(Dave McClure)2007 年提出。AARRR 模型分别对应用户生命周期中五个阶段的五项对策,如图 4-10 所示。

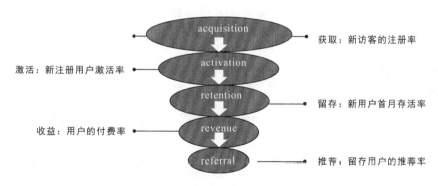

图 4-10 AARRR 模型

A(acquisition,获取):指从不同渠道拉新和获客,即推广过程。

A(activation,激活):指被动进入应用的新增用户经过沉淀转化为活跃用户,如用户成功完成产品内的核心任务并获得良好的使用体验。企业在这一阶段需要关注活跃用户的数量、使用频次和平均停留时间等数据。

R(retention,留存):指某段时间的新增用户中,经过一段时间后仍然使用产品的用户比例。

R(revenue,收益):也称付费、变现或转化。收益的来源主要包括应用付费、广告收入和流量变现等,而 ARPU(average revenue per user,每用户平均收入)是衡量收益效果的关键指标。

R(referral,推荐):指用户通过自身使用体验,积极推荐并引导他人使用产品的过程,也称自传播、口碑传播或者病毒式传播。

(5)5A 模型。在智联网络时代,企业应把营销重心转移到用户和内容上,通过优质内容快速占领用户心智,继而影响用户行为。菲利普·科特勒在《营销革命4.0》一书中提出"5A"客户行为路径,如图 4-11 所示。企业可以借此通过全链路、分场景追踪营销效果,针对性地优化营销行为。

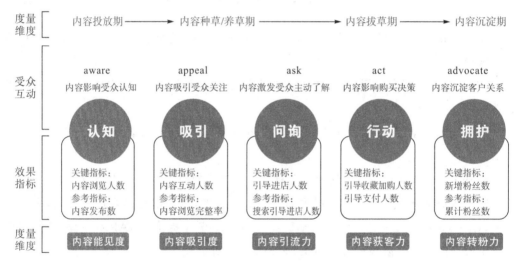

图 4-11 5A 模型

(图片来源:《内容营销 5A 模型是什么?》)

A(aware,认知):指通过数字媒体了解过品牌行为的人群,如查看广告、搜索品牌相关内容等。

A(appeal,吸引):指被品牌吸引并在媒体上产生互动的人群,如收藏、点赞、分享或有效阅读相关内容等。

A(ask,问询):指主动搜索并产生问询行为的用户,如预约进入产品详情页了解价格或在社区内发布问题。

A(act,行动):指有过下单、购买、投诉或产品试用等行为的人群。

A(advocate,拥护):指有过推荐或复购行为,成为品牌大使的人群。这是一个和复购、高忠诚度紧密相关的群体,其关键指标包括复购率、推荐率和通过裂变新增的粉丝数量等。

4.3.3 网络消费者购买决策过程

网络消费者的购买过程也就是网络消费者购买行为形成和实现的过程。一般来说，复杂且理性化的网络消费者购买过程可粗略划分为六个阶段：激发需求、产生动机、收集信息、比较决策、实施购买和购后评价。网络消费者购买决策过程如图4-12所示。

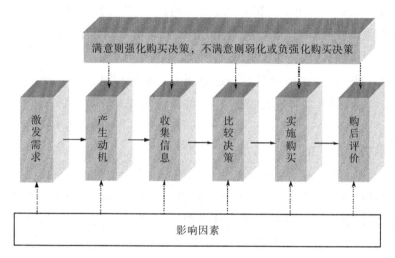

图4-12 网络消费者购买决策过程

1. 激发需求

消费者的需求和欲望是购买行为产生的起点，也是网络营销活动中消费者行为分析的起点。当消费者感觉到生理上、心理上或精神上的某种缺失感，并想积极寻求渠道消除或减轻这种不适感时，购买行为的起点就出现了。这种需求可能由消费者内在需求引起，也可能由外界的某种刺激引发。

网络营销活动在此阶段应不失时机地采取恰当的措施，激发和强化消费者的这种需求。对网络营销而言，文字的表述、图片的设计、声音的配置都是网络营销激发消费者需求的直接动力。然而，网络营销在吸引消费者方面具有一定的挑战。这要求从事网络营销的企业或中介商应注意了解与自身产品相关的现实需求和潜在需求，了解这些需求在不同时间段的强烈程度，以及这些需求主要由哪些刺激因素诱发，进而巧妙设计促销策略，吸引更多消费者浏览网页，激发其购买欲望。

2. 产生动机

当需求产生以后，消费者就会积极主动地寻求满足需求的途径，而满足需求的途径并非唯一。当消费者对市场上的某种商品或服务产生强烈兴趣时，购买行为的动机就此产生。

网络营销活动在此阶段的主要工作是积极引导并劝说消费者通过选择本企业产品

或服务的途径满足其需求。

3.收集信息

消费者明确了通过哪些途径能满足自己的需求后,通常会从理性的角度出发,积极寻找和搜集相关信息,以便尽快完成从知晓到确信的心理过程,并做出购买决策。消费者获取信息的渠道主要有以下几个方面。

(1)个人来源。其主要指来自消费者的家人、亲戚、朋友和同事等的与购买决策有关的信息和体会。消费者决策的依据是所获得的信息,而消费者会对来自相关群体的信息有较大的信任度。在网络营销活动中,企业应重视口碑营销,积极培养有利于企业营销活动的个人信息传播。

(2)商业来源。其主要指消费者通过企业有意识的信息发布活动所获得的商品信息,如展销会、人员推销、媒体宣传、发布广告等。在网络营销活动中,消费者获得这方面信息的途径主要有网络广告和检索系统中的产品介绍等。企业应充分利用这些渠道,向消费者传递准确且有吸引力的产品信息。

(3)公共来源。其指消费者从报纸、杂志、电视、网络等大众传媒获得的有关企业及其产品的宣传报道信息,或者消费者从消费者组织(如消费者协会)的有关评论中得到的信息。因此,在网络营销活动中,企业要注重积极建立良好的公共关系,树立良好的公众形象,以赢得消费者的信任和认可。

(4)经验来源。其指消费者自身积累的与购买行为有关的信息,包括购买经验和对市场的潜心观察等。

一般而言,在传统的购买过程中,消费者的信息大都源于被动接受,如"广告轰炸"对消费者的购买决策有着较大的影响。而消费者网上购买行为中的信息收集则带有较大的主动性。例如,在网络购买过程中,商品信息的收集主要通过互联网进行。消费者可以根据已经了解的信息,主动在互联网上跟踪查询,并不断浏览新的信息以寻找购买机会。

网络消费者的信息搜索能力取决于四个方面:一是消费者对产品信息的掌握程度。二是消费者对各种信息源的了解程度。对各种信息源有足够的了解与认识是获取信息的基础。三是获取信息的能力。包括计算机和网络基础知识的运用,以及查询和检索信息的技巧。四是处理信息的能力。指消费者在获取大量信息的基础上,准确鉴别、分析和判断信息的真伪,并结合自身经验做出决策。

在此阶段,网络营销应综合运用"推"与"拉"的营销战术把企业及其产品信息有效地传递给消费者。"推"的战术即在互联网上通过各种渠道把企业及其产品信息积极推荐给潜在消费者。"拉"的战术即通过各种网络营销战略战术,吸引更多的网民关注本企业及其产品信息。

4.比较决策

消费者通过各种渠道得到购买决策所需的信息后,需要进行综合评估、分析和对比,从而做出恰当的选择。这通常涉及产品的功能、性能、可靠性、样式、价格和售后服务等方面的因素。网络消费者在做出购买某种商品的决策时,一般必须具备三个基本条件:第一,对厂商有信任感;第二,对支付有安全感;第三,对产品有偏好感。所以,树立企业形象、改进货款支付办法和商品配送方法,全面提高产品质量,是企业进行网络营销时必须重点抓好的三项工作。只有这三项工作做到位,消费者才能毫不犹豫、放心大胆地做出购买决策。以网上购物为例,消费者不能直接接触实物商品,因此他们对商品的比较与选择主要依赖于厂商提供的文字或图片描述。如果企业对自己的产品描述得不够充分或过于夸张,都可能影响消费者的购买决策。

5. 实施购买

网上购物与传统购物在实施购买行为阶段存在显著差异。网络消费者通过网上商店购物的一般流程如图4-13所示。

图4-13 B2C网上购物流程

具体来讲,网上购物流程如下所述。

(1)收集企业营销网站信息。网络消费者进行网上购物的第一步就是收集企业营销网站的信息。企业应该通过各种渠道推广本企业网站。其实,搭建网站仅仅是企业开展网络营销的第一步,关键还在于如何让更多的人通过网络了解企业。对此,企业可以通过购买搜索引擎网站的搜索排名服务,借助搜索引擎的力量,获得更多的营销机会。

(2)登录企业营销网站。企业应该努力做到使消费者便捷高效地登录营销网站。因此,网址域名应易读易记、便于搜索,并与企业名称、产品名称相契合。同时,企业网站的设计要有吸引力,以给人留下深刻印象。

(3)注册成为会员。由于网上购物时,企业需要保留消费者信息,因此首次访问的消费者需要完成会员注册。在会员注册的过程中,企业应该注意以下几点内容。

• 过程简洁而不烦琐。对于第一次登录网站的用户,如果会员注册过程太过烦琐,消费者就会转向其他网站。

• 登记信息必须以够用为原则。登记信息应该只要求填写必要信息,避免引起消费者的反感。

• 重视会员信息的价值。会员登记的信息不仅可以作为企业认证消费者身份的初步依据,也是企业向消费者提供服务的根据。

(4)搜索选购商品。企业网站中的商品信息可能有很多,如何使消费者快捷方便地找到所需商品,是企业应该考虑的问题。对于热销商品,企业可设置热卖区或特卖区;对于销量小的商品,企业则要保证消费者能够快速方便地搜索到这些商品。

(5)检查核实所购商品。选定商品后,系统会自动弹出购物车页面,消费者可调整所购商品数量或取消选择。如果还要购买其他商品,消费者则可以选择"继续购物",核实无误后,点击"去收银台"进行下一步操作。

(6)选择支付方式和送货方式。在结算页面,消费者可以选择支付方式和收货方式。在此阶段,消费者要注意避免多次点击"确认付款",以防重复下单。企业应通过电子邮件、电话等方式与消费者确认订单,避免重复发货和纠纷。

(7)收到货款,发送货物。收到货款后,企业应该立即将商品根据消费者选择的送货方式与登记的收货地址发出。

(8)订单查询。消费者可随时使用会员名和密码登录网站查询购物进程与订单处理情况。

网络消费者在对商品进行充分的比较选择并做出购买决策后,便进入购买行为的实施阶段。网络消费者的购买行为与传统的网下购买行为相比,具有许多新的特点。首先,网络消费者的理智动机所占比例较大,感情动机所占比例较小;其次,网上购买行为可在办公室、家里甚至旅途中完成,受外部环境的影响较小;然后,网上购买行为要快捷方便得多;最后,网上购物从决策到实施往往只需点击几次鼠标即可完成,省去了传统购物中的诸多环节。网上购物的最大优势在于省时、方便、快捷以及服务到位。所以,网络营销应尽量使购物流程简单方便、容易操作。

6.购后评价

消费者购后活动主要有两种:一是购后评价;二是购后分享。

(1)购后评价。消费者的满意程度取决于消费者对产品预期性能与产品实际使用时的性能的对比。因此,企业应实事求是地进行产品宣传,以赢得消费者满意。

(2)购后分享。购后分享则影响着消费者今后的购买动向和潜在消费者的购物行为。

在网络经济时代,消费者往往先查看网上评价再下订单,收货后还会在网上分享购物体验。因此,企业应积极主动地与网络消费者建立购后联系,引导网络口碑,加强售后服务,并根据消费者反馈,及时改进产品和服务。

本章小结

网络营销是利用互联网技术、围绕消费者需求、面向网络市场开展的一种市场经营活动。网络市场是在特定时空条件下,对某种产品或服务具有现实和潜在需求的网上用户群体。与传统的线下市场相比,网络市场具有互动性、虚拟性、全球性、全天性、高效性、数智性等显著特点。按照购买者身份的不同,网络市场可以划分为网络消费者市场和网络组织市场两类。网络消费者需求的特点主要有反向扩展性,更大的差异性,明显的交叉性,较大的超前性,较强的可诱导性,较多的理性化因素,个性化色彩明显,主动性增强,对购买方便性的需求与购物乐趣的追求并存,兴趣、聚集、交流的需求表现突出,定制化需求显著,自媒体需求凸显,碎点化消费,娱乐化主张,体验化选择,乐于分享和用户生产内容等特点。Web 1.0 消费者行为模式主要有 AIDA 模式与 AIDMA 模式;Web 2.0 消费者行为模式主要有 AISAS 模式、SIPS 模式和 SICAS 模式;Web 3.0 消费者行为模式主要有 AIPL 模型、FAST 模型、ARPR 模型、AARRR 模型和 5A 模型。网络消费者的购买决策过程可粗略划分为激发需求、产生动机、收集信息、比较决策、实施购买和购后评价。

◎ 思考题 ◎

1. 如何界定网络市场的概念?网络市场与传统的线下市场相比有何特点?
2. 网络市场由哪些部分构成?各构成部分有何区别?
3. 马斯洛需求层次理论的主要内容是什么?其对网络营销有何指导意义?
4. 与网下消费者相比,网络消费者需求有哪些特点?针对这些特点,企业应采取什么样的营销策略?
5. Web 1.0、Web 2.0 及 Web 3.0 阶段,典型的网络消费者行为模式有哪些?这些模式有何显著变化?
6. 网络消费者购买决策过程可以分成哪几个阶段?在不同阶段,企业应采取什么样的网络营销策略?

第 5 章

网络营销数据分析

网络营销决策的基础是数据分析。本章在介绍网络营销调研的概念、特点、内容、程序、原则和方法的基础上,对网络问卷调研法、网络讨论调研法和网络观察调研法三类网络营销直接调研方法,以及网络营销间接调研的方法,网络营销数据分析的步骤、方法和使用进行了概要性介绍。

> • 调查研究是谋事之基、成事之道,没有调查就没有发言权,没有调查就没有决策权;正确的决策离不开调查研究,正确的贯彻落实同样也离不开调查研究;调查研究是获得真知灼见的源头活水,是做好工作的基本功;要在全党大兴调查研究之风。

5.1 网络营销调研概述

企业在制定营销决策时需要掌握充足的营销信息,这要求企业应精心规划并实施相应的调研活动。网络调研,作为一种利用因特网技术进行的市场调研方法,已成为企业开展营销调研活动的新途径。

5.1.1 网络营销调研的特点与内容

网络营销调研,即网络营销调查与研究的简称,是个人或组织为了制定营销决策,利用网络技术与资源进行的市场营销信息收集、整理和分析活动。网络营销的主要目的是通过各种网络调研手段,系统地收集市场营销相关的数据和资料,如实反映企业市场营销的客观情况,为企业的决策提供客观依据。网络营销研究则是对网络营销调查所得的数据与资料进行整理分析和判断推理,得出能反映营销情况发展变化客观规律的结论。这是网络营销中两个相互联系又有所区别的概念。网络营销调研中最重要的是网络市场调查。

1. 网络营销调研的特点

(1) 及时性和共享性。由于互联网上的信息传播速度极快,企业通过网络营销调研能够及时、快速地掌握信息，并根据具体情况随时调整调查内容。例如，通过电子邮件，问卷可以在几分钟内就发送到各地，问卷的回收速度也相当快。利用统计分析软件，企业可对调查结果进行统计，整个过程非常迅速。

(2) 便利性和低成本。传统的营销调研往往需要耗费大量的人力和物力，而网络营销调研则只需一台联网的计算机，其通过在线发布电子问卷或组织网络座谈，利用计算机及统计分析软件进行整理分析，省去了大量信息采集、录入等工作，也节约了大笔费用。例如，网络论坛、讨论区、反馈表和调查问卷的发放与收集既方便又快捷。与传统电话调研、邮寄问卷，以及给参与者以适当补偿的调研方法相比，网络营销调研的成本会低得多。此外，信息的存储和处理也更为便捷，如反馈表和调研问卷的收集、整理可通过网络和计算机高效完成。

(3) 客观性、准确性与可处理性。网络营销调研可对数据的客观性和准确性进行分析。不同来源数据的性质是不同的。例如，产品使用者的反馈信息通常涉及用户自身利益，所以其客观性和准确性较高；而通过免费电子邮件申请或球迷论坛等获得的信息的客观性和准确性则较差。与传统的营销调研相比，网络营销调研由于样本数据量大，其客观性和准确性更高。特别是从用户感兴趣的营销调研中获得的信息更能反映消费者的真实心态和市场发展趋势。另外，网络营销调研的数据处理特别适合计算机操作。

(4) 大数据和云计算。大数据是指那些用传统处理技术难以处理的海量数据，具有数量大、种类多、速度快及价值高等特点。在网络营销中，企业需要处理大量的客户、市场、销售及服务信息，如何对这些数据进行有效整合，形成有益的大数据营销方案，成为企业面临的挑战。云计算(cloud computing)作为一种服务交付和使用模式，通过网络提供按需、易扩展的服务，无论是IT和软件服务，还是其他任意服务。云计算中提供资源的网络被称为"云"。"云"中的资源在使用者看来是可以无限扩展的，用户可以随时获取、按需使用、随时扩展并按使用付费。这种特性经常被称为像使用水电一样便捷地使用IT基础设施，意味着计算能力作为一种商品，可以通过互联网自由流通。

◉ **实例** 在沃尔玛超市，收银员扫描顾客购买的商品后，电脑屏幕上会呈现出一些"隐形信息"。收银员会根据这些"隐形信息"友好地提醒顾客："我们商场新进了一批全新口味的小苏打饼干、奶酪和几种佐酒小菜在H3货架，如果您需要可以去选购。"这背后的原理是，当收银员扫描顾客购买的啤酒、红酒、沙拉等商品时，这些商品信息就被输入信息系统。根据历史数据，购买这些商品的人群中，80%的人还会购买佐酒小菜和佐料，所以就有了收银员上述的"顾问型营销"。实现这一功能的正是沃尔玛公司构建的数据库。该数据库是通过卫星与全球卖场实时连通的企业级大数据库。同样，作为中国电商业的领军者，阿里巴巴集团也利用大数据提供精准服务。比如，在淘宝平台上，商家可以利用淘宝魔方工具了解所代理品牌在整个行业的销售状况、市场排名和消费者行为等，再根据这些数据调整经营策略。

2. 网络营销调研的内容

一个正式的营销信息系统可以用来收集数据资料并提供有价值的信息。网络营销调研人员需要收集以下数据资料。

(1) 企业所服务消费者的信息。网上消费者的需求特征及其变化趋势直接影响企业的经营方针和战略。消费需求及其变化趋势调研是网络营销调研的重要内容。企业在利用互联网了解消费者的需求状况时首先要识别消费者的个人特征,如地址、性别、年龄、电子邮件、职业等。此外,企业还应调研的内容有价格定位、购买行为(包括购买能力、购买习惯、支付方式、送货方式等)、服务需求(包括服务要求、服务方式、服务内容等)、需求量(包括现实和潜在需求量)、广告效果,以及网络文化体育需求状况等。

为避免重复统计,企业通常会在已访问过的计算机上放置 Cookie,以记录访问者的编号及个性特征。为鼓励访问者认真填写问卷,企业一般采用奖励或赠送的办法,吸引访问者登记和填写问卷。网上消费者一般比较注意保护个人隐私信息。因此,对这些信息的获得就要使用一些技巧,如可以从侧面进行推测。

(2) 企业所处营销环境的信息。从微观环境的角度考虑,企业需要了解合作者、供应商、竞争者、营销中介等微观营销环境的信息。例如,企业可以通过访问竞争者的网站收集竞争者的信息,也可以从其他网站、新闻组和 BBS 中收集竞争对手的信息。然而,仅仅了解一些与其密切相关的信息是不够的,特别是在做出重大决策时,企业还必须了解宏观环境的信息,包括政治、法律、经济、文化、地理、人口、科技等信息。这些信息的获得有利于企业从全局和战略的高度考虑问题。例如,对于政治信息,企业可以通过政府网站或互联网内容提供商(internet content provider,ICP)站点来查找;对于其他宏观环境信息,企业可以通过图书馆中的电子书籍来查找。

(3) 有关营销组合的数据资料。其具体包括影响产品、价格、促销与分销决策的各项因素。例如,了解产品供求状况、市场容量、市场占有率、商品销售趋势、现有服务的满意度和不足、客户需要的新服务等内容。

5.1.2 网络营销调研的程序与原则

1. 网络营销调研的程序

一般来说,网络营销调研的程序可以分为 4 个阶段:准备阶段、实施阶段、调查结果处理阶段和追踪调研阶段。

(1) 准备阶段。网络营销调研开启之前,企业必须有一个总体的设计和计划,并做好充分的准备工作。网络营销调研的准备工作主要应该规划好"6W2H"8 个方面的内容,即调研内容(what)、调研目的(why)、调研对象(which)、调研主体(who)、调研时间(when)、调研范围(where)、调研方法(how)、调研费用预算(how much)。

(2) 实施阶段。这一阶段的主要任务是调研计划的具体实施。其主要工作包括查询调研对象、设计调研问卷、策划并利用热点话题进行调研,以及安排在互联网上进行相关信息查询等。

(3)调查结果处理阶段。这一阶段包括3个关键步骤。首先,将调查信息转入数据库。有些调查信息可直接转入数据库(如利用网站的问卷调查);有些信息需要经过人工整理后再转入数据库(如通过电子邮件)。这是一项既烦琐又需要一定判断和技巧的工作。其次,通过数据库和分析策略提取所需资料。企业通常需要使用专用软件按照分析策略从数据库中提取资料。需要注意的是,企业需要结合本单位目前的状况和经营目标来对这些资料进行提取。最后,编写调研报告,为网络营销提出建议和意见。网络营销调研的结果最终要通过调研报告的形式呈现。一般而言,一份规范的调研报告从结构上来说应该包括以下内容:①题目。②内容提要,即概括介绍调研的主要情况与结论。③调研报告正文,主要包括序言(调研报告的目的)、主要结论(一系列简短的陈述)、调研采用的主要方法、调研结果(正文、图表)、调研结论和建议。④参考资料。⑤附录。

(4)追踪调研阶段。追踪调研的目的是检验调研结果与市场形势发展是否相符,以积累经验,改进调研方法,提高调研质量。

2. 网络营销调研的原则

(1)网站建设要有吸引力。开展网络营销调研工作,最重要的是吸引客户的注意力。只有网站本身具有吸引力,消费者才愿意花费时间参与调查。

(2)调研问卷设计要合理。在线调研问卷应主题明确、简洁明了,问题应便于调查者理解和回答,且便于后期处理,这也是所有问卷设计都应该遵循的基本原则。具体来说,调研问卷设计应该满足以下要求:①调研问卷的目的性要明确。②问卷问题要让人接受,不可引起访客反感。涉及隐私的问题(如医学上的咨询)最好使用安全套接层(secure socket layer,SSL)协议对这些信息进行加密,保护访客的权利。避免一些为难的问题,以免访客退出调研问卷。③问卷问题和备选答案都要简明易懂。④答案要便于存入数据库,并利于后期整理和分析。⑤尽量减少无效问卷,提醒被调查者对遗漏的项目或者明显超出正常范围的内容进行完善。

(3)吸引高比例的调查者参与调研。参与者的数量直接影响调研结果的可信度。问卷设计应让被调查者感觉到他们的意见受到重视,同时配合有力的宣传推广和激励措施,以调动调查者参与的积极性。

(4)要公布保证个人信息不泄露的声明。企业应该让用户了解调研目的,并保证个人信息不会被公开或者用于其他任何场合,以消除他们的顾虑,提高其参与调研的积极性。

(5)避免滥用市场调研功能。营销调研信息也会向用户透露企业的某些动向,从而使市场调研具有一定的营销功能,但企业应该将市场调研与营销严格区别开来。如果以市场调研为名义收集用户个人信息,开展所谓的数据库营销或者个性化营销,不仅将严重损害企业在消费者(至少是被调查者)中的声誉,同时也将损害市场调查的合法性。

(6)尽量降低样本分布不均衡的影响。样本分布不均衡表现在用户的年龄、职业、教育程度、用户地理分布以及不同网站的特定用户群体等方面。因此,在进行市场调研时,企业要了解网站用户结构,尤其是在样本数量有限的情况下。

(7)奖项设置要合理。作为对参与者积极性的补偿或刺激,问卷调研机构一般都会提供一定的奖励措施。然而,这也导致同一用户多次填写调查表的现象常有发生。尽管企业在技术上采取了一定的限制措施,但也很难杜绝这种现象。因此,合理设置奖项有助于减少不真实的问卷。

(8)多种网上调研手段相结合。在网站上设置在线调研问卷是网络营销调研的基本方式,但并非唯一途径。常用的网上调研手段除了在线调研表之外,还有电子邮件调研、对访问者的随机抽样调研、固定样本调研等。根据调研目的和预算,企业应采取多种网上调研手段相结合的方法,以最小的投入取得尽可能多的有价值的信息。

5.1.3 网络营销调研的方法

按照网络营销调研所收集信息的来源划分,网络营销调研包括对原始资料的直接调研和间接调研两类方法。

1. 直接调研

直接调研是指对原始资料的调研,需要调研者直接收集并分析所需要的信息资料。虽然这种方式工作量较大,需要投入较多的人力、财力和物力,但其收集到的信息具有较高的可靠性、客观性、及时性和实用性。

(1)按照收集信息的方法划分。网络营销直接调研可分为网络问卷调研法、网络讨论调研法和网络观察调研法。网络问卷调研法是最常用的收集原始资料的网络营销调研方法。

(2)按照调研者在组织调查样本过程中的行为特点划分。网络营销直接调研可分为主动调研和被动调研。主动调研是调研者主动组织调研样本,完成统计调查与分析活动。被动调研则是调研者被动地等待调查样本造访或提供信息以完成统计分析。被动调研法的出现是网络时代市场营销调研的新趋势。

2. 间接调研

间接调研是对二手资料的调研,主要涉及对他人已经收集整理出来的信息进行查询与分析。二手资料是指那些已经存在的资料,是企业外其他人出于其他目的已经收集到的资料。二手资料可以从一些出版物中收集得到,也可以通过购买获得。许多专门从事资料收集工作的企业会收集大量的资料数据,这些数据会被许多需要的企业所购买。经过分析,这些信息可以为目标客户的促销活动提供有力支持。

网络为企业提供了获得贸易信息、报纸杂志文献及其他二手资料来源的便利。在不需要收集原始资料或者不需要企业亲自收集原始资料的情况下,高质量的二手资料研究可以帮助企业解决管理难题。相对来说,这种方法不需要投入太多的人力、财力和物力,但在信息的及时性、实用性和可靠性方面可能存在一定的局限性。

5.2 网络营销直接调研

网络营销直接调研方法主要有网络问卷调研法、网络讨论调研法和网络观察调研法三类。这三类方法各具特点，适用于不同性质的调研问题与调研情境。

5.2.1 网络问卷调研法

1．网络问卷调研法的概念

网络问卷调研法是通过网络发布问卷，被调研对象在线填写问卷，最后由调研者回收并分析数据的方法。这种方法既流行又方便，结果客观且直接，且随着技术的发展已能轻松实现数据加密，保护客户信息安全。但是，对某些需要深入调查和分析的问题，网络问卷调查可能难以完全满足需求。

2．网络问卷调研法的分类

根据所采用的技术，网络问卷调研法可分为站点在线问卷调研法、电子邮件邮寄问卷法和利用专业的调研平台调研三类。

(1) 站点在线问卷调研法。站点在线问卷调研法是将调查表或调查问卷放置在网络站点上，由访问者自愿填写。问卷可以投放在企业自有站点、综合门户网站、行业门户网站或社交网站等。问卷可以直接发布在网页上由访客直接填写提交，也可以由访客下载填写后通过电子邮箱或其他方式回收。

在企业自有站点直接投放调查问卷，由于浏览者大多是老顾客，所以可以得到比较详细且准确的资料，保证调查问卷的有效性。同时，这也是增进顾客关系、加强企业与顾客沟通的有效途径。但由于仅在企业自有站点进行调查，范围总体偏小，获得的资料可能不够全面，因此这种方法一般适用于调查用户对产品或网站的看法。

综合门户网站浏览量大，可以保证网络调查具有足够的样本量，有利于完成调查目标，也可以间接发挥广告效应。但是，门户网站的浏览者来源复杂，可能并非企业的目标调查对象，因此可能会产生无效问卷，影响调查结果的准确性。

(2) 电子邮件邮寄问卷法。电子邮件邮寄问卷法是通过电子邮件将问卷发送给已知地址的被调查者，被调查者完成问卷后再用电子邮件回复或在其他媒体上提交答案。

这种方式的好处是：电子邮件问卷制作方便且分发迅速，即利用电子邮件的群发功能便可快速得到调研信息；由于直接出现在被访问者的私人信箱中，因此能够得到关注，并有选择地控制被调查者。其缺点是：第一，容易引发被访问者的反感，存在侵犯个人隐私之嫌，甚至可能违反《反垃圾邮件法》。因此，使用该方法时，企业首先应征得被访问者的同意或者评估被访问者是否会反感，并向被访问者提供一定的补偿，如有奖问答或赠送小件礼物，以降低被访问者的抵触情绪。第二，它主要限于传输文本。虽然图形也能通过链接方式在电子邮件中进行展示，但与问卷文本是分开的。第三，大量反馈的电子邮件必须用专用软件自动处理。

（3）利用专业的调研平台调研。企业也可以委托专业的网络调研平台进行调研。客户在这种工具类型的网站上可以独立完成网络调研的整个流程，并且网站还会为客户提供调研结果的基本分析以及数据下载功能。与相对标准、统一的数据处理方式相比，第三方的专业网络调研平台具有相对智能化的编辑、发布和回收功能，因此在调研方式中日益占据主导地位。然而，这种方式也存在一些问题和风险。例如，受商业利益驱使，一些网络调研平台可能会出现"刷单"现象，从而影响数据回收的质量和调查结果的可信度。同时由于保护措施的缺乏，网络调查平台在收集和处理用户数据时存在泄漏用户信息的风险。

◉ **实例** 长沙冉星信息科技有限公司旗下的问卷星已成为知名的中文在线问卷调查平台，旨在以问卷为基础，提供强大的数据收集、存储和分析工具，深挖数据价值。它拥有众多模板可供复制使用，支持"多终端＋多渠道"问卷分发，不限填写次数，实时监控填写进度，实现数据自动统计分析。问卷星广泛应用于客户满意度调查、员工满意度调查、市场调查、企业内训、人才测评、民意调查和科研课题等领域。

腾讯问卷是腾讯公司推出的专业在线问卷调查平台。它提供从问卷设计、数据收集到统计分析的一站式专业调查研究，并支持多种方式创建问卷，其简单高效的编辑方式、强大的逻辑设置功能以及专业的数据统计和样本甄别，使其成为撰写调研报告、进行市场调查和用户调查等的重要工具。

问卷网是一家专业的在线问卷调查平台，为政府、企业、社会组织及个人用户提供网络问卷调研、考试测评、报名表单和样本收集等服务。

专业的调研平台通常具备问卷设计、问卷投放和问卷分析等主要功能。这些平台简单易操作，客户不需要专业的程序知识即可快速掌握设计方法。在线问卷调研系统如图5-1所示。

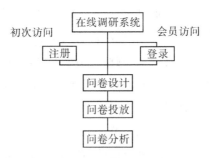

图5-1 在线问卷调研系统

一般问卷在线设计系统中的问卷投放功能大致为客户提供两种方式：一是提供问卷的网络链接。客户向其调研目标发送问卷的链接，调研目标点击链接后就会直接进入调研问卷页面。二是客户上传调研目标的电子邮箱信息，系统则会帮助用户向这些邮箱地址投放问卷。

有些在线调研网站一般通过现金或礼品的奖励来吸引一些网上用户参与调研。用户参与调研后获得相应的积分。当积分达到一定的数量时，用户便可以兑换现金或者礼品，从而为发布调研问卷的客户提供覆盖面广泛、信息完整、活跃度高的调研样本。积分兑换调研系统如图5-2所示。

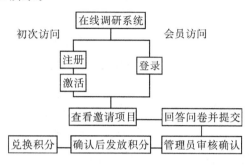

图5-2 积分兑换调研系统

3.调研问卷设计应注意的问题

从网络营销调研的方便性、客户填写的简洁性，以及调查结果计算机处理的效率性等方面考虑，在线调研问卷设计应注意以下几个方面的问题。

(1)科学设计问题。问题设计应力求简明扼要，避免冗余和缺乏实际价值的内容。一般问卷中的问题数量不应超过10项。所提问题不应有偏见或误导，避免使用晦涩、商业或幽默等容易引起人们误解或有歧义的语言。同时，避免将多个问题合并为一个问题。例如，类似"你认为这个网站是否易于浏览且有吸引力？"的问题在回答者无法完全肯定时会给其造成困扰。

问题设计应避免诱导性，不得预设回答者的思路。问题应确保在回答者的记忆范围内，避免提出超出记忆范围的问题。总之，问题的意思和范围必须明确。

避免提出可能引起人们反感的问题，以确保回答者能够冷静地做出判断，从而获得有效的调查结果。

(2)随机变化题目和选项顺序。调查问卷中的所有问题都应设计得能够得到精确答案。题目出现的先后顺序和选项排列顺序应随机变化，以避免因固定顺序导致的偏差。

(3)采用闭卷单屏跳出式提问。借鉴传统调查研究的方法，题目可以采用闭卷单屏展示给受访者(相当于传统调查时要求调查人员逐一念出问题)，对某些问题的各个选项也应该逐一显示。这种方式可以减少其他问题和选项的干扰，提高调查数据的质量。

(4)实现逻辑跳答。根据受访者对前一问题的不同回答，下一问题可以出现不同题目，以更真实地体现受访者的想法。这有助于缩短问卷长度，避免冗长问卷对调查数据的影响。

(5)运用逻辑判断。根据预先设定好的技术锁，实时判断受访者的回答是否符合规范，并要求立刻更正不符合规范的回答。

(6)提供帮助提示。对于某些复杂的调查问题应提供必要的帮助提示，使受访者可以更好地了解调查意图,避免传统调查中因访问员曲解或误传题意,甚至作弊而对调查数据造成影响。

(7)验证网络用户身份的唯一性。在采集调查信息时,为了消除同一被调查者多次填写问卷给调查结果带来的偏差,企业可以利用 IP 地址作为判断被调查者填表次数唯一性的检验条件,以实现网上用户身份的唯一性,排除干扰。在采用电子邮件邀请和在线调查相结合的方法时,调查者为被调查者提供一个含有密码的唯一链接,确保每个密码只能使用一次。当被调查者点击链接时,系统会验证密码的有效性,从而避免不合规的填写和重复填写。

(8)利用相关标准过滤样本。根据调查目标的特点,建立一组指标体系,利用特征标志作为筛选工具。这些特征标志包括年龄、性别、学历、职业、职务、地区以及其他品质标志和数量标志等,用以过滤调查表中代表性不足的样本。

5.2.2 网络讨论调研法

网络讨论调研法可以通过多种途径来实现,如微博超话、网络视频会议等平台。在这些平台上,企业通过发布调研项目,邀请访问者参与讨论,或者将分散在不同地域的被调查者通过互联网视频会议功能组织起来,使他们在主持人的引导下进行讨论。网络讨论调研法属于定性市场调研范畴,是传统小组讨论法在互联网环境中的创新应用。

1. 焦点小组会谈法

焦点小组会谈法采用小型座谈会的形式,在一个经过训练的主持人引导下,以一种无结构、自然的形式与 8~15 名具有代表性的被调查者进行交谈,从而深入了解相关问题,其主要特点是强调小组内成员间的互动。通过互动,研究者可以了解参与者的观念、态度和意见。

小组会谈可以是实时的,也可以是非实时的。在实时会谈中,参与者可以通过群组聊天软件或者聊天室等来参与讨论,信息交流实时展现,具有快速、热烈和互动性强的特点。非实时的小组会谈不需要参与者同时参与讨论,参与者可以在自己方便的时间回答其他参与者的问题,或提出问题让其他人后续评论。因此,非实时的小组会谈可以克服各地时差不同、参与者数据录入速度不同等问题,特别适用于需要深思熟虑的详细回答。

2. 在线深度访谈法

深度访谈是一种无结构、直接且一对一的访问形式。访问过程中,掌握高级访谈技巧的调查员对调查对象进行深度访问,以揭示某一问题的潜在动机、态度和情感。在线深度访谈类似传统的深度访谈,研究者采用电子邮件或实时音视频软件对一人或者多人进行网络访谈。在调查员和调查对象都具备网上交流条件的前提下,在线深度访谈应注意文本访谈记录的保存,而语音访谈可使用录音软件进行录音。

3. 基于论坛的调查

网络论坛是相同兴趣者聚集的虚拟场所。因此,基于论坛的调查具有较强的针性。网站论坛一般都具备发起调查帖子的功能,每次调查通常针对一个类型的问题进行,回答者提交调查结果后立即查看统计结果。另外,回答者还可以在调查帖下方发表评论或解释自己的观点。

4. 基于社交媒体的调查

社交媒体是指促使在线用户创造、交互、协作、共享信息和内容的一系列软件和硬件技术。利用社交媒体引导讨论并收集相关数据,有助于企业实时了解并响应用户需求。社交媒体数据包括网络评论、建议和用户原创内容等,其特点是数据量大、更新迅速且时效性强。

5.2.3 网络观察调研法

网络观察调研法是对网站的访问情况和网民的在线行为进行观察和监测的一种方法。许多网站都在实施这种在线监测。

1. 网站流量监测法

网站流量监测法通过在网站服务器端安装统计分析软件,对来访网民的网络行为进行监测。目前,百度、谷歌等知名的网络公司都提供免费统计代码,网站主办方只要将代码置于需进行流量监测的页面上,即可获得网站流量的基本数据。这些数据主要包括访问者概况、流量来源和访问内容。

2. 网民行为跟踪法

网民行为跟踪是利用安装在网民电脑浏览器或客户端电脑上的第三方统计软件,对网民的网络访问行为进行跟踪记录。为了鼓励网民安装这些统计插件,发布者往往以物质补偿或信息服务为回报,以获取网民的网络行为资料。例如,艾瑞咨询集团发布的调研通软件及Alexa公司发布的流量监测插件,通过记录安装软件的网民的日常网络访问行为,为研究者提供数据支持。通过对安装插件的网民样本进行有效性检验,结合筛选和加权等方法,可以推断整体网民的网络行为,具有一定的科学性。

3. 搜索引擎关键词统计法

搜索引擎关键词统计法是网站提供的网民搜索关键词的统计分析,如百度指数、谷歌趋势和热榜等。搜索引擎是网民上网的必备工具。网民在搜索引擎中输入的关键词反映了网民的兴趣所在。对搜索关键词的统计分析有利于预测网民行为。

调研者既可以从与产品或企业相关的论坛和聊天室中获取定性资料,也可以通过观察个体在无干预的沟通过程中的行为来获得资料数据。

5.3 网络营销间接调研

5.3.1 网络营销信息检索

网络营销间接调研是网络营销调研人员根据调研目的,按照调研计划,为适应网络营销决策的信息要求,利用计算机网络检索硬件设备和软件程序,在互联网海量的信息中及时、准确、适度且经济地获得所需信息的一种间接营销调研方法,其主要任务是通过网络营销信息检索收集二手资料。

1. 网络营销信息检索的方法

在互联网上,用于完成网络信息检索工作的各种搜索软件被称为搜索引擎。搜索引擎是一个对互联网上的各种信息资源进行搜集和整理,然后根据用户的查询请求把结果反馈给用户的系统。它一般包括搜索、索引和查询三个主要部分。搜索是指系统在互联网上自动搜集网页的过程,这一工作通常由自动搜集机器人,即网络爬虫来完成。利用爬虫技术可以定制开发爬虫程序,针对指定网站和App搜集相关数据,这种方式通常更加高效、快速且成本更低。网络爬虫自动在互联网上漫游,根据超文本标记语言(hypertext mark language,HTML)文档中包含的超链接下载网页,并对其进行分析,提取特征信息,从而建立一个详尽的文档数据库。索引则是为数据库建立各种索引库,以提高查询效率。查询则是为用户提供检索服务,即根据用户的请求来查询索引库,并对查询结果进行排序和输出。

网络爬虫是一种功能强大、自动提取网页内容的程序。例如,百度蜘蛛就是百度搜索引擎的一个自动搜索程序,它的作用是通过实时访问互联网上的网页以建立搜索引擎数据库。目前常见的网络爬虫类型有基于整个网页的爬虫、基于增量方式的爬虫、基于网页主题的爬虫、基于用户个性化的爬虫,以及基于元搜索的爬虫。

2. 网络营销信息检索的步骤

为了及时、有效、准确且经济地获取网络营销决策所需信息,企业应遵循科学高效的检索程序,利用各类适用的检索软件,运用科学的检索方法和技巧,明确检索目标,缩小检索范围,以达到理想的检索效果。

(1)确定检索主题。检索之前,企业首先要根据网络营销调研计划的要求确定检索的主题,即确定希望通过检索获得哪些方面的信息。

(2)明确检索目标。为了完成有效的检索,企业还应当确定检索的目标,即希望通过检索获取的主题信息的深度、广度、信度、效度、可靠度、准确度,以及成本和时间要求。

(3)规划检索方法。不同的搜索引擎具有不同的特点与要求。掌握常用搜索引擎的特性,并充分发挥它们的优点,往往可以获得最快捷、最准确的查询结果。

(4)分步细化、逐步实现检索目标。大多数搜索引擎采用关键字查找方法:用户在输入框中输入想要查找的关键词,然后单击"搜索"按钮。搜索引擎将在自己的数据库中查找这些关键词,并显示满足要求的网址列表。每个搜索引擎都有自己的数据库和特色,因此对同一关键字进行搜索可能会得到不同的结果。搜索引擎的数据库包括了已经整理好的由网址、关键字等组成的数量庞大的记录。这些站点设计了不同的算法来维护和管理这些超大型数据库,以确保它们能够全天候接待来自全球各地用户的访问。

在确定主题之后,企业应列出一个与检索信息相关的单词清单和一个应排除的单词清单,并考虑使用哪个检索软件以获得更佳的检索结果。如果主题范围狭小,不妨尝试使用两三个关键词进行搜索。如果无法准确确定检索内容或主题范围较广,企业可以使用雅虎等分类检索类搜索站点,尽可能缩小检索范围。

3. 网络营销信息检索应注意的问题

(1) 网上信息多而分散,获取有用信息难度大。互联网是一个全球性的分布式网络结构,大量信息分别存储在世界各地的服务器和主机上。信息资源分布的分散、远程通信的距离和信道的宽窄都直接影响信息的传输速率。这使得企业在进行网络营销调研时搜索和获得信息的成本增加、准确性降低、速度减慢。信息检索入门很容易,只需在搜索引擎栏输入关键字即可。但如何经济有效、快速便捷地获取有用消息却是一个挑战。

因此,网络营销调研人员应深入了解搜索引擎的工作原理,熟悉信息检索方法并掌握信息检索技巧,以便快速获得有用信息。

(2) 网络信息检索能力有限,获取全面信息难度大。目前,对万维网的网页和网址的管理主要依靠两个方面的力量。一是图书馆和信息专业人员通过对互联网的信息进行筛选、组织和评论,编制超文本主题目录。这些目录质量很高,但编制速度无法适应互联网的增长速度。二是计算机人员通过设计开发巡视软件和检索软件,对网页进行自动搜集、加工和标引。这种方式省时、省力,信息加工速度快且范围广,支持关键字、词组或自然语言的检索。但由于计算机软件在人工智能方面与人脑的思维还有差距,其检索的准确性和相关性判断仍有待提高。因此,许多检索软件的采用人工编制的主题目录和计算机检索软件提供的关键词检索相结合的方式,以充分发挥各自优势。但互联网信息的范围和数量庞大,尚未建立统一的信息管理和组织机制,这使得现有检索工具难以实现对网络信息的全面检索。因此,网络营销调研人员应综合运用多种调研方法和信息检索手段,以尽可能获取全面信息。

(3) 网络信息纷繁复杂,获取可靠信息难度大。互联网上的信息质量参差不齐,价值信息和无价值信息、高质量商业信息与劣质甚至违法信息交织在一起。但目前,互联网上尚未出现能够有力筛选和过滤信息质量的工具。这样,用户会发现大量无用的信息出现在检索结果中,大大降低了检索的准确性。因此,网络营销调研人员应注意对搜索结果的分析判断、验证核实和选择过滤,以求得到准确可靠的信息。

(4) 各种检索软件检索方法不统一。各种检索软件使用的检索符号和对检索方式要求的不一样,给用户带来了很多不便。因此,网络营销调研人员应该熟悉各种检索软件的计算机检索方法,以便快捷地得到有效信息。

(5) 语言翻译要准确,力求获得真实信息。在互联网中,英语是使用最广泛的语言。虽然现在有很多电子字典和翻译程序,甚至全屏幕英汉翻译可以辅助理解,但这些工具还难以达到实用的翻译水平。

5.3.2 网络营销信息的来源

1. 搜索引擎

(1) 百度。百度作为全球领先的中文搜索引擎公司,依托其强大的互联网基础和人工智能技术,为用户提供了从文字、语音到图像的全面交互方式,使用户能够迅速找到所需要的信息和服务。结合用户阅读习惯和搜索行为,百度为用户推荐更符合其兴趣的热门资讯。

(2) 谷歌。谷歌作为全球最大的搜索引擎公司之一,一直以其卓越的技术和创新能力引领着搜索引擎领域的发展。在中国,谷歌设立了研发中心,并通过与中国学术期刊等机构的合作,进一步丰富其搜索内容。

2. 专业网络文献库

中国知网是由中国学术期刊(光盘版)电子杂志社和清华同方知网(北京)技术有限公司共同创办的网络出版平台,是全球领先的知识门户网站。通过与期刊界、出版界及各内容提供商合作,中国知网已经发展成为集期刊、博士论文、硕士论文、会议论文、报纸、工具书、年鉴、专利、标准、国学及海外文献资源为一体的、具有国际领先水平的网络出版平台。

除中国知网外,重庆维普资讯网、万方数据、龙源期刊网等都是查询成熟的二手文献资料的重要平台。用户一般在登陆浏览器并输入账号与密码后,就可以查询与主题相关的文章信息。

3. 数字图书馆

数字图书馆(digital library)是用数字技术处理和存储各种图文并茂文献的多媒体分布式信息系统。它把各种不同载体、不同地理位置的信息资源用数字技术存储,以便于跨越区域、面向对象的网络查询和传播。数字图书馆涉及信息资源的加工、存储、检索、传输和利用全过程,是一个虚拟的、无围墙的图书馆,是基于网络环境下共建共享的可扩展知识网络系统。它具有规模大、分布式、便于使用、不受时空限制等特点,可以实现跨库无缝链接与智能检索。

近年来,随着数字技术的发展,用户可以灵活运用各种数字图书馆查询信息资料。常用的数字图书馆有超星数字图书馆、中国方正电子图书网、书生之家数字图书馆、中国数字图书馆,以及超星旗下的读秀学术搜索和百链等。

4. 商务资讯分析网站

在商务资讯分析领域,艾瑞咨询以其卓越的研究和咨询服务脱颖而出。作为中国新经济与产业数字化洞察研究咨询服务领域的领导品牌,艾瑞咨询为客户提供专业的行业分析、数据洞察、市场研究、战略咨询及数字化解决方案,助力客户提升认知水平、盈利能力和综合竞争力。自 2002 年成立以来,艾瑞咨询累计发布超过 3000 份行业研究报告,在互联网和新经济领域的研究覆盖能力处于行业领先水平。同时在产业数字化领域,艾瑞咨询也建立了品牌基础,为客户提供数字化转型升级过程中的数字化战略咨询与运营解决方案。艾瑞网基于艾瑞咨询多年来在互联网及电信相关领域的研究成果,融合更多行业资源,提供电子商务、移动互联网、人工智能、医疗健康、媒体文娱、网络营销等行业的资讯、数据、报告、专家观点、高层访谈、行业数据库等全方位且深入的服务。

5.4 网络营销数据分析

5.4.1 网络营销数据分析的步骤

1. 数据采集

企业按照特定的调研目标,通过网络营销调查收集网络营销数据后,根据分析的可行性和分析范围统计数据,并对数据进行整理和补充。

2. 数据清洗

数据清洗就是在数据处理之前,发现并纠正数据中可识别的错误的一道程序,主要包括检查数据一致性、数据加工、数据备份、缺失数据处理和异常数据处理等内容。

3. 数据分析

企业在启动数据分析时,必须明确分析目的,即清楚为什么要进行这次数据分析。分析数据应避免先入为主的结论,而应使用对比方法进行多维度分析,如环比分析本月与上月的数据。只有保持客观中立的态度,才能从数据中自然推导出有价值的结论。

4. 执行验证

企业需要根据数据分析得出的结论重新审视最初的问题,同时根据问题和结论提出各种解决方案,并通过实际行动验证结论的正确性。

5.4.2 网络营销数据分析的方法

网络营销数据分析常用的方法有以下 4 种。

1. 趋势分析法

趋势分析法又叫比较分析法或水平分析法,主要通过数据中的相同指标或比率进行定基对比或环比对比,得出它们的变动方向、数额和幅度,从而感知整体的发展趋势。这种分析法比较简单,适用于分析某一指标的总体发展趋势。企业一般通过百度指数和百度统计就能掌握这些趋势。

百度指数是一个基于百度海量网民行为数据的数据分享平台。通过使用百度指数,企业可以研究关键词搜索趋势、洞察网民需求变化、监测媒体舆情趋势、定位数字消费者特征,还可以从行业的角度分析市场特点。想要获得更多行业深度的数据分析,企业则可以访问百度指数专业版。百度指数专业版基于标准行业知识划分，收录更为全面丰富的行业、品牌、产品相关搜索词，提供更多维度的可视化分析结果，全面准确地刻画网民对行业、细分市场、品牌的关注走势及需求特征，是一款权威的行业数据分析平台。

在百度指数中，用户可以输入1～5个关键词，并用逗号将不同的关键词隔开，以实现关键词数据的比较查询，还可以输入1～3个关键词，并利用加号将不同的关键词相连接，以实现不同关键词数据的相加，相加后的汇总数据作为一个组合关键词展现。此外，用户还可以使用"比较检索"和"累加检索"功能，并查看特定关键词在特定地区、特定时间内的搜索指数。

百度指数主要具备趋势研究、需求图谱和人群画像3个模块的功能，为企业提供全面的数据分析支持。

2. 比重分析法

比较分析法将相同的事物进行归纳分组，计算各组成部分在总数中所占的比重，并分析它们的比例关系。比重分析法可以快速了解企业的核心推广业务、主要推广渠道和主要推广地域等关键信息。

3. TOP N 分析法

TOP N 分析法是将数据的前N名进行汇总，并将其与其余汇总数据进行对比，从而得到最主要数据所占的比例和数据效果。这种分析法类似二八原则，可以帮助企业快速有效地定位关键问题。

4. 四象限分析法

四象限分析法也叫矩阵分析方法，指利用2个参考指标，将数据切割为4个小块，从而实现对杂乱无章数据的结构化分析。

5.4.3 网络营销数据的使用

网络营销数据分析的目的是针对具体应用场景，从商业数据库中抽取相关部分，通过加工和运算，转化为期望的数据形式。

1. 数据库营销

数据库通常用来储存企业收集和分析的资料。所储存的资料来自客户、销售跟踪、存货记录、供应商和其他合作伙伴，同时包含来自贸易杂志和第三方研究者的资料。

数据库营销正是基于这些数据，经过分析和筛选，以电子邮件、短信、电话、信件等方式进行客户深度挖掘与关系维护的营销方式。数据库营销的核心在于建立与顾客的一对一互动沟通关系，并依赖庞大的顾客信息库进行长期促销活动。

一般来讲，数据库营销包括数据采集、数据存储、数据处理、寻找理想消费者、使用数据和完善数据等基本步骤。数据库营销具有以下诸多用途。

(1)市场细分。通过利用数据库，企业能够识别那些对相似营销策略做出反应的顾客的一般特征。数据库可以实现个性化的营销策略并识别客户盈利潜力的大小。

(2) 分析客户流失。通过利用数据库,企业可以估算顾客流失到竞争者的严重程度,从而及时采取相应措施。

(3) 欺诈检测。通过利用数据库,企业可以估计欺诈性交易的可能性,加强风险防控。

(4) 客户服务。通过利用数据库,企业可以基于客户过去的体验提供更贴心的客户服务,还可以发现客户问题发生的一般模式,进一步优化服务流程。

(5) 直复营销。数据库有助于企业识别最有可能对直复营销做出积极反应的前景客户,从而提高营销效果。

(6) 互动营销。通过利用数据库,企业可以更准确地预测网站访问者最感兴趣的内容。

(7) 购物车分析。通过利用数据库,企业可以分析客户最可能一起购买的产品或服务组合。

(8) 趋势分析。通过利用数据库,企业可以识别一定期间内顾客群体的区别与发展趋势。这一分析为企业制定长期、中期及短期决策提供了有力的数据支持。

2. 数据挖掘

数据库营销的核心是数据挖掘。数据挖掘是指应用统计分析软件将原始资料处理成管理决策有用信息的过程。数据库营销旨在增强顾客关系,避免了促销投入上的浪费,如垃圾邮件等,而是专注于对有兴趣的目标顾客开展促销活动。数据挖掘在发现顾客战略价值时主要采用以下方法。

(1) 二八定律。所有的客户并不都是一样的。一些客户可能会比其他客户更有盈利潜力,而有些客户甚至可能消耗企业的资源。二八定律表明,企业80%的利润往往来源于20%被称为大量使用者的关键客户。客户的战略价值决定了哪些客户应享受专门服务,哪些客户应被鼓励增加购买量或减少购买量。

(2) 客户终生价值。客户终生价值(customer lifetime value,CLV)是指每个购买者在未来可能为企业带来的收益总和。研究表明,客户的价值都包括初始价值(已实现的顾客价值)、未来价值(在顾客行为模式不变的情况下,将来可能带来的价值)和潜在价值(通过有效的交叉销售或顾客推荐等行为可能增加的价值)。衡量客户终生价值时可以使用如下公式:

$$客户终生价值 = 初始值 + 未来值 + 对新客户的影响值 \qquad (5-1)$$

其中,初始值是收入与成本的差额,未来值是未来收入与未来成本的差额。公式(5-1)表明,虽然与某些新顾客的交易在短期内无利可图,但从长期来看,保留这些顾客仍然是有价值的。

(3) RFM 测量。RFM 测量法是从客户的最近一次消费(recency)、消费频率(frequency)和消费金额(monetary)来测量客户价值。

最近一次消费的行为是营销人员首先要关注的信息。从理论上说,最近一次消费时间越近的顾客更有可能对即时商品或服务产生反应。

消费频率是顾客在特定期间内的购买次数。一般而言,经常购买的顾客满意度也较高。

如果客户近期有过一次大额购买行为,则该客户被视为更有价值。营销人员一旦明确了顾客的 RFM 值,就应实施相应的策略来增加其购买频率与消费总量。RFM 既是传统的数据库营销手段,也是数据挖掘技术关注的焦点,更是构建客户关系管理的核心分析技术。

RFM 模型是验证客户价值的重要工具。例如,在网络营销数据分析中,根据 RFM 模型的客户价值类型分类,可为不同类型的客户提供有针对性的营销策略,从而提升客户价值和盈利能力。同时,持续监测客户价值类型的变化,可为企业网络营销决策提供有力的数据支撑。

5.4.4 大数据营销

1. 大数据营销的概念

大数据营销是依托大数据技术,通过对用户行为数据的收集、统计和分析应用,获得相关用户的特定特征,并创建用户行为标签。基于这些标签,企业能够规划并实施更具针对性、精准性和个性化的营销策略。

2. 大数据营销的特点

(1)大数据分析。麦肯锡全球研究所对大数据(big data)的定义为:一种在获取、储存、管理和分析方面大大超过传统数据库软件工具处理能力的庞大数据集合。对大量独立数据的集成分析可充分避免有限数据带来的分析结果的偶然性,为企业提供更为科学和精细化的分析结果。多平台数据采集使对网民行为的刻画更加全面准确。

(2)精准营销。传统营销常常依赖于决策者的主观判断,而大数据营销则运用大数据技术,根据企业市场营销战略,构建精准的数据体系,深入分析海量市场数据,进而刻画出目标客户形象,实现有数据支撑的精准营销活动。

(3)个性化营销。大数据驱动的精准营销的核心在于在恰当的时间、通过合适的渠道和方式,将合适的产品或服务传递给目标客户,实现个性化推荐,提高营销效率和投资回报率。个性化营销的核心在于分析网络用户的性别、年龄、职业及兴趣,挖掘用户的购买和交易偏好,形成基于个体的数据结构。

3. 大数据营销策略

大数据营销策略在营销活动中发挥以下关键作用。

(1)精准获客策略。在利用大数据技术精准分析的基础上,企业可识别符合自身市场营销战略的目标顾客,进行定向推广。企业能够定位到有特定潜在需求的受众,并针对这一群体进行定向推广以刺激消费。

(2)精准识客策略。由于不同用户对企业品牌的认知存在差异,一视同仁的触达策略不仅效率低下,而且可能导致用户流失。大数据技术帮助企业识别用户类型,根据用户忠诚度实行差异化对待,确保精准互动。企业整合多渠道数据能力,构建完整的用户画像,深入了解用户需求、行为和心理,为后续精准互动提供基础。

(3)精准转化策略。通过大数据分析技术,企业能够识别成熟的可转化用户及潜在用户。市场部与销售部协同工作,市场部孵化用户后,销售部及时跟进,提高销售效率并满足用户期待。

(4)精准监测策略。企业可以在平台预设触发节点和用户积分等工具,精准记录用户孵化进度,并根据情况调整群组。企业也可以通过大数据分析竞争对手行为,如通过传播趋势分析、内容特征分析、互动用户分析、正负情绪分类、口碑品类分析和产品属性分布等方法监测掌握竞争对手的传播态势。

大数据营销也可以采集负面内容,及时启动危机跟踪和报警,识别关键人物及传播路径,进而及时有效地处理品牌危机。

本章小结

网络调研是企业利用因特网技术进行调研的一种市场调研方法。与传统调研活动相比,网络营销调研具有及时性和共享性,便利性和低成本,客观性、准确性与可处理性,大数据和云计算等特点。企业所服务消费者的信息、企业所处营销环境的信息以及有关营销组合的数据资料等数据资料需要网络营销调研人员来收集。一般来说,网络营销调研的程序可分为准备阶段、实施阶段、调查结果处理阶段和追踪调研阶段。按照网络营销调研所收集信息的来源划分,网络营销调研划分为直接调研和间接调研两类。网络营销直接调研方法主要有网络问卷调研法、网络讨论调研法和网络观察调研法三类。网络营销间接调研的主要任务是通过网络营销信息检索收集二手资料。网络营销数据分析的步骤主要包括数据采集、数据清洗、数据分析和执行验证。网络营销数据分析常用的方法有趋势分析法、比重分析法、TOP N 分析法和四象限分析法。网络营销数据使用主要体现在数据库营销和数据挖掘等方面。大数据营销也是网络营销数据的一个重要应用。

思考题

1. 与传统调研活动相比,网络营销调研有什么特点?
2. 网络营销调研的程序可分为哪几个阶段?各阶段的主要内容是什么?
3. 网络营销调研的原则是什么?网络营销直接调研的方法有哪些?
4. 网络营销信息检索应注意的问题有哪些?搜索信息的方法有哪些?
5. 网络营销数据分析的步骤有哪些?
6. 网络营销数据分析常用的方法有哪些?
7. 大数据营销的特点有哪些?企业可以实施的大数据营销策略有哪些?

第 6 章 网络目标市场营销

在现代市场营销观念与网络营销理论的指导下,企业开展网络营销的一个核心环节是制定切实可行的网络目标市场营销战略。网络目标市场营销战略包括网络目标市场营销、网络圈层营销、网络社群营销和网络用户画像等内容。

- 互联网时代,企业应该做成生态圈。

6.1 网络目标市场营销

网络目标市场营销是指在网络营销活动中,企业通过市场细分,选择一个或多个网络细分市场作为自己的目标市场,深入研究这些市场的需求特性,并据此设计产品、确定价格、选择分销渠道和促销手段,从而精准地开展网络营销活动。

实施网络目标市场营销通常包括四个步骤:一是在市场调研和预测的基础上,按一定标准进行网络市场细分;二是选择对本企业最有吸引力的细分市场作为自己的网络目标市场;三是确定产品在市场上的竞争地位,为目标顾客塑造独特的产品形象,即进行网络市场定位工作;四是根据目标市场特点和市场定位要求,制定有效的网络营销组合策略。市场细分、目标市场和市场定位在英文中分别对应 segmenting、targeting 和 positioning。因此,网络目标市场营销常被简称为 STP 营销。STP 营销是企业网络营销战略的核心内容。

6.1.1 网络市场细分

网络市场细分就是对网上消费者进行分类的过程,它是根据某一特定标准将网上现实或潜在的消费者群体分成在需求和欲望方面有明显差异的子市场。具体来说,网络市场细分就是企业在调查研究的基础上,根据网上消费者在需求、购买动机及购买行为方面的差异,把网络市场(即全部潜在消费者与现实消费者)划分为若干具有相似特征的消费者群体,以便企业能够精准选择自己的目标市场。这些经过细分后的消费者群体通常被称为网络子市场或网络细分市场。

在 B2C 市场上,市场主要由以生活消费为目的的消费者构成,消费者的需求和购买行为具有许多不同的特性。网络市场之所以能够细分,主要源于消费者市场需求的差异性。这些差异因素便成为市场细分的依据。一般来说,B2C 市场细分可以依据地理因素、人口因素、心理因素和行为因素等进行,相应的市场细分为地理细分、人口细分、心理细分和行为细分。常用的 B2C 网络市场细分依据及举例如表 6-1 所示。

表 6-1 常用的 B2C 网络市场细分依据及举例

分类	因素	举例
地理细分	国家	国内市场、国际市场;按国家或区域分设站点,如海尔的美国、欧洲和中东站点
	城乡	城市、农村
	地区	卓越网在北京分五环内与五环外,在上海分中心区与郊区
	城市	各大城市设立站点,如卓越网有上海、广州、北京等分站,45 个城市送货
人口细分	年龄	针对各年龄段人群,如卓越、当当网的母婴频道
	性别	分男性与女性的商品类别,如 QQ 女性、搜狐女性、新浪女性
	语言	分中文简体和繁体、日语、英语、韩语、法语等页面
	收入	无收入、低收入、中等收入、高收入等
	婚姻状况	新浪上海的单身贵族频道
	职业	职业经理人、学生、明星、名人等
	文化程度	研究生、本科、高职高专、中职等,如电子工业出版社网站
	宗教信仰	泰博源购物网提供的宗教类图书
心理细分	活动	随着火星临近地球,美国掀起了一股不小的"火星热",亚马逊购物网站上有多种商品与火星有关
	兴趣	天文爱好者、电脑爱好者、电影爱好者等,如动漫游戏商城运用电子商务网站为动漫游戏爱好者提供网络购买服务
	意见	网上论坛用户群,如中国石油商务论坛和波导的各类网上论坛
	个性	个性烫画服饰网站提供的个性 T 恤
行为细分	上网地点	家里、单位、学校、网校、网络咖啡厅、公共图书馆等
	上网时间段	1 点至 7 点、8 点至 10 点、11 点至 15 点、16 点至 18 点、19 点至 21 点、22 点至 24 点
	上网目的	获取信息、休闲娱乐、学习、交友、获得免费资源、对外通信、学术研究、炒股、情感需要、追崇时尚、网上购物、商务活动等
	网上购物的目的	节省时间、节约费用、追求便利、寻找稀有商品、出于好奇、有趣等

续表

分类	因素	举例
行为细分	支付方式	货到付款、网上支付、邮局汇款、银行汇款等
	购买频次	团购、零购
	使用情况	普通会员、贵宾会员、非会员
	上网方式	无线门户网站为无线移动细分市场提供专门服务

1. 地理细分

地理细分是根据消费者所处的地理位置及其他地理因素(如城市、农村、地形气候、交通运输条件等)对市场进行划分。

由于不同地理位置的消费者对企业及其产品有不同的需求和偏好,他们对网络营销战略和营销策略的反应也会有所不同,因此地理细分尤为重要。

网络市场是一个全球性的市场,它打破了常规地理区域的限制。因此,在网络营销活动中,对于区域性强的产品或服务,企业就可以采取地理细分的方法。反之,对于那些区域性不明显的产品,则无须过度强调地理细分。同时,尽管网络具有全球性,但文化差异仍然需要关注,某些情况下地理亚文化可以代替文化细分。

2. 人口细分

人口细分则是根据人口统计因素(如年龄、性别、语言、收入、职业、受教育程度、家庭规模、家庭生命周期阶段、宗教信仰、国籍、种族等)对网络市场进行分类。

由于互联网打破了时间与空间的限制,人口因素相对容易衡量,且一些非人口统计因素也可通过人口特征反映,因此,在网络营销活动中,人口因素是网络市场细分最常用的指标。

一般来说,在国际网络营销中,运用较多的市场细分因素是语言。企业会把使用不同语言进行沟通交流的网上消费者区分开来,分别设计并发布相应语言的网站信息,以针对性地开展网上营销活动。

性别因素也是网络市场细分时常用的关键维度。例如,有专门的男性或女性用品网站,有些网站还设立了男性和女性用品的专门类别。瑞丽网是一家较大的女性垂直门户网站。蘑菇街专为女性打造,是一个集时尚消费于一体的电子商务平台。

网上消费者的需求和购买特点也受消费者年龄的影响,因此,年龄组成为细分市场的另一个重要依据,如18岁以下的青少年、18~24岁的年轻人、25~35岁的成熟消费者等。例如,得物就专注于为年轻消费者提供优质的网购体验。

3. 心理细分

心理细分是按照消费者的心理因素细分市场。具体来说,它按照消费者的生活方式和个性等心理变量对网络市场进行分类。

(1) 按生活方式细分。来自相同的亚文化群、社会阶层、职业的人们可能会有不同的生活方式。生活方式是影响消费者购物的一个重要因素。企业可采用三个标准来测量消费者的生活方式,即活动(activity)、兴趣(interest)和意见(opinion)。这种方法叫作AIO尺度测量法。

在网络营销活动中,企业可以通过调查活动,收集消费者的AIO资料,进而分析并发现各种生活方式类型,为制定营销战略提供依据。

(2) 按个性细分。有些企业还可以按照消费者的个性特征来进行市场细分。常用个性来细分市场的产品主要是一些形象作用较强的产品,如服装、香烟、酒类、化妆品、汽车等。企业常通过广告宣传赋予产品与消费者个性相符的品牌形象,以此吸引目标消费者。在网络营销活动中,通过专用软件对消费者的个性进行追踪与分析,可以帮助企业更好地匹配产品品牌和消费者个性,提升消费者忠诚度。

4. 行为细分

行为因素也是网络市场细分的重要依据。行为细分根据消费者购买或使用产品的时机、所追求的利益、使用率、品牌忠诚度等行为因素来细分网络市场。

传统的目标市场营销多借助用户画像寻找目标受众,但基于用户年龄、性别、地区等信息的用户画像只是一个笼统甚至无差别的分类方式,所以,行为标签日渐受到市场细分的重视。行为标签依据用户的既往行为自动推荐相应内容或产品,是目前大多数社交平台采用的主要方式。分类标签是直接根据品类进行划分,如热血、悬疑、恋爱、搞笑类小说或漫画等常见标签都能帮助用户直接做出选择。无论是行为标签还是分类标签,企业都应当做好数据积累与分析。

6.1.2 网络目标市场选择

网络目标市场是企业为了实现预期的战略目标而选定的营销对象,是企业试图通过满足其需求实现赢利目的的消费者群体。在网络市场细分后,企业选择目标市场的步骤大致可分为以下四个。首先,按照企业所提供产品的主要属性及可能使用该产品的主要购买者两个变数,在网络市场中划分出所有潜在的细分市场;其次,收集、整理和分析各细分市场的相关信息,包括经济效益、技术进步及社会效益等对企业具有吸引力的资料;再次,分析评价各细分市场,根据各种吸引力因素的最佳组合,确定最有吸引力的细分市场;最后,考虑企业的营销能力、资源状况及营销目标,选定最适当的网上目标市场。

网络目标市场营销战略主要包括以下四种类型。

1. 无差异网络目标市场营销战略

无差异网络目标市场营销战略是指企业将整个网络市场视为统一的目标市场,面对所有细分市场推出单一产品及统一的网络营销组合策略。实施这种战略的前提是消费者需求虽存在差异,但仍有足够的相似度,可视为一个同质化的市场。所以,无差异网络目标市场营销战略比较重视消费者需求的相似性,而忽略消费者需求的差异性,即将目标市场所有消费者需求看作是一样的,不进行网络市场细分。无差异网络目标市场营销战略如图6-1所示。

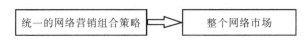

图6-1　无差异网络目标市场营销战略

这种营销战略的优点是:面对整个目标市场实施统一的网络营销组合策略,所经营产品的品种少但批量大,能够节省大量的营销成本,从而提高利润率。这种营销战略的缺点是:忽略消费者的需求差异;容易被其他企业模仿,从而引起激烈的竞争,使企业可获利机会减少。

在网络营销活动中,这种战略比较适合那些市场需求差异在各方面都表现不大的产品或服务。有广泛需求、能大量生产和大量销售、规模经济效益明显的产品或服务也适合这种战略。

2.差异性网络目标市场营销战略

差异性网络目标市场营销战略是指企业在网络市场细分的基础上,选择两个或两个以上的细分市场作为网上目标市场,针对不同细分市场的消费者需求,分别设计和实施不同的营销组合策略,以满足消费者需求。差异性网络目标市场营销战略如图6-2所示。

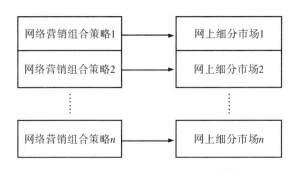

图6-2　差异性网络目标市场营销战略

这种营销战略的优点是:考虑了消费者需求的差异性,有利于满足不同消费者的需求;有利于企业开拓网络市场,提高市场占有率和经济效益;有利于提高企业的市场应变能力。这种营销战略的缺点是:在创造较高销售额的同时增大了营销成本,使产品价格升高,从而失去竞争优势。因此,企业在采用此策略时要权衡利弊,即分析比较销售额增加所带来的利益与由此增加的营销成本之间的关系,并进行科学决策。

这种营销战略对小批量、多品种生产性企业,以及绝大多数日用消费品市场具有较高的适用性。例如,随着金融科技的发展,零售客户的营销渠道和服务载体正在发生深刻变革,数字化营销已成为银行业推动零售业务发展的重要方向。中国银行、招商银行和平安银行等多家银行均已搭建AI语音智能呼叫平台,并将其应用于零售客户及信用卡客户的营销中。这些平台依靠大数据和自然语言处理技术,通过不断学习客户对话,识别潜在的营销机会,并向客户发起精准营销。全流程闭环营销由客群分析、转化分析、智能触达和效果评估等模块组成,是一种是以客户为中心的营销策略生态体系,如图6-3所示。客群分析的核心在于数据建模,通过分类或聚类算法进一步细分客群,排列出各类细分客群的营销优先级,并采取"重点客户重点营销、非重点客户智能营销"的策略进行营销。同时,重点分析客户信息获取渠道、高频消费需求、日常消费习惯、个人投资需求及投资风险偏好等维度的数据,针对客户需求、偏好和习惯等适配相应的营销渠道、金融产品以及营销服务。

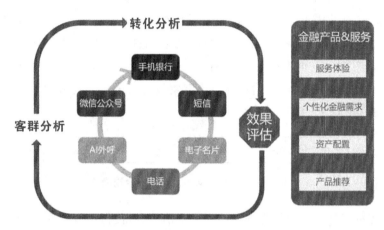

图6-3 全流程闭环营销

3. 集中性网络目标市场营销战略

集中性网络目标市场营销战略亦称密集性目标市场营销战略,是企业集中力量进入某一细分市场,并针对该细分市场设计专门的营销组合策略,以实现专业化生产和经营,从而在较小或特定的细分市场中获得高市场占有率。集中性网络目标市场营销战略如图6-4所示。

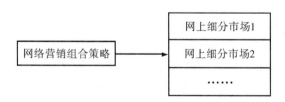

图6-4 集中性网络目标市场营销战略

这种营销战略的优势在于企业可深入了解特定细分市场的需求,提供有针对性的服务,提高企业在所选目标市场上的地位和信誉,从而降低成本。这种营销战略的缺点在于企业将所有力量集中于某一细分市场,当目标市场消费者需求迅速发生变化或者出现强大的竞争对手时,企业的应变能力与抗风险能力可能受到挑战。因此,采用这种战略时,企业在选择网上目标市场时要权衡利弊。

这种营销战略主要适用于那些资源力量有限的小企业。小企业无法顾及整体市场,无力承担细分市场实施差异性网络目标市场营销战略增加的成本,难以在整体市场上与大企业抗衡,而在大企业没有注意到或不愿顾及、自己又力所能及的某个细分市场上全力以赴,往往更易取得营销上的成功。

4.个性化网络目标市场营销战略

个性化网络目标市场营销战略是指企业将每一个网上消费者都看作一个独立的目标市场,并根据每个消费者的特定需求制定个性化的网络营销组合策略,以吸引更多的消费者。实施这种战略的前提有以下四点:第一,网上消费者的需求存在显著差异,且他们有着强烈的个性化需求满足期望;第二,具有相同个性化需求的消费者群体应达到一定规模;第三,企业具备开展个性化营销的能力和条件;第四,个性化营销对交易双方而言都应具有经济效益。可以说,个性化网络目标市场营销战略是差异性网络目标市场营销的进一步细分,它与无差异网络目标市场营销属于两个极端的方法。个性化网络目标市场营销战略如图6-5所示。

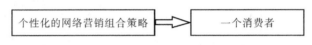

图6-5 个性化网络目标市场营销战略

网络技术的发展使得市场能细分到每一个消费者,使得定制产品的制造成本日益降低。互联网极强的互动性与一对一的独特交流方式,使得在互联网上进行个性化营销比在其他任何媒体上都容易。网络营销中的个性化产品设计、个性化定价、个性化分销渠道及个性化沟通等都因互联网而变成现实。

在网络营销活动中,企业选择何种目标市场营销战略既是一门科学,也是一门艺术,不能一概而论。一般而言,企业在选择网络目标市场营销战略时应充分考虑企业的内部条件、产品的同质性、产品市场寿命周期、营销渠道建立的难易程度、竞争者的目标市场营销战略和市场同质性等因素。

6.1.3 网络市场定位

网络市场定位就是根据竞争者在网络市场所处的位置,针对消费者对产品某一特征或属性的重视程度,精心塑造出本企业产品与众不同的、个性鲜明的形象,并把这种形象生动地传达给顾客,从而确定产品在市场上的恰当位置。换句话说,网络市场定位就是通过策划与开展营销活动,为企业产品创造一种明显区别于竞争者产品的特色性差异,并把这种差异形象生动地展示给顾客,使产品在顾客心中留下独特、深刻及鲜明的印象,从而形成企业在网络市场上不可替代的竞争优势。

企业进行网络市场定位时一般应遵循三个步骤:一是调查研究影响网络市场定位的因素,确认目标市场的竞争优势;二是选择适合的竞争优势和定位战略;三是准确传播企业的定位观念。

企业通过与竞争者在产品、促销、成本及服务等方面的对比分析,了解自己的优势与劣势,从而明确自己的竞争优势,进行恰当的市场定位。一般而言,企业常用的定位战略主要有以下四种。

1. "针锋相对式"定位战略

"针锋相对式"定位战略也叫"迎头"定位战略,指企业把产品或网络服务定位在与竞争者相似或相同的位置上,同竞争者共同争夺同一细分市场。当能提供比竞争对手更令顾客满意的产品或服务,且更具竞争实力时,企业可以采用这种定位战略。在图6-6中,如果C产品定位于竞争对手A已经占据的高价格、高质量市场,或者定位于竞争对手B的中档市场,就属于"针锋相对式"定位战略。

2. "填空补缺式"定位战略

"填空补缺式"定位战略是指企业把产品或网络服务定位在尚未被竞争者占领但受到许多消费者重视的位置。当具备足够的实力占据这一位置,或者这一市场机会还未被竞争者发现时,企业可以采取这种定位战略。在图6-6中,如果C产品定位在高质量、低价格市场,或定位在低质量、低价格市场,就属于"填空补缺式"定位战略。

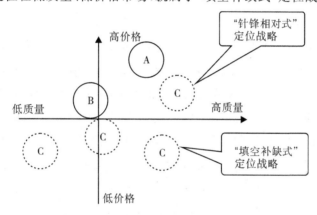

图6-6 "针锋相对式"及"填空补缺式"定位战略

3. "另辟蹊径式"定位战略

"另辟蹊径式"定位战略(见图6-7)也叫"独坐一席式"定位战略,指企业意识到很难与同行业竞争对手相抗衡以获得绝对优势,也没有填补市场空白的机会或能力时,可根据自身条件,通过营销创新,在目标市场上推出与竞争对手显著不同的新产品或服务。

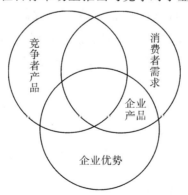

图6-7 "另辟蹊径式"定位战略

4. "改头换面式"定位战略

"改头换面式"定位战略也叫重新定位战略,指企业最初选择的定位战略不科学,营销效果不明显,继续实施下去很难成功获得强势市场地位时,经过系统分析后,及时采取的更换品牌、更换包装、改变广告诉求策略等一系列重新定位方法的总称。

6.1.4 网络营销组合策略

简单地说,网络营销组合策略就是企业各种网络营销策略的组合运用。具体来说,网络营销组合策略是指企业针对目标市场的需求,优化组合、综合运用可以利用的各种网络营销策略,开展有针对性的、行之有效的、总体效果最优的营销活动,以更好地实现各种营销目标,最终通过满足目标市场用户的需求,实现赢利的目的。在网络营销活动中,企业可以组合运用的营销策略有很多,且这些策略还通过不断创新催生出许多新的营销工具。

有关营销组合策略,最经典的概括当属 4P 策略。有不少营销学者试图用新的 4C 策略即消费者(consumer)、成本(cost)、沟通(communication)和便利性(convenience)或 4R 策略即关联(relevance)、反应(reaction)、关系(relationship)和回报(reward)等取代 4P 策略。但是,无论是 4C 策略、4R 策略还是其他策略,作为一种具体且切实可行的营销策略,最终都需要转化为企业语境下的 4P 策略,以更好地应对市场挑战。

对于网络营销组合策略,国内网络营销相关书籍往往忽略了营销组合策略的探讨,STP 战略和 4P 策略更是很少提及,毫无疑问这是一大缺憾。市场营销"STP+4P"的高度概括不仅是市场营销学理论体系化、系统化和科学化的标志,更是菲利普·科特勒对科学规整划分零碎繁杂的诸多战略与策略的重要贡献。这也是菲利普·科特勒的《市场营销学》在亚洲各国受欢迎的原因之一。

随着网络技术的不断发展,消费者连接网络的终端日益丰富多样,原先主要依赖电脑网页端的状况已被多样化的移动终端逐步替代。但与传统营销活动相比,网络营销在沿用传统的 4P 策略的同时,还需要一个平台来承载并传递企业的营销策略,没有这样一个承载平台,网络营销便无法开展。因此,在移动互联网和智联网的时代,网络营销组合策略总体可以分为五大类:平台策略、产品策略、价格策略、渠道策略和促销策略,简称 5P 策略。网络营销组合策略正是这五个策略的优化组合与搭配,体现了企业的整体性网络营销思想。网络营销组合策略具有可控性、复合性、动态性和整体性的特点。网络营销 5P 组合策略及其应用如图 6-8 所示。

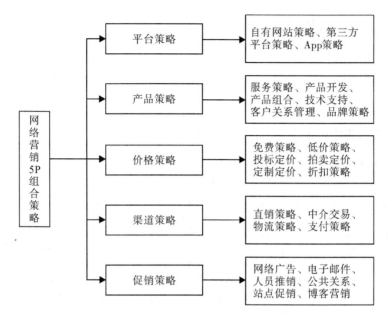

图 6-8 网络营销 5P 组合策略及其应用

6.2 网络圈层营销

6.2.1 网络圈层营销的概念

圈层概念最早来源于地质学,经研究也适用于社会学。早在 18 世纪,德国农业经济学家约翰·冯·杜能就在其著名的《孤立国》一书中指出,城市郊区农业经济活动布局呈圈层式分布,以城市为中心,依次向外形成向心环状,即有名的杜能环分布,这也是最早有关圈层理论的初探。20 世纪 50 年代,日本学者狄更生和木内信藏认为距离衰减律的空间作用会形成核心的聚散效应,从而形成圈层状分布扩展状态。其中,圈代表着向心性、体现着差序格局,层体现层次性、代表社会层级,从而形成内圈层(核心区)、中圈层(边缘区)和外圈层(影响区)三大圈层。

从社会学角度来看,物以类聚、人以群分。群体作为人们生存与生活的基本单位,具有显著的社会功能。拥有相同或相似兴趣爱好、价值取向的人们聚集在一起,在一段时间内形成稳定的群体,进而形成圈层及圈层文化。圈层营销是指在营销过程中,把一个或几个圈层作为目标市场,通过策划具有针对性的营销组合策略,开展有针对性的营销活动,以达成营销目标。

网络技术打破了时间和空间的限制,降低了沟通交流成本,为网络圈层的形成提供了强有力的技术支撑,推动了网络市场圈层的日益细分,也使圈层内成员交流更多,参与感与向心力更强,圈层文化更加繁荣。在网络市场中,各种各样网络圈层的存在是网络圈层营销的重要前提。

6.2.2 网络圈层营销策略

选定目标圈层市场,借助互联网的大数据分析能力,整合线上线下资源,针对不同圈层市场精耕细作,面向选定的圈层市场进行有针对性的营销推广,是网络经济时代极其有效的目标市场营销方式。

1. 细分网络圈层市场

圈层的划分标准可以是多种多样的。传统市场营销采用的人口细分、地理细分、心理细分和行为细分标准对圈层划分仍然适用。圈层划分标准并无统一或者绝对的标准,兴趣、年龄、学历、民族、地域、性别、职业、消费心理、消费习惯、购买行为等均可作为圈层的划分依据。但是,互联网的发展打破了传统的地域和单位界限,使得网络消费者间信息的交互性和可得性大大提高,人们不再局限于血缘、地缘、业缘等圈层内的信息互动,而是可以主动探索和选择自己的关注方向和交际人群,趣缘越来越突出地成为圈层文化的中心。例如,喜欢某一"网红"的粉丝遍布全球,他们跨越性别、年龄、职业等多种传统意义的限制要素,仅仅因为喜欢而形成某一独特的圈层文化细分市场。

2. 选择目标圈层市场

圈层即具有相同社会属性或相似兴趣爱好的群体。同一圈层内的人们具有某种或多种相似性,并依据这些相似性构成紧密的沟通与联系。在开展圈层营销时,企业可以根据自己所处的行业、具备的生产服务或技术优势,以及能提供的产品或服务来选定圈层市场。传统目标市场营销所采用的无差异目标市场、差异性目标市场、集中性目标市场,以及个性化目标市场营销策略等方法同样适用于网络目标圈层市场。

3. 深耕网络圈层文化

圈层营销是通过价值相符的文化属性对目标人群进行渗透,利用小圈子强关系的人际传播形式打通信息流转触点,引发营销话题,使产品和品牌影响力实现指数级扩散,甚至最终影响圈外人士。因此,如何深耕网络圈层文化,建立品牌信仰认同,将圈层成员转化为品牌用户,并提高他们的忠诚度,是圈层营销需要考虑的问题。圈层营销策略具体包括以下内容。

(1) 融合圈层文化,塑造品牌个性。 为成功将圈层成员转化为品牌用户,企业品牌应当充分融合圈层文化元素,在展现自身特色的同时凸显创意,从而满足圈层成员与品牌用户的双重需求。

(2) 策划互动话题,保持品牌热度。 在圈层营销过程中,企业应当结合圈层文化内容,打造特色话题,与粉丝定期互动。这不仅能有效激发圈层成员的创造力,还可以吸引更多新用户参与话题,扩大信息的二次传播范围,实现口碑的扩散,最终成功增加品牌的曝光度与热度。

(3) 引导圈层自传播,渗透品牌市场。 圈层文化具有显著的自传播功能。在互联网时代,新型媒介承担了重要的社交功能。圈层内成员频繁互动,主动表达观点,参与圈层文化内容的创新与培养。如果品牌文化契合其兴趣与需求,圈层用户会主动购买产品且自发在圈内为品牌宣传,形成口碑效应,企业此时应该重视并通过积极策划及有效引导发挥圈层的自传播功能。

(4)跟踪圈层动向,延长品牌寿命。无论是圈层的选择或变化,还是营销效果的监测,企业都可以通过多种方式获得用户反馈信息,比如通过社交平台与用户互动、使用搜索引擎检索关键信息或借助第三方专业平台进行舆情监测。这些方式能更加及时准确地追踪圈层成员的需求,快速发现他们感兴趣的话题,直观感受其态度,同时根据跟踪监测结果及时调整营销策略,最大程度满足用户需求,延长品牌市场寿命周期。

4. 实施圈层目标市场营销

圈层具有显著的边界性,其成员因相同或相似的趣缘而聚集,并可能形成独特的交流方式,如使用专业术语进行沟通,这导致他们与圈外人员存在天然的隔阂。同时,圈层还具有明显的层次性,成员可以根据对圈层文化和行为准则的认同程度分为核心层成员、中间层成员与关联层成员。

相比于其他营销策略,圈层营销的优势在于高效性和精准性。企业可以根据目标用户不同圈层、不同层次的独特属性,为其量身定制营销方案,有针对性地开展营销活动,将圈层用户转化为品牌粉丝,满足圈层市场的独特需求,实现事半功倍的效果。

在选定圈层前,企业首先要判断品牌个性与圈层文化是否契合,并寻找它们的契合点与共振点。从品牌与圈层文化的关联度来看,其主要分为强关联与弱关联两种类型。不同类型的关联需要采用不同的营销策略。

(1)若品牌与圈层文化强关联,企业可以采取直接的精准营销策略。当品牌与圈层文化高度契合时,企业可以轻松建立精准的用户画像,直接吸引圈层消费者的关注,开展精准的目标圈层市场营销。

(2)若品牌与圈层文化弱关联,企业则需要重新定位或另辟蹊径。当品牌与圈层文化契合度较低时,企业可以创造新场景和新概念以实现重新定位或发掘新的卖点,以吸引目标圈层市场。

如果品牌文化与圈层文化缺少直接高强度关联时,企业可以在不影响品牌定位的前提下,结合圈层文化,通过打造新的品牌概念与场景,为品牌注入新内涵,在吸引圈层粉丝的同时也让品牌粉丝感到新颖。

如果品牌文化与圈层文化关联度低,企业可以尝试在品牌与圈层之间建立新关联,以吸引圈层粉丝的关注。对于许多品牌而言,借助名人效应来扩大受众是一种简单有效的方式。

5. 破圈开拓大众市场

(1)寻找"转译器",吸引圈外大众关注。品牌破圈的难点在于圈外人士不理解品牌的功用而难以产生共鸣。因此,品牌可以通过寻找"转译器",将专业术语转化为通俗易懂的语言来进行传播。

(2) 融合主流文化，拓宽品牌大众市场。品牌能否"破圈"还在于其品牌文化属性是否具备大众属性，能否被大众所认同。因此，在宣传推广时，品牌不仅需要传播自身的文化内涵，稳固圈层市场，还应适时融入主流价值观元素，从而扩大品牌受众群，进一步开拓大众市场。运用VR、AR和AI等技术可以极大地丰富圈层营销的创意与表现形式，提高营销趣味性，降低品牌跨圈层营销的难度。企业还可通过多圈层及多领域的合作共创，不断扩大受众边界，提升营销效果。

6.3 网络社群营销

6.3.1 网络社群营销的概念

社群(community)一词源于拉丁语，有"聚焦"与"义务"之意，表示共同的东西或亲密的伙伴关系。德国社会学家费迪南德·滕尼斯(Ferdinand Tonnies)最早将社群作为专有名词提出，用以描述人与人之间的关系。社会学理论认为，社群具有以下基本特征：一定的社会关系、一定的地域、共同生活的人群、特有的文化，以及情感和心理上的认同感。

社会学家瑞格尔德在1993年提出了"虚拟社群"(virtual community)的概念。虚拟社群通过互联网将不同地域的人们连接起来，使他们能够彼此交流沟通、分享信息与知识，进而形成基于相近兴趣爱好和情感共鸣的特殊关系网络。在早期，虚拟社群更多的是通过彼此的交流互动满足人们的精神需求，交易性质的社群还比较少。然而，随着移动互联网的普及，人们得以实现即时、低成本和便捷的互动，通讯录绑定、身份验证和地理位置等功能也增加了虚拟社交的安全性和真实性，使彼此间更容易建立信任感。虚拟社群不仅用于人际交流，也逐渐被应用到市场营销领域，发挥了其商业价值，社群营销随之出现并迅速发展。

社群营销以互联网技术为支撑，以社交媒体为载体，突破了职业、地理位置等限制。它以用户间的相互信任为核心，根据共同的兴趣爱好或利益诉求搭建网络社区，构建社群消费和服务的场景。它注重人际传播，充分发挥意见领袖的作用，口碑效应明显，是一种多级传播、垂直运营的营销平台。社群营销具有社交和社区的双重属性，强调情感因素，并具有互动性、精准性、封闭性、去中心化和跨区域等特征。

6.3.2 网络社群营销的发展阶段

随着互联网技术的发展，社群营销也随之不断演变，大体可以划分为以下三个阶段。

1. 互联网发展阶段

在互联网发展的初级阶段，网络社群形式主要是BBS、百度贴吧、QQ空间、博客、豆瓣、聊天室、门户论坛等。在这一阶段，社群的主要功能是聚集和交流，用户往往在虚拟空间中隐匿真实身份来构建自己的虚拟形象。受电脑和有线网络的限制，用户交流一般仅限于信息交换和情感交流,且不能随时随地进行,社群结构偏向松散和无序,线上交流以文字和图片为主。

2. 移动互联网发展阶段

随着移动互联网的发展和智能手机的普及,新的交流方式和应用软件出现,人们得以突破时空限制。网络社群的形式逐渐转变为各种即时消息工具、微博和微信公众号等社交型虚拟社群。网络社群使人们的交流更为直接、方便和高效,用户一般需要通过身份认证来增强虚拟社群成员间的信任感。用户不再仅仅是被动的信息接收者,还可以主动创造和分享内容。2015年,知识社群、创业社群、亲子社群、校友群等细分社群大量涌现,这一年也被称为"社群元年"。经过这一阶段的野蛮生长,社群逐渐进入有序发展阶段。

3. 智联网发展阶段

在4G、5G通信技术的支持下,以大数据、区块链、人工智能和元宇宙等技术为基础,直播间、直播间粉丝群、视频号和短视频等成为虚拟社群的主要形式。在这一阶段,虚拟社群的特点突出表现为智能化、高效化和高体验度。2016年,VR、AR、MR等新技术的出现,实现了高效的人机交互,用户体验更为真实。虽然虚拟社群的运营仍多依赖于第二阶段的社交软件,但社群成员间的交流和用户体验却更为方便和高效,进一步激发了虚拟社群的活力和潜能。

自新冠肺炎感染疫情暴发以来,线上经济和社群相关技术推动了社群营销的发展,社群团购、社群展示体验出现爆发式增长。企业微信具备了连接个人微信的功能,为社群运营提供了更安全的工具,2020年因此被称为"私域元年"。到了2021年,越来越多的企业开始关注私域流量,社群作为商业基础工具得到了广泛应用。

6.3.3 网络社群营销的过程

1. 选择平台创建社群

社群营销作为企业快速获客的营销方式,其关键在于选定合适的社群平台。建群前,企业要综合分析不同平台的运营特点、用户群和功能差异,以选定适合自身社群营销目标的平台。常用的社群营销平台包括微博、微信、QQ、百度、App、小程序、头条、抖音、快手、钉钉、小红书等。

社群作为连接产品和消费者的纽带,其目标与类型需要根据企业产品与目标市场需求的契合点来确定。建群目标不同,社群功能不同,社群类型也不同。从市场营销的角度来看,社群可以分为活动群、服务群、销售群及核心顾客群等类型。例如,"罗辑思维"通过罗振宇的个人魅力打造社群,而小米公司则围绕核心产品构建社群。

2. 制定规则维护社群

没有规矩不成方圆。社群运营同样需要制定系统的管理规则。社群规则一般应包括加入规则、入群规则、分享规则、惩罚规则等。加入规则明确规定入群人员的资格、条件与类型,常用的方式有邀请式、推荐式、活动式、审核式、付费式等;入群规则明确规定群名片格式、欢迎语、群公告、自我介绍模板、言行规则等内容,以规范群成员言行;分享规则主要明确分享活动的主题、主体、时间及相关规定等;惩罚规则用于对违反群规的行为进行惩罚。

社群运营的目标是开展营销,社群运营者需要开展必要的维护活动以增加社群的黏性和活力,如开展互动、内容输出、活动组织、打造真实人设及用户转化等活动。同时,开展社群营销还要注意发挥关键意见领袖(key opinion leader,KOL)的作用,他们的影响力能显著推动社群的营销效果。

3. 社群裂变

社群裂变就是通过社群的方式实现用户的快速增长。常用的裂变方式有投票、分享转发、关注、拼团、邀请、小程序裂变及参与分销等。例如,"罗辑思维"通过提供有价值的免费内容吸引用户,随后开展付费社群会员招募活动,从而实现用户的快速增长和社群质量的提升。

4. 社群变现

社群营销的最终目的是实现变现。变现方式主要分为直接变现和合作变现。直接变现通过社群直接售卖产品或服务对流量进行变现,如各类团购群、购物群等。合作变现则是与其他社群合作,共同面向目标市场提供产品或服务。

社群变现主要有三种营销模式:线上社群营销模式、"线上社群+线下门店"营销模式和直播带货营销模式。线上社群营销模式主要与线上营销推广相结合,是早期的网络营销手段之一。商家利用线上社群,结合营销推广,创建基于同一兴趣爱好的社群,用户可以在该社群中传递信息、交流心得,并根据群主发布的促销信息进行拼团购买。"线上社群+线下门店"营销模式以实体门店为依托,主要以日用百货、生鲜农产品等商品为主,其特点是通过社群内成员的需求反馈,精准定位客户需求,从而提高用户黏性。直播带货营销模式则更多地与线上拼团模式相结合,通过直播形式展示产品,吸引用户购买。

5. 风险控制

成功的社群营销可以高效实现营销目标,但也可能面临各种风险。例如,社群内的反对意见如果处理不当,可能会引发企业品牌危机和信任危机,给企业带来严重损失。因此,社群营销者需要时刻关注社群动态,及时应对各种风险,确保社群营销的顺利进行。

6.4 网络用户画像

6.4.1 网络用户画像的概念

最早提出用户画像概念的是现代交互设计之父艾伦·库珀(Alan Cooper)。他认为,用户画像是真实用户的虚拟化表示,是建立在一系列真实数据之上挖掘出的目标用户模型,可用于产品需求挖掘与交互设计。

网络用户画像作为一种交互设计工具,通过挖掘提取网络用户特征标签,并通过相关技术实现特征重组融合,更精准地勾勒出网络用户特征,从而使企业能够更直观、精准地了解网络用户需求,实现精准营销。网络用户画像如图6-9所示。越来越多的企业通过用户画像技术识别目标市场,分析目标市场需求,进行精准的市场定位,并设计有针对性的营销组合策略。

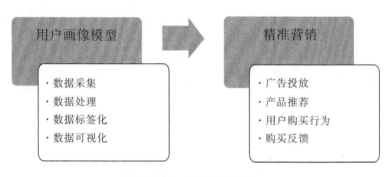

图6-9 网络用户画像

6.4.2 网络用户画像的步骤

网络用户画像的构建过程主要包括以下步骤。

1. 画像目标设定

设定用户画像目标是构建用户画像的第一步。设定的用户画像目标不同,采集的数据种类、构建的标签体系以及最终形成的画像也不同。例如,有的企业可能旨在通过用户画像实现精准营销,增加产品销量;而有的企业则是为了进行产品改进,提升用户体验。此外,用户画像目标的设定还需要兼顾可用数据的分析,脱离可用数据制定的画像目标是难以实现的。

2. 标签体系构建

数据分析和画像目标设定后,企业需要进行标签体系的构建。可以说,用户画像的核心工作将是数据标签化,即通过对采集到的各类原始数据进行清洗、整理并提炼用户属性,进而挖掘用户标签。

标签通常是人为设定的,如年龄、性别、地域、兴趣等,每个标签都描述了用户的一个特定维度,各个维度相互联系,共同构成一个完整的用户信息画像。

在大数据背景下,用户的行为数据往往无法直接用于分析和构建模型。这就需要对用户的行为数据进行标签化处理。通过标签化,我们可以对用户的行为特征有一个直观的认识,同时使得计算机能够理解并将这些数据应用于个性化推荐、搜索、广告精准投放和智能营销等领域。

在产品的运营优化和研发推广中,根据用户画像,企业能够深入理解用户需求,从而设计出更适合用户的产品,提升用户体验。建立完善的用户画像体系有助于构建一个用于产品定位、竞品分析和营收分析等的分析平台,为产品方向的确定与决策制定提供有力的数据支持和事实依据。

标签体系在对企业需要的各种标签进行归类的基础上,对标签属性加以定义,以便于标签的维护。用户画像标签体系如图6-10所示。

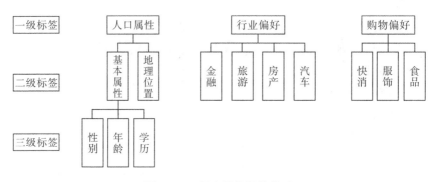

图6-10 用户画像标签体系

标签体系中标签首先被分为三个大类,每个大类再进行逐层细分。但是,在构建标签时,我们只需要构建最下层的标签,因为用于广告投放和精准营销的一般是底层标签。对于底层标签有两个要求:一是每个标签只能表示一种含义,避免标签间的重复和冲突,同时也便于计算机处理;二是标签的语义应清晰明了,方便相关人员理解。同时,标签太粗会缺乏区分度,太细可能会导致标签体系过于零碎复杂而不具有通用性。常见的底层标签有以下五种。

(1)人口标签。人口标签包括年龄、性别、地域、学历、教育水平、收入水平、出生日期、消费水平、职业、所属行业、星座等。这些标签相对稳定,构建后可以在较长时间不用更新,标签的有效期通常超过一个月。同时,人口标签的划分也比较固定,因为很多平台都会引导用户填写基本信息。

(2)兴趣标签。兴趣画像是网络营销中使用最为广泛的画像标签,主要包括兴趣爱好、应用程序或网站使用、内容浏览或收藏、内容互动、品牌偏好、产品偏好等。在互联网广告、个性化推荐、精准营销等领域,兴趣标签扮演着核心角色。兴趣画像构建主要是从用户海量的行为日志中进行核心信息抽取、标签化和统计,因此在构建用户兴趣画像之前需要首先对用户行为进行建模。

(3) 社会特征标签。社会特征标签包括婚姻状况、家庭情况、社交或信息渠道的偏好等。

(4) 消费特征标签。消费特征标签涉及收入状况、购买力水平、已购商品、购买渠道偏好、最后购买时间、购买频次等。

(5) 地理位置标签。地理位置画像一般分为两部分：常驻地画像和全球定位系统（global positioning system，GPS）画像。常驻地画像比较容易构建且标签比较稳定，而GPS画像则需要实时更新。常驻地包括国家、省份、城市三级，一般只细化到城市粒度。在构建常驻地画像时，我们会对用户的 IP 地址进行解析并对应到相应的城市，通过统计用户 IP 出现的城市来得到常驻城市标签。用户的常驻城市标签不仅可以用来统计各个地域的用户分布，还可以根据用户在各个城市间的出行轨迹识别出差人群和旅游人群等。GPS 数据一般从手机端收集，但需要获得手机 App 的授权。例如，百度地图使用该方法并结合时间段数据，构建了用户公司和家的 GPS 标签。

根据标签构建的难易程度和各类标签的依存关系，标签可以划分为三个层级。

(1) 事实标签。根据原始数据构建事实标签。这些原始数据可以从数据库直接获取（如注册信息）或通过简单统计得到。这类标签通俗易懂、含义明确、构建难度低，可用作后续标签挖掘的基础特征，如产品购买次数可作为用户购物偏好的输入特征数据。

(2) 模型标签。作为标签体系的核心，模型标签一般需要通过机器学习和自然语言处理技术进行建模分析。

(3) 高级标签。高级标签是基于事实标签和模型标签进行建模分析后得出的标签。

3. 采集网络用户数据

建立在客观数据基础上的用户画像才最有说服力。基于构建好的用户标签体系，拆解完成每个标签所需的数据指标，即可进行数据采集。数据采集可以首先通过传统的问卷调查方式了解用户，再根据目标市场的目标、行为和观点差异将其划分为不同类型，然后从各个类型中选取典型特征，赋予名字、照片、人口统计学要素、场景描述等，进而形成用户画像。在大数据时代，用户画像更为重要也更易于实现。用户标签如图 6-11 所示。企业可以采用一系列方法，从用户的习惯、行为、属性等方面为其打上标签，从而全国描绘出用户的特征。这样的用户画像为广告推荐、内容分发、活动营销等诸多网络营销业务提供了强有力的支持。用户画像也是个性化推荐、智能营销等大数据技术得以实施的基础。

在基础数据采集方面，首先列举出构建用户画像所需要的基础数据，包括用户静态特征、动态行为和需求。在当前背景下，针对某一电子商务平台，企业可利用 Python 爬虫技术，采集网页上的用户静态信息数据和动态信息数据。在获得海量客户的关键信息数据和用户浏览行为形成的历史数据后，企业应对其进行处理与分析。从网络营销的角度看，数据背后所反映的用户选购意向数据是构建用户画像的核心依据。

图 6-11 用户标签

4. 建模分析

构建高级标签时所使用的模型既可以是简单的数据统计模型，也可以是复杂的机器学习模型。根据已有的用户标签，我们可以快速读取其中的信息，并利用计算机进行标签读取、相关分析以及聚合分析等工作。此阶段的主要任务是对所分析的问题进行用户建模与数据挖掘，常用的方法包括数理统计、数据挖掘以及机器学习等，涵盖了聚类、分类、隐含狄利克雷分布（Latent Dirichlet allocation，LDA）模型、集成学习、神经网络、向量空间模型和粒计算等内容。例如，通过 Java 后台，我们可以将获取的数据以 JSON 格式传递给前端，并利用 Echart 等可视化工具进行展示。这样，用户可以通过前端展示的用户画像看到用户的基本信息及互动行为，包括点赞、评论、转发等。构建用户画像的具体流程如图 6-12 所示。

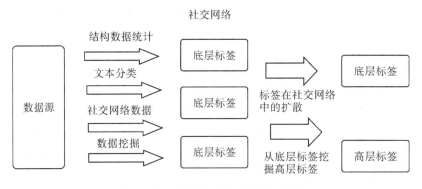

图 6-12 构建用户画像的具体流程

用户画像的自动生成主要依赖大数据分析模块，该模块将用户画像自动生成模型分为两个部分。一部分是依托 Hadoop、Spark 等大数据分析模块实现。在该模块内，用户画像的文本标签分类结果被存储于数据仓库内，利用 Spark 内存计算模型对用户画像数据进行分析和预测。同时，Dubbox 框架被用于解耦用户数据分析过程，并将结果输送至用户画像展示端服务器进行直观展示。另一部分是用户画像展示模块。该模块利用

SpringMVC 和 Web 页面等技术实现人机交互，用户只需通过查询姓名，即可获取所查询者的用户画像。

5. 网络用户画像评估和使用

(1)效果评估。为了确保用户画像的准确性和有效性，用户画像模型在正式投入使用前需要进行必要的效果评估。评估用户画像效果最直接的方法是看其在实际业务中的表现。例如，在互联网广告投放中，用户画像的使用效果主要是看它提升了多少点击率，而在精准营销过程中，则可以通过销量提升的程度来评估用户画像的效用。

人口属性画像的相关指标比较容易评估，而兴趣画像的标签比较模糊。企业可以通过筛选部分标签用户，并推送相关的内容信息，观察他们对这些内容的反馈情况。例如，从构建了兴趣画像的新闻用户中选取一小批用户，给他们推送体育类新闻，如果这些用户对新闻的点击率和阅读时长明显高于平均水平，就说明相关标签是有效的。

(2)用户画像使用。构建好用户画像并进行评估后，如果评估证明其有效，就可以在业务中正式投入使用。为了方便查看和检索标签，一般需要构建一个可视化平台。在用户画像的可视化过程中，一般使用饼状图、柱状图等形式对标签的覆盖人数、覆盖比例等进行展示。此外，企业还可以使用不同维度的标签进行高级组合分析，以编制出高质量的分析报告。这些用户画像可广泛应用于智能营销和个性化推荐领域。

本章小结

网络目标市场营销是指在网络营销活动中，企业通过市场细分，选择一个或多个网络细分市场作为自己的目标市场，深入研究这些市场的需求特性，并据此设计产品、确定价格、选择分销渠道和促销手段，从而精准地开展网络营销活动。网络目标市场营销需要规划实施网络市场细分、网络目标市场选择、网络市场定位和网络营销组合策略等方面的内容。

网络市场中各种各样网络圈层的存在是网络圈层营销的重要前提。网络圈层营销策略包括细分网络圈层市场、选择目标圈层市场、深耕网络圈层文化、实施圈层目标市场营销和破圈开拓大众市场等内容。

社群营销以互联网技术为支撑，以社交媒体为载体，以用户之间的相互信任为核心，根据共同的兴趣爱好或利益诉求搭建网络社区，构建社群消费和服务的场景。社群营销注重人际传播，充分发挥关键意见领袖的作用，口碑效应明显，是一种多级传播、垂直运营的营销平台。随着互联网技术的发展，社群营销大体可以划分为互联网发展阶段、移动互联网发展阶段和智联网发展阶段。社群营销包括选择平台创建社群、制定规则维护社群、社群裂变、社群变现与风险控制五个阶段。

用户画像通过挖掘提取用户特征标签，并通过相关技术实现特征重组融合，更精准地勾勒出网络用户特征，从而使企业能够更直观、精准地了解网络用户需求，实现精准营销。用户画像主要包括画像目标设定、标签体系构建、采集网络用户数据、建模分析以及网络用户画像评估和使用五个阶段。

◎ 思考题 ◎

1. 何谓网络目标市场营销？网络目标市场营销可以分成哪几个阶段？
2. 何谓网络市场细分？网络市场有效细分的依据有哪些？
3. 可供选择的网络目标市场营销战略有哪些？企业选择网络目标市场营销战略时应考虑哪些因素？
4. 企业应该如何成功进行网络市场定位？
5. 何谓网络圈层营销？企业如何开展网络圈层营销？
6. 何谓网络社群营销？企业如何开展网络社群营销？
7. 何谓网络用户画像？企业如何进行网络用户画像？

第 7 章 网络营销平台策略

网络营销组合策略的首要策略是网络营销平台策略。本章主要介绍网络营销平台的概念、构成与分类。App、电子邮件、微信与微博都是常用的网络营销平台。

> • 加快发展数字经济,促进数字经济和实体经济深度融合,打造具有国际竞争力的数字产业集群。

7.1 网络营销平台策略概述

平台经济是数字经济的重要组成部分,平台经济的健康发展是加快发展数字经济的重要内容。企业制定好网络营销战略后,需要借助一定的平台来实施。

7.1.1 网络营销平台的概念

企业要发展,必然需要与众多供应商、服务商、物流企业、金融结算机构、渠道商、服务对象和用户群等分工合作,形成一个相互交织、利益攸关的生态系统。企业竞争优势的形成不仅要依靠自身的产品和技术,还要依托整个生态圈的资源和实力。未来,所有的企业都必将融入互联网,从封闭体系转变为互联网上的一个个节点。

网络营销活动是由一系列战略和策略构成的结构体系。这些战略和策略都必须围绕一个核心目标来制定和实施,即根据网上目标顾客的需求,进行价值沟通、价值创造和价值传递。网络营销平台是指由人、设备(如计算机网络、制造设备等)、程序以及相关活动规则组成的相互关联的能完成网络营销功能的系统。

随着网络技术的发展,网络营销 3.0 视角下的网络营销平台以构建网络营销生态圈为目标,在为网络营销主体提供基础性网络营销服务的基础上,通过采集与分析用户网络营销相关数据,为用户提供高质量、精准化和智能化的营销平台。

从功能角度理解,网络营销平台是应用现代网络技术,为网络营销主体提供双边或多边的连接、交互、匹配与价值创造的服务载体;从技术角度理解,网络营销平台是网络技术和数字技术的集成,依托大数据、互联网、物联网、云计算、人工智能、区块链及元宇宙等技术,连接人与人、人与物、物与物、服务与服务、企业与企业,实现数字化连接双边或多边市场,产生网络效应,创造经济价值,并突破时空限制进行沟通与交易,促进分工与合作;从商业业态理解,网络营销平台不仅是企业网络营销活动的载体,更是传统集贸市场类线下平台的线上版、迭代版和现代版;从全球情况理解,在电子商务、数字媒体、金融科技和社交网络等行业,数字平台的发展与应用已渐趋成熟。与网络营销1.0相比,网络营销3.0视角下的网络营销平台功能更加突出,特别是增加了数据采集、智能分析与辅助决策功能。例如,社交营销平台将分享、讨论与互动等社交化元素应用于电子商务交易中,不仅注重产品宣传和质量,还关注消费者购物的情感体验,更加人性化,因此受到了更多人的青睐。在用户生成内容类社交营销平台上,精准推送是关键,平台会根据用户的搜索记录精准识别目标用户的喜好,推送其可能感兴趣的内容。如果大数据推送出现偏差,用户可以通过选择"不感兴趣"来纠正。

7.1.2 网络营销平台的构成

网络营销平台是企业网络营销活动的载体,主要由信息平台、新品开发平台、交易平台、物流平台和服务平台等基本功能平台构成。这五种平台具有不同的职能,但彼此之间相互依存、配合与协调,共同形成一个有机整体。

信息平台的基本功能是接受、传递和处理与企业网络营销相关的各种信息。它是企业网络营销系统中最重要且最复杂的平台,是其他四个平台运作的基础。新品开发平台则借助网络把顾客信息、竞争者信息和内部报告信息与产品的设计制造紧密结合,以创造出具有高顾客价值和良好经济效益的产品研发系统。交易平台是网络营销平台的核心,主要提供商品发布、网上订货、网上结算、网上物流信息查询和网上签约等功能。物流平台的功能主要有三项:一是信息和交易功能,及时传递供需信息,促成交易;二是仓储功能,调剂货物供求;三是流转功能,将货物及时分拣和配送至用户。服务平台的设计旨在使全体员工在学习和实践中不断强化服务理念,提高素质和服务质量,从而提高顾客的满意度和忠诚度,增加企业利润。

网络营销3.0视角下的网络营销业务架构主要由基础层、平台层、应用层与接入层四部分构成。图7-1为某一平台示例。

1.基础层

基础层采用互联网中间件分布式存储数据,确保平台的稳定运行和高效处理。

2.平台层

平台层主要包括业务服务平台和数据服务平台。

(1)业务服务平台。业务服务平台主要包含客户服务中心、会员支持中心、活动执行与支持中心、后台管理中心等内容。

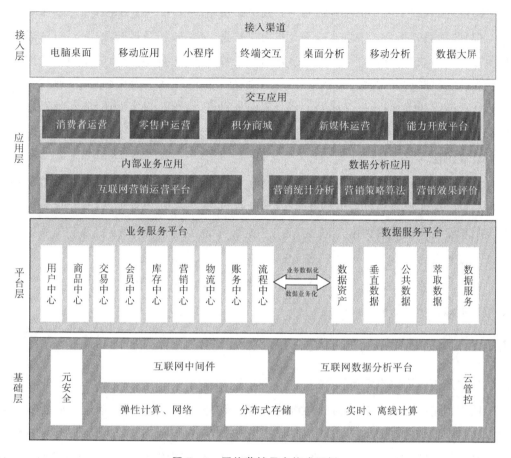

图 7-1 网络营销平台构成示例

（图片来源：张嵌嵌《"互联网+"营销平台环境下的用户参与活动行为预测研究》）

客户服务中心通过真假鉴别平台实现扫码鉴真、防伪知识介绍和假产品曝光，通过客户关系平台实现企业客户搜索和企业对客户的来访招待与拜访，通过知识库平台实现对客户的语音识别、问答、问题存储等。

会员支持中心通过商城平台为用户提供积分商城、订单管理和物流查询的便捷服务，通过兑换平台实现积分兑换商品、活动领取商品和兑换校验，通过积分平台实现积分通道服务、积分导入活动、积分关联等，通过会员平台实现身份认证、会员信息查询和会员注册等。

活动执行中心通过二维码营销平台实现扫码获取积分、关注公司、参与活动、订购产品，通过社群营销平台实现社群管理、社群论坛、推广有礼和定向营销，通过新零售营销平台实现线上产品销售、自助产品售卖、地图搜索产品和地图零售分析，通过新媒体营销平台实现营销设计方案生成、网络平台推广、用户参与有礼和用户分享有礼。活动支持中心通过活动支持平台实现活动模板库、个性定制、活动管理和日志查询等。

后台管理中心通过公众号管理平台实现通知公告管理、广告位管理和软文发布管理等,通过权限管理平台为企业各种角色的人员赋予相应的权限,实现智能化管理和运营。

(2)数据服务平台。网络营销平台集用户数据、销售数据及运营数据为一体,通过数据服务平台的数据管理功能,实现网络营销生产数据、采集数据、分析数据与驱动网络营销行为的实时联动,以及数据资产的可视化管理。企业设立了用户触点层,通过多个触点进行智能市场感知,并在互联网运营流程中进行嵌入分析,以实时驱动业务运营,优化企业运营策略,提升用户服务水平。

3. 应用层

应用层负责将从各个平台采集的基础数据进行清洗整合,并通过数据服务平台进行深度分析。应用层借助各种算法模型,对数据进行统计分析,以评估营销效果,最终实现数据驱动业务和运营的优化。

4. 接入层

接入层主要通过数据采集与分析,以数据大屏及小程序等形式进行应用接入,实现数据与企业营销发展的深度融合。

7.1.3 网络营销平台的分类

1. 按照面向网络市场类型划分

网络营销平台按照不同的网络市场类型可划分为多种。例如,企业面向消费者的B2C网络营销平台,如京东、天猫、蘑菇街、小红书等;企业面向企业的B2B网络营销平台,如敦煌、1688、阿里巴巴等;企业面向政府部门的B2G网络营销平台;消费者面向消费者的C2C网络营销平台,如淘宝、闲鱼、孔夫子旧书网等;企业面向团购市场的B2T(business to team,企业对团队电子商务)网络营销平台。

2. 按照网络营销平台建设主体划分

企业可以自己投资建设自有网络营销平台,也可以借助第三方网络营销平台。企业自建网络营销平台主要用于实现供应链管理、客户关系管理等内部优化,以实现采购、营销推广和形象宣传等目的。第三方网络营销平台并不参与交易,只是提供一个使购销各方可以聚集在一起进行交易的平台。按照面向的行业范围可以进一步划分为面向一个行业市场的垂直网络营销平台和面向多个行业的水平网络营销平台。企业需要注册成为该平台会员,进而借助该平台开展网络营销活动。

纵观网络营销的发展历程,第三方网络营销平台经历了从信息服务到交易服务,再到产业链综合服务的过程。随着大数据、云计算、人工智能等技术的发展,网络营销平台将以网络营销生态圈建设为目标,打通供应链、产业链,构建产业生态圈,为产业链参与主体提供综合性的网络营销服务。

3. 按照网络营销活动是否跨境划分

网络营销平台可根据其营销活动是否跨境划分为内销网络营销平台与跨境网络营

销平台。尽管互联网为全球市场提供了无缝连接,但面向国内市场的网络营销活动与面向国际市场的网络营销活动在策略、法律、文化等方面仍存在显著差异。因此,这种分类方式有助于企业更精准地定位目标市场,并制定相应的营销策略。

4. 按照网络营销平台的功能定位划分

网络营销平台按照其功能定位可分为以下几类:电子商务交易平台(如淘宝、京东、亚马逊等)、直播带货平台(如抖音、快手等)、社交网络平台(如微博、微信、小红书等),以及搜索引擎门户网站(如百度、谷歌等)。这些平台各具特色,为企业提供了多样化的网络营销选择。

5. 按照网络营销平台的技术属性划分

根据技术属性,网络营销平台主要包括网站、App、小程序、电子邮箱、IM 等网络工具。这些工具各自具有不同的特点和优势,企业可以根据自身需求选择适合的技术平台开展网络营销活动。

7.2 App 营销与电子邮件营销

7.2.1 App 营销

1. App 的概念

App 包含图片、文字、视频、音频等各种丰富的元素,同时相比于网页端具有信息精练且清晰的特点,所以受到越来越多用户的欢迎。App 的出现不仅使传播对象从受众转变为用户,还使得传播方向实现从单向传播进化为双向互动,传播内容从大众传播过渡到新媒体个性化传播。

App 是专为智能移动终端设计的应用程序,其应用初期只是在移动端设备上使用,可帮助用户解决购物、社交、出行等日常生活问题。随着智能手机、平板电脑等移动端设备的普及,App 已成为用户移动端上网和寻求服务的快捷方式。随着互联网移动技术的发展,目前国内各大企业、电商平台和互联网公司纷纷创建了企业 App,并将其作为网络营销的新领域。由于移动端设备的便捷性,App 为企业带来较大流量,通过 App 平台开展网络营销也备受各大企业和电商平台欢迎。

2. App 的类型

(1) **生活服务类 App**。其主要指面向大众网络市场提供日常生活服务的移动终端应用程序。例如,提供订餐服务的 App 有美团外卖、饿了么,提供订购机票、车票、酒店床位服务的 App 有去哪儿、携程、同程旅行、飞猪等。定期的优惠券、菜品的评价、查询导航、线上购券、线下消费已经成为这类 App 发展的新方向。

(2) **社交服务类 App**。其主要指面向不同圈层网络市场提供社交服务的移动终端应用程序,具有代表性的 App 有新浪微博、腾讯微信等。

(3)工具类 App。其主要指在特定环境下,帮助特定用户快速了解某种事物或解决某类问题的移动终端应用程序。不同人群对工具的需求各异。因此,工具类 App 的目标受众具有一定的局限性。常用的工具类 App 包括流量监控、手电筒、手机安全卫士、新闻资讯软件、支付宝、高德地图、百度地图等。

(4)娱乐休闲类 App。其主要指面向网络细分市场提供休闲娱乐服务的移动终端应用程序,有直播、短视频、拍照、美颜、画画等各种 App。优酷、唱吧、小咖秀、美拍、抖音、剪映等都是此类 App 的典型代表。

(5)商业营销类 App。一部分是传统企业、电子商务企业商城的移动终端应用程序,实际上就是把电脑端的购物网站移植到手机,用户可以随时随地地浏览网站,获取商品信息进行下单,如京东、天猫、淘宝等。另一部分则是新生的移动端网店或商城,如拼多多、小红书、闲鱼等。

3. App 营销模式

App 营销是企业通过研发、推广 App,促使用户下载、安装、使用、分享移动应用程序以实现营销目标的过程。通俗地说,App 营销就是指企业利用 App 将产品、服务等相关信息展示给消费者,并通过移动互联网平台开展营销活动。

各大企业纷纷推出自己产品的 App。当企业的 App 平台上积淀了足够的流量时,企业就可以从中获得收益。App 平台的盈利模式主要有以下 3 种类型。

(1)广告投放。在 App 平台的宣传推广中,广告投放这一模式见效最快也最直接。在广告投放环节,对移动广告投放效果的追踪至关重要。它有助于企业优化营销策略,提高广告效果。

(2)精准营销。精准营销指的是对具有开发价值的潜在用户进行有针对性的营销。与传统广告相比,App 广告充分发挥了手机的便携性优势,通过数据分析和算法驱动,全方位设计出更符合用户喜好的营销内容,并进行精准投放。

通过大数据、云计算等现代信息技术,用户的查询浏览、点击关注、购买行为等信息都会被精准记录。通过大数据分析,企业可以精准获取消费者的购买偏好、习惯使用的支付方式等信息,使消费者在打开 App 时就可以看到符合其审美的相关商品,最终实现精准营销。企业还可以在 App 的用户界面中融入丰富的个性化信息,为每位用户提供符合其偏好的促销信息、优惠礼券、个性服务等,让营销效果最大化。

(3)流量变现。随着智能手机的普及,用户在移动端下载并使用 App 已成为日常习惯。App 广告的价值也受到各大企业宣传推广人员的重视。最常用的 App 盈利模式是免费使用 App 加内置广告投放的组合模式。在应用商城中,许多用户熟悉的免费 App 正是通过内置广告实现盈利的。有些 App 采用基本功能免费的策略,让用户对产品有一个简单的了解,进而吸引精准用户和潜在用户,随后推出的新板块或新功能则需要用户支付相应费用。这一方面使 App 平台流量变现的问题得以解决,另一方面有助于将老用户转化为付费用户。

4. App 的推广策略

不同类别的 App 有着不同的营销模式。因此,App 的推广策略多种多样。

(1) App 优化与推广。App 优化,即应用商店优化(App store optimization,ASO),类似电脑版网站的搜索引擎优化(search engine optimization,SEO)。ASO 项目有 App 名称(标题)、关键词、详情描述、评论、配图等。App 推广渠道包括手机厂商内置 App、手机厂商自带应用商店、手机 App 下载网站、第三方手机 App 应用商店等。

(2) 线下推广。通过优惠券、杂志、报纸、宣传单等线下渠道,用户可以获得应用下载二维码,从而完成下载并安装 App。

(3) 网站推广。用户在浏览企业官网或网上商城时,可以看到推广 App 的下载链接或广告信息。企业也可以在相关网站进行付费合作推广。

(4) 社交网络推广。App 社交分享和促销活动带来的新客户和新交易会节省广告投入。这种活动的成本相对较低。

(5) 其他推广方式。其包括策划活动、发布软文、广告宣传、病毒营销、口碑营销、投票、转发链接等富有创意、灵活多样的方法。

7.2.2 电子邮件营销

1. 电子邮件营销的概念

电子邮件的英文是 email,即 electronic mail 的简写,指利用计算机网络进行信息传输。电子邮件由雷·汤姆林森(Ray Tomlinson)在 1971 年秋季发明,20 世纪 80 年代得以兴起。

电子邮件营销(email direct marketing,EDM)是为了顺利实现商品交换,在目标顾客许可的前提下,企业借助电子邮件系统面向目标顾客开展的一系列营销活动的总称。这些活动包括通过电子邮件向目标顾客发送企业及其产品或服务的信息,以及进行询价、报价、还价等商务谈判活动。

电子邮件营销基于三个基本因素:用户许可、通过电子邮件传递信息、实现商品交换。三者缺少一个,都不能称之为有效的电子邮件营销。

2. 电子邮件营销的特点

(1) 普及广泛,覆盖面宽。电子邮件的普及性决定了电子邮件营销覆盖面较广。

(2) 快捷方便,成本低廉。无论是企业发送电子邮件,还是目标顾客接收电子邮件,都只需少量的上网费用和时间,无须支付打印和邮寄等额外费用。此外,发送邮件的数量增加并不会导致费用上涨。内部信息化程度比较低的企业也可以使用其他信息服务商提供的免费电子邮件功能进行营销。

(3) 有的放矢,针对性强。与其他的网络营销技术不同,电子邮件营销具有很强的针对性。因为电子邮件的寄发针对具体的目标顾客需求,因此电子邮件具有高度的个性化,营销效果相对较好。

3. 电子邮件营销的步骤

(1) 明确电子邮件营销的目的。电子邮件营销的目的不同,所使用的方式方法也不同。企业在开展电子邮件营销之前,首先要明确营销的目的是推广企业的产品或服务以维护客户关系,还是开发新客户等。

(2) 收集电子邮件地址。为了有针对性地开展电子邮件营销活动,企业需要获取目标顾客的电子邮件地址。这些地址可以通过多种途径获得,包括整理企业积累的顾客资料、购买专业机构提供的电子邮件列表、利用专用软件搜索和采集,以及通过邮件订阅功能获取。通过邮件订阅功能获取的邮件地址通常更具针对性,因为这些用户已经对企业或网站产生了兴趣。

(3) 撰写电子邮件。在寄发电子邮件之前,企业必须根据营销计划精心撰写邮件内容。撰写电子邮件应遵守网络礼仪与规范,确保邮件的专业性和有效性,其要求可以概括为以下5个方面的内容。

① 主题鲜明,内容简洁。一封有效的电子邮件通常由主题、称呼、正文、行动呼吁和签名等部分组成。邮件主题应清晰明确,以吸引收件人的注意。邮件内容应简洁明了,避免冗长和烦琐,以免引起收件人的反感。

② 文辞精练,表达动人。邮件行文应言简意赅,避免空洞无物或泛泛而谈。企业应精心策划促销文案,用精练的语言打动人心,实现电子邮件营销的目的。

③ 格式规范,方法得当。尽管电子邮件追求简洁,但基本的礼仪元素如问候和致谢仍不可或缺,这有助于塑造企业的良好形象。同时,邮件内容应符合国际邮件组织的反垃圾邮件规则,避免使用敏感词汇,以提高邮件的送达率。为提升邮件的个性化程度,邮件中可以加入收件人的姓名、性别等信息。考虑到许多消费者习惯在移动设备上查看电子邮件,企业在发送邮件前应进行移动端测试,确保邮件在手机端能够正常显示和阅读,避免因格式问题导致阅读障碍。

④ 开诚布公,个性签名。发件人签名是邮件的重要组成部分,它代表了企业的形象和信誉。因此,企业应避免隐藏发件人信息或使用无意义的符号作为邮件地址。相反,企业应坦诚公开地展示企业信息,并在邮件中使用个性化的发件人签名,以增强邮件的可信度。

⑤ 慎用群发,减少附件。虽然群发邮件可以提高工作效率,但也可能让收件人感到自己不受重视,且存在信息泄露的风险。因此,企业应谨慎使用群发功能,同时尽量避免在邮件中添加附件,以免因操作系统或应用软件的兼容性问题导致邮件无法打开。如有必要,企业可以在邮件中提供企业产品或服务的网站链接,供感兴趣的收件人进一步了解。

(4) 寄发电子邮件。经过精心策划和设计的电子邮件需要精准地发送给目标顾客。以下是几种常见的邮件发送方式。

① 单独发送。针对特定顾客的需求和兴趣,人工发送个性化的促销邮件。

② 邮件列表软件。对于小群体的潜在顾客,企业可以使用免费的邮件列表软件(如

Outlook)建立邮件列表并提供服务。对于更大规模的应用场景,企业则可以考虑使用专业的邮件列表技术。这些工具可以实现邮件的批量发送和个性化设置,向目标顾客提供及时的促销信息。

③邮件群发软件。需要定期发送大量邮件的企业可以使用专用的群发软件进行邮件群发。

④自动回复功能。通过设置自动回复软件,企业可以自动回复目标顾客的来信。这种功能不仅可以降低人工成本,还能快速响应顾客需求,并收集潜在顾客的邮件地址。

(5)电子邮件营销效果评估。为了持续优化电子邮件营销效果,企业需要对电子邮件营销的各项数据进行深入分析,包括邮件打开率、点击率、转化率等指标。通过分析这些数据,企业可以了解电子邮件营销的效果,找出存在的问题并优化邮件内容和发送策略。

①开信率。开信率反映了电子邮件被收件人打开阅读的比例。如果开信率较低,企业应检查电子邮件标题的吸引力、发送时间等因素,以提高电子邮件的吸引力。

②点阅率。点阅率是指收件人点击电子邮件中链接的比例。通过分析点阅率,企业可以了解收件人对电子邮件内容的兴趣程度,进而优化邮件内容和布局。

③说服率。说服率是指收件人在读完电子邮件促销信息后,接受或购买企业所推荐的服务或产品的人数占比。

7.3 微信营销与微博营销

7.3.1 微信营销

微信是腾讯公司于 2011 年 1 月 21 日推出的一款即时语音通信软件,用户可以通过手机、平板和网页快速发送语音、视频、图片和文字。随着互联网技术的飞速发展和 5G 网络时代的到来,微信已成为当前用户数量较大且使用较广泛的移动社交网络平台,备受用户青睐。微信营销是指企业或个人借助微信社交平台及其相关功能进行传播沟通、产品推广、销售服务等营销行为,最终成功实现线上交易的一种新型营销方式。

微信营销凭借其庞大的用户群,为营销者提供了广阔的潜在市场,可为企业营销业绩的提升发挥积极的促进作用。现阶段,微信营销具有定位精准、内容多样、传播迅速、接入便利等特点,吸引了各行各业的众多企业关注并迅速渗透。作为一种社交网络营销方式,微信营销的主要营销方式有以下 7 种。

1. 微信朋友圈广告

微信朋友圈广告是基于微信生态体系,以类似朋友原创内容的形式在用户朋友圈进行展示的原生广告。广告位主要以朋友圈信息流形式出现。常见的微信朋友圈广告有以下形式。

(1)常规广告。常规广告支持单图、多图或视频,具有简洁明了的特点,可便捷高效地展示品牌形象。常规广告示例如图 7-2 所示。

(2)橱窗广告。橱窗广告主要在朋友圈通过主副素材组合,以更吸引用户的形式进行展示,适用于大促、节日营销等多种场景。橱窗广告中的主素材突出营销利益点,副素材展示营销商品。橱窗广告示例如图7-3所示。

图7-2 常规广告示例

图7-3 橱窗广告示例

2. 微信公众号营销

微信公众号是给个人、企业或组织提供业务服务与用户管理的全新服务平台,是目前企业传播营销信息的常用渠道。通过微信公众号,企业可以推送新闻资讯、产品消息及最新活动等,并实现用户咨询、客服服务等功能。同时,通过后台数据分析,企业可以精准投放信息,积累客户资源,相当于建立了一个简单的企业客户关系管理系统。

3. 微信小程序营销

微信小程序是微信平台的一种新开放能力,开发者可以借此快速开发小程序。小程序可在微信内便捷获取和传播。微信小程序的流畅接入包括四个步骤:一是注册。在微信公众平台注册小程序,完成注册后可以同步进行信息完善和开发。二是信息完善。填写小程序基本信息,包括名称、头像、介绍及服务范围等。三是开发。完成小程序开发者绑定后,开发者可下载开发者工具、参考开发文档进行小程序的开发和调试。四是提交审核和发布。完成小程序开发后,提交代码至微信团队审核,审核通过后即可发布(公测期间不能发布)。

企业还可以发布微信小程序广告,即根据小程序的特点自定义展现场景,灵活设置展现页面与位置,发布微信小程序广告。常见的展现场景有文章页—文章末尾、详情页—页面底部、信息流—信息流顶部或信息流之间。

4. 微信视频号营销

微信视频号作为一个全新的内容记录与创作平台，为用户提供了一个展示和分享视频与直播内容的场所。微信视频号位于微信发现页中朋友圈入口的下方，用户可通过微信视频号轻松访问并浏览精彩内容。微信视频号支持发布长度不超过一分钟的视频，且不需要使用电脑端后台，手机即可直接操作，为用户提供了极大的便利。此外，视频号还支持点赞、评论等互动功能，用户可以将喜欢的视频转发至朋友圈或聊天场景，与好友分享精彩瞬间。随着平台功能的不断完善，微信视频号逐步优化了橱窗的使用规则，提升了用户体验。2022年7月，微信广告官方宣布视频号原生广告正式上线，为商家提供了更多的营销机会。同时，视频号推出"视频号小店"服务，为直播带货提供了平台支持。2022年8月，微信官方开放个人申请直播专栏，进一步丰富了视频号的内容生态。2023年1月起，视频号开始面向商家收取技术服务费，以更好地满足商家精细化经营的需求，助力商家高质量发展。

5. 企业微信营销

企业微信是腾讯微信团队为企业量身打造的专业办公管理工具，它不仅继承了个人微信的沟通体验，还提供了丰富且免费的办公自动化（office automation，OA）应用，实现了微信消息、小程序、微信支付等功能的互通。通过企业微信，企业可以将内部、生态伙伴和消费者三方实时同步连接，从而提高企业运行效率，助力企业实现高效办公和管理。此外，企业微信也是企业开展社群营销的有效工具。通过其强大的沟通和组织功能，企业可以更好地进行客户管理和营销推广。

6. 二维码营销

二维码是腾讯公司研发的一种配合微信使用的查找和添加好友的新方式。微信用户可以设计个性化的二维码名片，通过扫描二维码即可轻松添加好友。在互联网日益发达的今天，二维码已经成为企业在互联网上的重要名片。微信"扫一扫"功能让用户只需扫描商家的二维码，就能获取存储在微信中的电子会员卡，享受商家提供的会员折扣和服务。因此，二维码在将线上用户转化为线下用户方面起到了关键作用。线下，企业可以将微信二维码打印出来，通过地推形式让更多用户了解并关注企业信息；线上，企业则可以将促销信息、商品信息等内容转换成二维码形式，客户扫码即可查看详细信息，极大地提升了客户服务的便利性。

7. 朋友圈软文营销

朋友圈作为微信用户获取和分享信息的主要渠道之一，通过目标市场消费者朋友圈的叠加效应，能够形成庞大的潜在市场。由于微信朋友圈中的可见人群大多是关系密切的亲友，因此，朋友圈内容具有较高的关注度和信任度，转发频率高，传播速度快，口碑营销的效果也更容易实现并迅速产生影响力。因此，通过撰写植入企业及其品牌信息的软文，并通过微信好友间的相互转发与分享，可以形成病毒式传播的扩散效果，有效提升企业的品牌知名度和市场影响力。

7.3.2 微博营销

1. 微博的概念

微博最初从博客的概念中衍生而来。博客有三重含义：一是指网络日志(blog)；二是用作动词，表示相关的活动；三是指那些从事博客活动的网民(blogger)。微博(microblog)，即微博客的简称，与推特(Twitter)和脸书(Facebook)有诸多相似之处，是基于 Web 2.0 的新媒体营销模式。微博是一个以用户关系为基础的社交媒体平台，用户可以在此分享、传播和获取信息。在微博上，消费者可以组建个人社区，发布 140 个汉字(280 个字符)以内的信息，并可上传图片和视频，实现即时分享。用户还可以直接在微博下附加评论或发送图片。

2. 微博的发展历史

国内微博最早出现在 2007 年，饭否、叽歪、嘀咕、做啥等微博产品相继上线。随后，新浪微博于 2009 年 9 月上线，网易微博于 2010 年 3 月上线，腾讯微博于 2010 年 5 月正式上线，搜狐微博于 2010 年 4 月正式上线。2010 年，中国微博在用户规模和影响力上均达到前所未有的高度，多起新闻标志性事件在微博上引爆，并逐渐扩展到传统媒体，微博开始成为一股重要的媒体力量。因此，2010 年被视为中国微博元年。2014 年，新浪微博宣布改名并推出新标识(logo)，逐步淡化了新浪色彩，并于同年 4 月正式登陆纳斯达克股票交易所。如今，微博基本就是指新浪微博。

3. 微博营销的步骤

微博营销指的是企业利用微博平台开展的各种营销活动。微博具有发布门槛低、实时性强、个性色彩浓厚、交互便捷等特点。企业可以利用微博进行品牌宣传、新产品推广、公共关系维护、顾客服务及市场调研等活动。微博营销的成功实施一般遵循以下 4 个步骤。

(1)明确定位与目标。 企业微博应定位为快速宣传企业新闻、产品、文化的互动交流平台，同时提供顾客服务和技术支持反馈。企业微博的目标应是获得足够多的关注者，构建良好的互动环境，并逐步打造具有一定知名度的网络品牌。

(2)内容策划与发布。 微博内容的维护应该注重信息发布与互动交流。信息发布旨在扩大企业宣传范围、提高知名度；而互动交流则通过与企业微博的关注者进行沟通，实现人际传播与推广效果。为提升互动效果，企业微博应积极关注消费者，并及时参与回复讨论。

(3)传播策划与推广。 有效的内容传播需依赖足够的关注者。企业可采用多种推广方式，如有奖活动、特价或打折信息、广告宣传、内部宣传、合作宣传及发送邀请等，以扩大微博影响力。

(4)日常运营与管理。 企业微博的运营需长期持续，可由多名员工共同维护主账号，内容更新可采用"人工＋自动"的方式。对于重点推广内容，运营人员应详细填写摘要，并添加短链接地址,同时可邀请企业的客服人员参与微博维护,回复产品或技术问题,提高客户满意度。此外,企业还可开设专门的消费者交流区,由专人维护并解答疑问。

4. 微博营销策略

(1)内容营销。为了吸引人们的注意力,实现高效的微博营销,企业必须依赖高质量的信息内容在选择性记忆中脱颖而出。高质量的微博信息内容在原创性、创新性和特殊性方面需要投入更多的心思和创意,确保内容既有趣又具深度。

(2)意见领袖。意见领袖这一概念最早由美籍奥地利社会学家保罗·F.拉扎斯菲尔德(Paul F. Lazarsfeld)在20世纪40年代提出。他们是在人际传播中能够为他人提供信息,对团队内的信息和影响产生重要影响,并能左右多数人态度的活跃分子。意见领袖在大众传播中发挥着中介或过滤的作用,可将信息有效地扩散给受众。在微博平台上,那些获得个人认证、拥有众多粉丝的微博用户被称为"大V",他们通常是关键意见领袖,具有强大的影响力和号召力。因此,从营销学的角度看,识别并利用这些关键意见领袖进行营销推广,将有助于提高微博营销的效果和转化率。

(3)微博矩阵。微博营销不应仅依赖于单一的账号,而应构建以官方微博为核心的微博矩阵。这个矩阵应包括官方微博、管理层微博、产品微博、代言人微博、员工微博以及关键意见领袖微博等,各账号之间应相互配合,形成合力,以增加曝光量和阅读量。同时,不同微博应各具特色,既有联系又有区别,形成系统性、多层次的矩阵,以触及更广泛的目标用户群。微博营销的本质在于利用自媒体的参与性和推广性,与目标顾客进行双向互动,激励他们积极参与微博内容的评论和转发,形成裂变式传播,吸引更多消费者购买产品。

(4)公关营销。建立专业的微博公关运营团队至关重要。他们负责在出现口碑、形象、评价等公关危机时,及时监测问题、处理问题并做好善后工作,或通过主动抢夺话语权占据有利地位,引导舆情走向,有效杜绝公关危机的发生。公关营销不仅能够维护企业的形象和声誉,还能够提升微博营销的效果和用户的信任度。

本章小结

企业制定好网络营销战略方案后,需要借助一定的平台来实施网络营销战略方案。网络营销3.0视角下的网络营销平台以构建网络营销生态圈为目标,在为网络营销主体提供基础性网络营销服务的基础上,通过采集与分析用户网络营销相关数据,为用户提供高质量、精准化和智能化的营销平台。网络营销3.0视角下的网络营销业务架构主要由基础层、平台层、应用层与接入层构成。

App是专为智能移动终端设计的应用程序。通过App平台开展网络营销也是各大企业和电商平台的发展方向。App营销指企业利用App将产品、服务等相关信息展示给消费者,并通过移动互联网平台开展营销活动。App平台的盈利模式主要有广告投放、精准营销与流量变现。

电子邮件营销是为了顺利实现商品交换，在目标顾客许可的前提下，企业借助电子邮件系统向目标顾客开展的一系列营销活动的总称。电子邮件营销的步骤包括明确电子邮件营销的目的、收集电子邮件地址、撰写电子邮件、寄发电子邮件与电子邮件营销效果评估。

微信营销作为一种社交网络营销方式，其主要营销方式有微信朋友圈广告、微信公众号营销、微信小程序营销、微信视频号营销、企业微信营销、二维码营销、朋友圈软文营销等形式。

微博是一种以 Web 2.0 为基础的新媒体营销模式。微博营销包括明确定位与目标、内容策划与发布、传播策划与推广、日常运营与管理等步骤。微博营销策略包括内容营销、意见领袖、微博矩阵和公关营销等策略。

◎ 思考题 ◎

1. 何谓网络营销平台？选择网络营销平台需要考虑哪些因素？
2. 网络营销平台是如何构成的？
3. 如何利用 App 开展网络营销活动？
4. 如何利用电子邮件营销开展网络营销活动？
5. 如何利用微信平台开展网络营销活动？
6. 如何利用微博平台开展网络营销活动？

第8章 网站营销策略

网站是 PC 端网络营销的重要平台。网站营销策略包括非自有网站策略和自有网站策略。网站建设好后,企业还需要进行卓有成效的推广策略。域名策略和搜索引擎营销是进行网站推广的有效策略。

- 未来的每家企业都将从过去的封闭体系变成互联网的一个个节点。

8.1 非自有网站营销策略

8.1.1 非自有网站营销的概念

非自有网站营销指的是企业借助外部网站开展网络营销活动。企业开展非自有网站营销有两种情形:一是企业在没有自建网站的情况下,借助其他网站开展网络营销活动;二是企业虽有自建网站,但考虑到自建网站在覆盖面、点击率、影响力、专业性等方面的局限性,企业会选择利用丰富的非自有网站资源来开展营销活动。

对于技术水平较低、规模较小、实力较弱且对互联网缺乏深入认识与投资信心的企业而言,借助现有网络资源或与其他网站合作,开展非自有网站的营销活动,不失是一种稳妥的经营策略。随着对互联网作用与优势的逐步深入了解,企业才可能会逐步走上建立自有网站的网络营销之路。对于大多数传统企业来说,经历这样的阶段是有必要的。但是,非自有网站网络营销的功能是有限的。这就像企业在电子商厦中租用门面,虽然享有物业管理服务的便利,但营销活动受服务提供方的限制,不利于企业的长远发展,也不利于塑造自己独立的网络品牌和形象。

即使企业拥有自己的网站,但由于自有网站在用户覆盖范围、影响力、专业性等方面有一定的局限性,而全网营销、全链路营销、全渠道营销、跨屏营销等策略的优势已经凸显。因此,即使企业已经有自建网站,也有必要借助丰富的非自有网站资源,开展有针对性的营销活动。

8.1.2 非自有网站营销策略

非自有网站营销平台形式多种多样,信息发布方式灵活多样,主要包括以下类型。

1. 供求信息平台

在互联网上,有许多网站提供供求信息发布服务,既有免费的也有收费的。这些平台为企业提供了一个宣传和推广产品或服务的场所,如全球知名的网上贸易市场阿里巴巴。企业可以根据需要在这些平台上快速发布信息,实现经济又高效的宣传效果。供求信息平台主要分为综合性水平电商平台和专业性垂直电商平台。综合性水平电商平台覆盖行业广泛,很多行业都可以在这类平台上开展商务活动;而专业性垂直电商平台则专注于某一行业,客户群更为集中,潜在购买力较强。若企业所属行业已建立专业信息网,加入其中将为企业带来诸多便利。

2. 网络分类广告平台

网络分类广告是网络广告中比较常见的形式,具有形式简单、费用低廉、发布快捷、信息集中、便于查询等优点,因此受到企业的青睐。分类广告平台主要分为专业分类广告网站和综合性网站开设的频道或栏目。

3. 网络黄页平台

黄页是国际通用的按企业性质和产品类别编排的工商企业电话号码簿,以刊登企业名称、地址、电话号码为主体内容,相当于一个城市或地区工商企业的户口本,国际惯例用黄色纸张印制,故称黄页。网络黄页是纸质黄页在互联网上的延伸与发展,涵盖公司地址、电话、名称、邮政编码、联系人等基本信息。传统黄页基本上以电话为主要沟通方式,而网络黄页则支持电话、短信、电子邮件、微信公众号、视频号等多种沟通方式。网络黄页分为免费注册的普通型商家黄页和收费服务的推广型黄页。二者的区别在于,后者可以在网站首页、黄页首页、黄页分类页等位置突出显示,增加商机。对外贸企业来说,网络黄页推广还可以加入面向全球市场的国家级黄页和世界级黄页目录。

4. 网络社区平台

网络社区是网上交流的重要场所,包括论坛、贴吧、超话等多种形式。同一主题的网络社区集中了具有共同兴趣的访问者,使得社区不仅成为交流的平台,也成为企业营销的重要场所。

5. 电子邮件平台

电子邮件营销凭借其成本低、触达精准、效果稳定等优势,在企业营销中占据重要地位。通过电子邮件,企业可以激活数据库,向目标客户发送邮件,建立沟通渠道,进行产品推广、促销、客户关怀等活动,从而促进销售增长。在欧美地区,电子邮件营销尤为受欢迎,许多知名企业都是邮件营销的忠实用户。

6. 网络社交平台

随着社会经济和互联网的发展,网络社交平台逐渐成为主流的营销模式。从 Web 1.0 的信息网络到 Web 2.0 的社交网络,再到 Web 3.0 的智能网络,社交媒体的形态不断演变,为企业提供了更多元化的营销手段。企业可以通过网络社交平台与消费者建立更紧密的联系,从而实现精准营销。网络社交平台发展演变如图8-1所示。

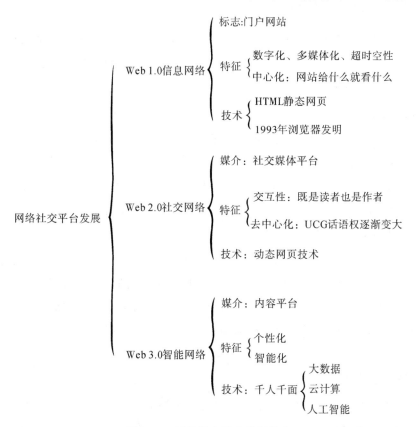

图8-1 网络社交平台发展演变

8.2 营销网站建设

8.2.1 营销网站的概念

网络营销平台建设的关键是网站的建设。通过构建高效网站,企业可以有效开展网络营销活动,拓展与客户的商业联系,提高企业经济效益,改善企业形象。

营销网站是在互联网上设立的具有唯一网址、具备网络营销功能、拥有一定组织结构的一系列网页(包括主页和普通页面)所构成的系统。它不仅是企业开展网络营销的得力工具,也是最完整的网络营销信息源。

在网络经济时代,无论是大型跨国公司还是中小型专业公司,只要拥有自己的网址、注册域名并建立网站,便会获得比非自有网站更多的网络营销工具,进而发现更多的营销机会。对于企业来说,申请域名和建立网站已不再是难事,即便是中小型公司也能承担相关费用。

8.2.2 营销网站建设过程

营销网站建设规划要求在网站建设前,企业应对目标市场、企业内部条件及外部环境进行认真分析,并对网站建设的目的、功能、规模,以及涉及的技术、内容、费用、测试、维护等问题做出系统的规划与安排。

1. 可行性分析

在建立网站前,为了使决策更加科学、投资更加有效,企业应该进行网站建设方案的可行性分析,并撰写可行性分析报告。经有关部门及高层决策者审核同意立项后,企业便可开始建站工作。企业建立网站的可行性分析主要应解决"企业有没有必要建立网站、企业是否有能力建立网站、企业建立网站的效益如何"等问题展开。

2. 制定网站建设计划

经过可行性分析与讨论,企业一旦决定建立自己的网站,首要的工作就是制定网站建设计划。网站建设计划主要解决"企业如何建设网站、建设什么样的网站"的问题。网站建设计划对网站建设有着指导和规范作用。具体的网站建设方案应该体现在网站建设计划书中。网站建设计划书应尽可能涵盖网站建设与运营的各个方面,其制定要科学合理。

3. 申请注册域名

企业在决定入网前,必须向网络管理机构申请注册域名。国际域名注册由互联网名称与数字地址分配机构(Internet Corporation for Assigned Names and Numbers,ICANN)统一管理,具体注册工作则由ICANN授权的代理机构执行。

申请域名有直接申请和代理申请两种方式。企业可以自己直接向域名管理机构申请或委托专业公司代理申请。CNNIC是我国顶级域名的注册管理机构,不直接面对最终用户提供域名注册相关服务,域名注册服务转由CNNIC认证的域名注册服务机构提供。代表性的域名注册服务机构有腾讯云、阿里云等。

4. 购置网站服务器硬件和符合要求的软件

企业营销网站的建设涉及服务器硬件和软件的选购。服务器建设分为自建服务器和非自建服务器两类。非自建服务器又可以根据平台的所有权及使用权状况分为服务器托管、服务器租赁和虚拟主机三种形式。

(1)自建服务器。自建服务器指的是企业自行购置、存放、维护服务器软硬件,并自主解决因特网接入的服务器建设方案。对于规模较大、资金充裕且需要频繁与外界交流信息的企业,自建服务器是一个现实的选择。然而,自建服务器的成本较高,包括高速网络专线费用、服务器通信设备费用、信息通信费用以及系统安全维护费用等。但其优点在于具有较大的灵活性和自主性,方便企业员工上网,可提升整体工作效率。如果选择自建服务器,企业既可以聘请采购专家直接到计算机、网络设备市场进行采购,也可以采取招标的办法委托网络承建商或网络服务提供商提出整体解决方案并负责采购,同时还要选择操作系统及相关的开发程序。

(2)服务器托管。服务器托管是企业自行购买服务器后,将其放置在互联网服务提供商的机房内,由互联网服务提供商负责物理维护和互联网接入,企业只需负责内部系统维护和数据更新。这种方式的优点在于无须申请专用线路,节省初期投资和日常维护费用,且建设周期短,但管理维护可能较为困难,远程维护存在安全风险。服务器托管适用于有大量数据和信息需要通过互联网传输和发布的企业。

(3)服务器租赁。服务器租赁是企业租用互联网服务提供商的整台服务器,享有该服务器的使用权,由服务商负责服务器的物理维护和互联网接入。服务器租赁在服务的使用上与主机托管相似。

(4)虚拟主机。虚拟主机是将一台独立的服务器划分为多个可供网站运行的空间并出租。企业租用虚拟主机无须负责服务器软硬件维护和互联网接入,成本较低。但由于多用户共享服务器,性能上会有所影响,功能上较为有限,通常仅用于网站存放。

5. 选择接入互联网的方式

对于选择服务器托管、服务器租赁或虚拟主机的企业,互联网接入均由互联网服务提供商负责。若企业选择自建服务器,则需要进一步考虑接入方式。单机拨号接入和局域网专线接入是两种常见的方式。具体来讲,即在局域网中选择一台计算机作为代理服务器,并运行代理服务器软件,使局域网中所有其他计算机都通过代理机间接地连接到主机上。这种方式可实现多用户共享一个IP地址,经济高效。

6. ISP的选择

企业接入互联网需选择ISP。在选择时,企业应考虑ISP的接入能力,如出口带宽、接入用户数、是否拥有独立国际出口等。同时,ISP提供的服务种类、技术支持能力、信息访问速度以及安全性保障也是重要的考量因素。不同的ISP收费形式不同,企业应根据自身需求选择合适的ISP及其收费服务。

7. 网站内容及功能规划

企业网站的内容包含两层含义:一是从实物构成的角度来说的网站功能要素,二是从信息内容的角度来说的网站网页的构成。网站内容及功能规划的核心是网页的策划与设计,确保网页内容丰富、功能完善,满足用户需求。

8. 网站运行测试与评价

网站初步设计完成后,企业需要进行细致周密的测试,确保网站的正常运行和用户的正常浏览。测试内容包括网站功能、服务器的稳定性和安全性、链接有效性、访问速度、网页兼容性、网页可读性、下载速度、检索能力、交互能力以及内容完整性等。必要时,企业可邀请语言文学相关人员、网页设计与制作人员、互联网技术应用程序开发人员、公司的业务人员和美工等专业人员及顾客参与测评,以便及时地修改和调整网站内容。

9. 建立网站管理与维护组织

网站的管理与维护是一项长期且至关重要的工作。因此,企业必须设立专门的组织机构,并配备专业的工作人员来负责。管理与维护工作涵盖服务器及相关软硬件的维护、定期的系统检查、防火墙技术的合理配置、数据传送安全性的保障、数据库维护、用户意见的收集、网站信息的持续更新与调整、网页风格的创新,以及一系列网站安全性措施(如实施防黑、防病毒方案)的实施等。同时,为确保网站管理与维护工作的有序进行,企业还应制定一套完善的规章制度,使网站管理与维护实现制度化和规范化。

10. 网站发布与推广

网站建设只是网络营销的起点。在站点建成后,如何有效发挥网站的营销功能,以及如何增加访问量,是网站建设规划中必须深入考虑的问题。因此,在网站建设规划书中,企业还应对网站运营初期的发布与推广活动进行周密的规划,以指导企业综合利用各种媒体进行全方位的网站推广。例如,在网站测试通过后,企业应立即开展必要的推广宣传活动,并尽快完成搜索引擎登记等工作。

根据不同的需求和建站目的,网站建设计划书中的内容可以在上述基础上进行适当增减,以确保计划的针对性和实用性。

8.2.3 营销网站的功能

营销网站是在Web服务、数据库服务及安全管理服务的支撑下运行的。一般而言,一个功能相对齐全的营销网站应该包含如图8-2所示的15项内容。

目标顾客前台行为:浏览信息、选购商品、售后咨询、评论、反馈														
导航菜单	通知公告	信息发布	广告管理	在线调查	会员管理	产品查询	产品展示	产品评论	商品管理	交易管理	咨询客服	站点论坛	电子支付	友情链接
营销人员后台管理:审核、发布、撤删网站信息;商品管理;订单审核与处理;回应客户咨询等														
安全管理服务														
Web服务、数据库服务														
硬件、软件、管理、人才、资金、策划														

图8-2 营销网站功能构成

1. 网页

在网络营销活动中,网站信息内容的表示主要通过网页的设计与组织完成。一个完整的企业网站通常由主页(home page)和普通页面(page)两类页面组成,它们是企业向外发布信息的载体。一个简单的网页系统树如图8-3所示。网页具有文字、图片、色彩、声音、动画、电影等所有广告媒体的功能。企业可以将产品、服务及广告信息放在网页上，以塑造企业形象、宣传企业产品。

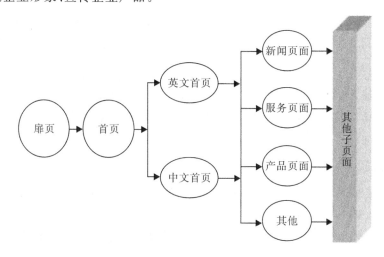

图8-3　网页系统树

(1)扉页。为了增强视觉冲击力，带给人们一种全新、深刻且令人难忘的视觉体验，许多网站在主页之前会精心设计制作一系列充满动感、形象生动的页面。这些页面通常展示企业标志、商标、主题活动或情景广告等内容，为整个网站内容起到良好的预热和铺垫作用。我们将这些位于主页之前的页面称为扉页。然而，扉页加载可能需要较长时间，有些访客可能会因此选择放弃访问。因此，设有扉页的网站最好设计一个选择图标，以便不愿等待的访客能够直接进入首页。

(2)首页。首页也称企业网站的主页，是网站内容与栏目的综合展现，是网站中最为重要的部分。首页应清晰地展示企业名称、标志、联系方式以及当前的重大新闻。此外，简洁明了的导航菜单或图标、简短的购物简介等也是首页的必备要素。

在首页的显著位置，通常会放置企业网站的站徽、站铭和企业标志，这样访问者一打开网页就能立即识别出这是哪家企业或哪个网站的主页。站铭，即企业网络营销的口号，有的网站会将其融入站徽设计中，有的则单独设计铭牌并放置在首页的不同位置，如顶部、中部。还有一些企业选择在所有页面上放置站铭。首页的底部通常会包含公司简介、联系方式、版权声明等栏目。

(3)单页。单页网站是指只有一个页面的网站。与将内容分散到各个独立页面的网站不同，单页网站需要将所有内容整合在一个页面上。近年来，单页网站越来越受欢迎，主要原因有三点：一是制作和维护相对简便，成本较低；二是由于其链接始终指向自身，网站的权重较高，SEO相对容易，更容易获得较高的排名；三是单页网站不易分散用户的注意力，有助于集中打造爆款产品。

2.导航菜单

导航菜单在超文本链接访问中扮演着引导者的角色，是各类企业网站信息系统中常用的技术部件之一。在设计企业网站的菜单时,企业需确保菜单不仅能有效组织和管理网站的所有程序功能模块,还要能体现企业网络营销的策略和特色。与传统的按功能划分的树状分支结构不同,导航菜单采用了扁平化的连接结构,结合了菜单和超文本链接。导航菜单的设计需便于用户操作和查阅,通常位于首页的最上方,并按一定的逻辑结构细分为不同级别。

3. 通知公告

通知公告通常位于网站首页的显眼位置,用于展示企业的重要信息或时效性强的信息。为了吸引访客的注意,一些网站会采用滚动字幕、特殊字体或鲜亮的字体颜色等方式来呈现通知公告。

4. 信息发布

信息发布是网站的基本功能和目的。营销网站主要通过文字标题的形式在首页上发布商品供求或其他营销信息。访客可以点击感兴趣的信息标题,链接到包含完整内容的信息页面。信息发布通常由专职人员经过专业编辑,并经主管领导审核后,在后台提交并发布。

5. 广告管理

网站可以发布哪种类型的广告、能够发布什么广告信息、谁的广告可以发布、广告在哪个时间段发布,以及广告可以发布在网站的什么位置等都需要经过管理人员的统一管理和审批。广告管理一般通过专业软件实现,该软件支持广告的编辑、制作、审核、发布、撤销等管理功能,同时还能记录并分析广告发布的效果。

6. 在线调查

通过网站发布设计好的调查问卷并激励访客参与回答,是企业收集顾客信息的重要手段。调查问卷的格式、设计内容、发布和截止时间等均由授权的专职管理员按照网络营销计划进行操作。调查结果可以直接传输到后台数据库进行统计和分析。

7. 会员管理

浏览营销网站的用户可能分为多个类别,每类用户在浏览过程中的权限应有所区分。为确保交易的安全性和真实性,网络营销网站通常采用会员制度。会员注册有助于网站记录并留存顾客资料。验证会员身份后,网站可以授予特定权限并提供专项服务。建立会员资料库可帮助企业分析并发现营销机会。因此,营销网站应具备会员登录和密码验证系统,包括用户注册、登录、登录失败提示以及用户名和密码信息修改等功能。会员管理同样通过专业软件实现,该软件能够记录并查询会员在网站中的各种行为。

8. 产品查询

企业营销网站的首页空间有限,因此除了部分热销或促销产品能直接展示外,其他产品的详情通常需要访客通过查询功能来获取。提供产品查询服务的核心目的是帮助顾客迅速找到他们所需的产品信息,同时也为企业推广特定产品提供机会。在网络营销活动中,这一服务的最终目标是增加顾客对企业产品性能和服务特点的了解。营销网站通常提供多种搜索方式,如关键词查询、分类查询和高级查询等,以满足不同用户的需求。

9. **产品展示**

产品展示功能旨在向浏览者提供企业产品或服务的详细简介、价格清单及名称等信息,并设有链接到具体产品页面的功能。营销网站通过文字描述、图片展示、表格对比和视频介绍等手段来全面呈现产品或服务的详细信息。在页面设计上,企业可以运用新颖的装饰风格和生动的图像,提升用户的浏览体验。

10. **产品评论**

营销网站通常在每个商品展示页面的下方设置评论区域,以便已购买商品的顾客分享他们的购后感受,同时也允许其他访客发表评论。这一功能不仅有助于增加产品的可信度,还能为企业收集顾客反馈提供便利。

11. **商品管理**

商品管理主要通过商品信息维护系统实现,该系统包含管理人员输入和维护商品信息的功能,以及面向用户的商品信息查询功能。例如,商品管理人员可以登录后台添加商品类别信息,再详细录入特定商品的信息,如价格、描述等。同时,管理人员还能查询、修改或删除商品信息,确保商品信息的准确性和时效性。

12. **交易管理**

交易管理涵盖了订单处理、货款支付、物流配送和售后服务等关键环节,具体包括顾客前台的购物车功能、订单查询功能以及管理人员的后台订单管理功能。顾客可以通过购物车功能选择商品、调整数量、生成订单并完成支付。同时,顾客可以随时查询已下订单的状态和详细信息。管理人员则能在后台按时间顺序查看、处理所有订单,确保交易的顺利进行。B2C 网络营销网站后台管理流程如图 8-4 所示。

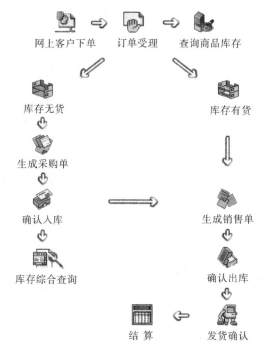

图 8-4 B2C 网络营销网站后台管理流程

13. 咨询客服

营销网站通过设立访客留言、客服在线等栏目实现与顾客的即时互动,提升顾客满意度和忠诚度。此外,通过设置常见问题解答(frequently asked questions,FAQ)页面,方便顾客自助解决常见问题,提高服务效率。

14. 站点论坛

论坛是网站用户交流的重要平台,为企业产品的售前咨询和售后服务提供了便利。通过论坛讨论,企业可以聚集人气,提高顾客关注度,促进购买行为的产生。同时,企业可以利用论坛开展热门话题讨论和网上俱乐部活动,加强与用户的互动。在论坛运营中,企业需要设立主持人引导话题方向,适时激发用户的兴趣,并及时分析用户讨论的问题,以把握市场需求的变化趋势。

15. 电子支付

电子支付功能的实现对于网络营销的成功至关重要。企业应积极通过电子信息网络实现电子支付,提升电子商务业务的便捷性和安全性。企业网站上的电子支付系统通常包括电子收银机、电子钱包和支付网关等技术部件。这些部件可以从安全交易系统供应商处获得,为企业利用互联网进行安全支付或收账提供了基础保障。

16. 友情链接

友情链接是企业与相关网站或知名大型网站建立相互链接的方式。通过在网站首页上展示相关网站的徽标,用户可以方便地跳转到其他网站。设置友情链接的主要目的是推广网站、增加目标顾客访问本站的概率以及提高搜索引擎收录页面的数量。通过与其他网站的合作,企业可以扩大品牌影响力,吸引更多潜在顾客。

8.2.4 网站推广策略

网站建成以后,如何有效发挥网站的营销功能并增加访问量,成为网站建设中必须解决的核心问题。为此,企业应综合运用各种策略进行全方位的网站推广。

1. 网站推广策略的概念

网站推广策略指的是利用各种技术手段和媒体工具,将企业的营销网站、网址、域名以及主要内容推荐介绍给潜在的目标顾客,以提高企业网站的知名度与点击率。

网站推广的核心目的在于将网站信息传递给潜在的目标顾客,引导他们访问并了解企业的产品和服务,从而为最终形成购买决策提供支持。企业网站推广策略如图8-5所示。

图8-5 企业网站推广策略

网站推广方式一般可以分为两大类：一类是利用网下传媒宣传，另一类是在互联网上借助一定的网络工具和资源进行宣传。因此，企业需要综合运用网上和网下各种媒体和方式，全方位地推广网站。

2．网下推广策略

鉴于电子商务和网络营销尚处于发展阶段，上网企业和消费者比例都还有待提高，网下传媒仍然是人们接触信息的主要传播媒介。利用网下传媒推广企业的营销网站，就是要设法利用各种网下传媒宣传企业网站，塑造网站在公众心目中的良好形象。

(1)广播、电视、报纸、杂志。网站建成后，企业可以利用广播、电视、报纸、杂志以及其他媒体将网站介绍给公众，特别是网站目标顾客。

(2)企业印刷品。企业可以积极利用企业的商务名片、宣传材料、办公文具、自办媒体、报价单、产品说明书、产品包装等印刷品宣传企业网站。

(3)其他传统媒体。企业可以充分利用其他传统媒体机会，如在企业地址和电话号码处添加网址，以增加网站曝光率。

3．网上推广策略

(1)提交搜索引擎。提交搜索引擎指企业为了扩大企业网站宣传，将自己网站的信息提交到搜索引擎，将企业网络营销网站及相关的信息存入专业的搜索引擎数据库，以增加与潜在客户通过互联网建立联系的机会。用户可以通过输入一定的文字查找到自己所寻找的网站。向各大网址导航网站提交网址及简介，既便于用户搜索查看，也能发挥宣传效果。

(2)利用网络论坛和社交网络。在相关网络论坛及社交网络上发布网站消息也是推销网站的好办法。但需要注意的是，企业应遵守网络惯例，避免在不相关论坛发布内容。

(3)广告交换。广告交换登录也是目前普遍采用的一种推广网站的方法。许多网站提供了1∶1的广告交换系统登录功能，企业登录后只要将各个系统提供的代码添加到自己的网页中即可。但是，由于广告交换服务程序能自动将交换的广告随机投放到参加交换的各网站的主页上，而参加交换广告的网站并不能控制哪些广告会出现在自己的主页上，因此竞争对手的广告有时也会突然出现在企业网站的主页上。

(4)友情链接。企业可以与一些流量大、知名度高、与自己网站内容互补或不易与自己形成竞争关系的网站建立友情链接。加入友情链接联盟的好处是可以提高网站在互联网上的曝光率，提高网站的反向链接数量和网页级别值。

(5)电子邮件宣传。企业如果建立了电子邮件系统，则可以通过电子邮件广告宣传企业的网络营销网站。企业可以利用邮箱用户间的邮件往来间接宣传网站地址。

(6)提供 RSS 输出。聚合内容(really simple syndication, RSS)是站点用来和其他站点之间共享内容的一种简易方式。网络用户可以在客户端借助支持 RSS 的新闻聚合工具软件，在不打开网站内容页面的情况下阅读支持 RSS 输出的网站内容，主要用于订制个人感兴趣的内容以便持续关注。

(7) 软文推广。企业应站到用户、行业、媒体角度来有计划地撰写和发布软文，提高软文被转载的机会，从而达到推广效果。

8.3 域名策略

8.3.1 域名的概念

互联网中的主机和网络主要依赖 IP 地址和域名地址两种地址类型来定位。为了在网络环境下实现计算机之间的顺畅通信，互联网上的每一台计算机都拥有唯一的 IP 地址，而且同一个网络中的地址不允许重复。

IPv4 地址长度为 32 位，以三个点分四组十进制数字表示，如 172.16.0.0。然而，随着地址资源不断分配给最终用户，IPv4 地址逐渐面临枯竭的困境。因此，新一代 IPv6 地址采用了 128 位地址长度。不过，无论是 32 位还是 128 位的 IP 地址，人们都不易记忆且使用。于是，人们又设计了另一种字符型的地址表示方法，即域名地址。域名与 IP 地址之间是一一对应的，人们更习惯记忆域名，但机器之间通信仍然依赖 IP 地址，这种转换过程称为域名解析。域名解析需要由专门的域名解析服务器来完成，整个过程是自动进行的。

2017 年 11 月 1 日起正式实施的《中国互联网络域名管理办法》中指出，域名是互联网上用于识别和定位计算机的层次结构式字符标识，与计算机的 IP 地址相对应。域名的命名是从高级到低级按层次授权进行的，越靠后的层次越高。域名一般包含三到四级，其通用格式如表 8-1 所示。一级域名往往是国家或地区的代码，如中国的代码为 CN，英国的代码为 UK，日本的代码为 JP 等；二级域名主要表示主机所属网络的性质，如表 8-2 所示；三级域名一般是自定义的个性化网站名称。

表 8-1 域名的通用格式

案例	四级域名 自定义网站名	三级域名 自定义网站名	二级域名 所属网站的性质	一级域名 国家或地区代码
1		.cnnic	.net	.cn
2	.robot	.haier	.com	
3		.sohu	.com	
4		.lenovo		.cn

表 8-2 常用国际域名

域　　名	含　　义	域　　名	含　　义
.com	公司	.firm	企业或公司域名
.edu	教育机构	.info	提供信息服务的单位的域名
.gov	政府部门	.biz	商务（business）
.int	国际机构	.name	个人用户
.mil	军事网点	.CC	商业公司（commercial company）
.net	网络机构	.asia	亚洲地区域名
.org	社会组织	.mobi	手机域名

8.3.2 域名设计策略

域名是企业在网络上的标识。一个富有寓意、易于记忆、知名度高的域名无疑是企业的重要无形资产，它被视为企业的网络商标，是企业进行网络商业活动的基础。因此，域名的命名、设计与选择必须慎重，否则不仅无法充分发挥网站的营销功能，还可能对企业的网络营销造成负面影响。企业在策划和设计域名时应考虑以下细节。

1. 协调域名与企业名称、品牌名称及产品名称的关系

为了塑造企业线上与线下统一的形象，并简化网站的推广，域名可以选用企业名称、品牌名称或产品名称的中文或英文字母。这样做不仅有助于用户在不同营销环境中准确识别企业及其产品与服务，还能促进线上与线下营销的整合，使两者相互促进。目前，大多数企业都采用这一策略。

（1）**域名的长度**。简洁的域名更容易记忆，输入方便，出错率低。由简单数字或字母组合构成的域名更受欢迎，因此这类网站的访问量通常更高。

（2）**域名的意义**。好的域名应意义明确，一眼就能看出其代表的含义。注册者偏好使用中文拼音，但汉字的多音字问题有时会造成理解上的困难。相比之下，含有明确意义的英文字母和数字组合通常效果更好。

（3）**域名的后缀**。对于商业应用来说，.com 域名最具吸引力，其次是.net 和.org 域名。

◉ **实例** 问卷星是一个专业的在线问卷调查、测评及投票平台，自 2006 年上线以来，其官网域名为 sojump.com。2017 年，问卷星更换域名为 wjx.cn，原域名设置了跳转。新域名与问卷星的品牌更加贴合，更便于用户记忆。此外，问卷星还更换了 logo（标识）。新 logo 由五个小勾组成一个星星，代表了问卷的选中状态，与问卷星的定位和扩展方向相吻合。通过更换域名和 logo，问卷星成功进行了品牌升级，使其在品牌宣传和网站引流上发挥了更大的作用。

2.确保域名易读、易记、好用、好听、好看、好传、好找

域名不仅要易读、易记、易识别,还应具备好听、好看、易传播的特性,同时应简短精练,便于查找和使用。这是因为用户通常通过在浏览器地址栏输入域名来访问网站,因此域名应便于用户直接与企业网站进行信息交换。简洁易用的域名更有助于吸引和保留用户。过于复杂的域名可能导致拼写错误,增加用户访问难度,降低其访问积极性。例如,京东将原域名 360BUY.COM 更换为 JD.COM,更符合中国用户的语言习惯,提高了易用性和记忆性。

3.域名要具备国际性

互联网的开放性和全球性使得其用户遍布世界各地。只要能够上网,便有可能有人浏览企业的网站,进而对企业的产品产生兴趣,从而成为企业的客户。因此,域名的选择必须易于国内外大多数用户识别、记忆和接受,否则可能错失开拓国际市场的良机。目前,互联网的标准语言是英语,企业在命名时优先使用英语,同时网站内容最好提供中英文两种语言版本,以吸引更广泛的用户群体。例如,亚马逊公司除了英文网站,还提供法语、德语、日语等多种语言网站服务。

4.域名应富有内涵或寓意

企业在命名和设计网站域名时应避免随心所欲,而应尽可能满足以下一项或多项要求。

(1)域名应反映企业所提供的产品或服务的特性。例如,阿里巴巴、淘宝、易趣等均反映了拍卖网站的业务特性,百度则体现了搜索门户的业务特性。

(2)域名应体现企业的经营宗旨。例如,如 Google(谷歌)取自数学名词"古戈尔"(google,10 的 100 次方,即数字 1 后跟 100 个零,指巨大的数字)的谐音,展现了其宏大的战略目标。

(3)域名应受到用户喜爱,避免违反任何禁忌。例如,搜狗网站的域名寓意专业、灵敏、善解人意,且易于记忆,这个专业搜索引擎的独立推出使其在国内搜索市场重获领先地位。

(4)域名应具有深远的寓意和创意。例如,51job 网站取"无忧"的谐音,象征着网民无忧无虑地找到合适的工作;亚马逊书店采用世界上较长河流的名字,获得了巨大的成功;8848 域名与珠穆朗玛峰相关,不仅易于记忆,且在中国文化中象征着成功。

5.域名应遵守相关法规

域名的设计与注册必须遵守相关法律法规的规定。根据《中国互联网络域名管理办法》,任何组织或个人注册和使用的域名不得包含反对宪法基本原则、危害国家安全、损害国家荣誉和利益、破坏民族团结、宣扬邪教和封建迷信、扰乱社会秩序、教唆犯罪等内容。这些都是设计和注册互联网域名时必须注意的事项。

8.3.3 域名保护策略

1. 域名要及时注册

根据我国现行法规,域名与企业名称、产品名称及商标名称并不强制要求一致。尽管一家企业只能注册一个域名,但该企业无须拥有与该域名相同或相似的企业名称、商标名称或产品名称。但是,鉴于用户常常根据已知的企业及其产品或商标名称搜索其网站,如果企业及其产品或商标的名称被他人抢先注册,那么企业的合法权益则可能受到侵犯,无形资产也可能流失。因此,富有战略眼光的企业应尽早将其中英文名称注册为域名,以防被别人抢注,确保未来收益。

我国的域名管理根据国家相关规定及国际互联网络域名管理准则,实行后置审查为主,前置预留为辅的原则。《中国互联网络域名管理办法》规定,域名注册服务原则上实行"先申请先注册",相应域名注册实施细则另有规定的,从其规定。同时,为维护国家利益和社会公众利益,域名注册管理机构应当建立域名注册保留字制度并禁止预留或变相预留域名。

企业追讨丢失的域名一般有两种途径:一是通过法院诉讼或域名争议程序解决;二是直接与原注册者协商赎买。当发生域名争议时,解决办法有三种:一是向法院诉讼;二是向仲裁机构申请仲裁(需双方有仲裁协议或约定);三是向域名争议解决机构申请解决。恶意注册行为包括故意混淆原告产品、服务或网站,误导网络用户访问其网站或其他在线站点,以及高价出售、出租或以其他方式转让该域名以获取不正当利益等。

2. 设计注册相似域名

由于域名命名的限制和申请者的广泛性,相类似的域名极易出现,可能导致用户误判,影响企业整体形象。例如,经常有人将 www.whitehouse.com 错误地认为白宫的网站 www.whitehouse.gov。因此,企业最好同时申请多个相近似的域名,避免形象受损。另外,为便于顾客识别同一企业不同类型的服务,企业也可以申请类似的但又有所区别的系列域名。需要注意的是,相似域名可能引发混淆,如搜狗搜索引擎网站 www.sogou.com 和搜狗网 www.sougou.com 域名就容易混淆。

3. 按照国际标准选择顶级域名

域名中的地区性标志如 cn、jp、hk 等表示地区域名。例如,其中以 cn 结尾的域名是代表中国大陆的地区标志,对中国用户来说,即国内域名。与此相对应,不是以地区标志结尾的域名一般称为国际域名。从功能上讲,这两类域名没有任何区别,但在注册费用上,国内域名要比国际域名低50%左右。从实际使用的角度来讲,注册哪类域名取决于企业业务的地域范围、目标用户居住地,以及业务发展长远规划等因素。如果企业的业务大部分都是跨国界业务,企业就应该考虑注册国际域名,或者同时注册国际域名和国内域名,便于国内外用户获取企业及其产品信息。

4. 申请注册网站名称

网站名称是企业为网站所取的称谓,如搜狐、网易等。网站名称一般作为网站徽标的一部分,放置在网页的显著位置。网站名称不同于中文域名,前者是人们对网站的称谓,后者是网站在互联网上的地址。企业需要到当地工商管理部门注册网站名称,以维护合法权益。例如,"中国商品网"这一名称可能对应多个不同域名。

5. 及时续费保护

域名注册实行年费制,即企业每年要向域名注册机构缴纳一定数额的管理费。在实际注册中,注册机构会根据年限长短、申请的域名数量多少给予企业域名注册一定程度的优惠。未完成续费的域名将暂停服务,注册机构届时将提醒企业,暂停服务15日仍未完成续费的域名将予以删除,重新开放注册。因此,企业应及时续费,确保域名持续有效。

8.3.4 域名统分策略

1. 统一域名策略

统一域名策略是指企业的网络营销活动主要通过现有的企业网站(即综合性行政网站或官方网站)展开,其网络营销页面常以目录的形式置于企业网站的域名之下。网络营销页面域名一般形式为"企业网站域名/产品名或营销页面名",这也是国内外大多数企业常采用的一种域名策略。统一域名策略案例如表8-3所示。

表8-3 统一域名策略案例

企业名称	企业总站域名	企业网络营销频道	企业营销网站页面地址
西安交通大学出版社	www.xjtupress.com	图书中心	www.xjtupress.com/BookCenter
摩托罗拉(中国)	www.motorola.com.cn	产品介绍	www.motorola.com.cn/A780/

这种域名策略的优点是突出宣传企业,节约网站建设、维护及推广成本。然而,这种域名策略在针对特定细分市场或突出某品牌产品时略显不足,若消费者仅知品牌产品而不知生产企业,寻找到特定产品的网页可能较为困难。

2. 总分域名策略

实施总分域名策略时,企业的网络营销活动通过相对独立的分网站进行,其域名形式一般为"网络营销分网站名.企业网站名.com"。总分域名策略案例如表8-4所示。

表8-4 总分域名策略案例

企业名称	企业总站域名	企业网络营销网站名称	企业网络营销网站域名
联想集团	www.lenovo.com.cn	阳光易购	www.shop.lenovo.com.cn

续表

企业名称	企业总站域名	企业网络营销网站名称	企业网络营销网站域名
搜狐网	www.sohu.com	搜狐汽车	www.auto.sohu.com
中国建设银行	www.ccb.com	建行商城	www.eshop.ccb.com
格力集团	www.gree.com	格力董明珠店	www.mall.gree.com/

与统一域名策略相比,总分域名策略为企业提供了更多相对独立的网页空间以宣传企业的产品,每个产品都拥有一个独特的三级域名。消费者既可以根据企业名称,也可以根据产品名称搜索到企业网站。

3. 独立域名策略

独立域名策略是指企业在主网站之外设立独立的子网站开展网络营销活动。子网站设计使用、申请注册独立的网络营销域名,并与主网站建立起相互链接关系。独立域名策略案例如表8-5所示。

表8-5 独立域名策略案例

企业名称	企业总站域名	企业网络营销网站名称	企业网络营销网站域名
海尔集团	www.haier.com	海尔商城	www.ehaier.com
		海创汇	www.ihaier.com
		海尔招标网	www.haierbid.com
华为公司	www.huawei.com	华为商城	www.vmall.com

一般技术上能够基本完成网上购物流程,而且产品种类较多的企业,为了集中力量开展网络营销活动会建设专业化的网络营销网站。

4. 多域名策略

多域名策略是指企业在网络营销活动中,针对不同目标市场、业务或品牌产品,设计并注册两个或以上的独立域名,并建立相互链接的多个网站的域名策略。丝宝集团按照其品牌设立的一组域名如表8-6所示。

表8-6 丝宝集团多域名一览表

网站名称	域名
丝宝集团网站	www.c-bons.com.cn
美涛品牌产品网站	www.maestro.com.cn
舒蕾品牌产品网站	www.slek.com.cn

5. 家族域名策略

家族域名策略是多域名策略的一种特例,一般是指实行多元化经营的企业集团在网络营销活动中,针对不同目标市场、成员企业、业务或品牌产品,设计并注册具有家族特征的系列域名,并建立相互链接的多个网站的域名策略。实施多域名策略与家族域名策略主要有以下目的。

(1)不同的业务使用不同的域名。一些实行跨行业多元化经营的大型企业或跨国公司由于经营的业务关联度很小,目标顾客重合度也很小,所以一般按照不同业务建立彼此独立的网站,这样既方便访问者,又便于网站运营与维护。

(2)传承并保护现有品牌。例如,宝洁公司在主网站之外,直接以所经营的品牌注册域名,既方便消费者对现有产品的查询与了解,也使现有品牌的作用延伸到网络市场。

(3)扩大企业产品在网络市场的辐射面。企业除主网站域名外,还把以众多品牌和服务项目命名的系列域名网站登记在搜索引擎网站。消费者只要知道企业一个品牌的信息,就会链接到企业及其他产品的网站,从而大大扩展了企业产品在网络市场的辐射面。

例如,通用电气公司在大部分子网站域名前面都加标识"GE"。通用汽车公司在大部分子网站前面都加入家族标识"GM"。三星电子的家族网站域名前都加有 SAMSUNG。亨氏集团家族网站域名前大多加有"HEINZ"的标识。TCL集团各成员企业网站域名前都加入"TCL"标识,并相互链接,以强调集团的整体网络形象。

注册并使用多个域名和网站开展网络营销活动也存在投入增加、分散企业形象、分散宣传推广力量等缺点。因此,企业在实施家族域名策略时应该慎重分析并权衡利弊。

8.3.5 域名交易策略

2005年2月4日,我国域名注册管理机构——中国互联网络信息中心正式发布了《域名交易服务规则》。该规则对规范国内域名交易行为,促进域名资源的优化配置提供了有力保障。根据《域名交易服务规则》的规定,域名交易涉及域名交易管理机构、域名交易服务机构及域名交易人等。其中,域名交易管理机构是指中国互联网络信息中心,它作为国家授权的域名注册管理者,负责运行和管理域名交易系统,维护域名交易中央数据库,并认证域名交易服务机构的服务资质。域名交易服务机构是经中国互联网络信息中心认证,专门从事域名交易服务的组织。

根据《域名交易服务规则》的规定,域名交易过程分为交易准备、交易请求、验证请求、锁定域名、进行交易、交易确认、交易码、域名过户和交易完成后解除锁定恢复正常状态等环节。这些环节确保了交易的顺利进行和域名的安全过户。

8.4 搜索引擎营销

8.4.1 搜索引擎营销的概念

1.搜索引擎的概念

搜索引擎是专门提供信息查询的网站。这些网站通过对互联网上的其他网站进行检索,提取相关信息,从而建立起庞大的数据库,供用户查询使用。

2. 搜索引擎营销的概念

搜索引擎营销(search engine marketing,SEM)是一种根据目标顾客使用搜索引擎工具的行为特点,以及搜索引擎收录网络信息的机制进行的一系列优化活动。其目的在于增加企业网站被目标顾客搜索到的机会,争取在主要搜索引擎搜索结果中占据显要位置。这些活动以搜索引擎为导向,优化企业网站及其页面信息。搜索引擎营销基本原理如图 8-6 所示。

图 8-6 搜索引擎营销基本原理

8.4.2 搜索引擎注册

搜索引擎注册按照是否收费可以划分为收费注册与免费注册两种;按照注册方法可以划分为直接到搜索引擎网站上注册、利用搜索引擎注册工具注册和到提供注册服务的网站上注册三种;按照注册内容可以划分为竞价排名、登记分类目录和购买关键词广告。其中,直接到搜索引擎网站上注册是最常用的一种方法,只要登录要注册的搜索引擎网站,按照提示输入自己网站的相关信息即可完成注册。利用搜索引擎注册工具注册时,企业可利用该工具将注册请求同时提交给几个、几百个甚至上千个搜索引擎网站,提高注册效率。注册服务网站则提供类似的功能,企业只需在网站上填写相关资料并提交,该网站就会自动将注册信息提交给多个搜索引擎。

8.4.3 搜索引擎优化

根据 CNNIC 历次发布的统计报告,用户得知新网站的主要途径中,搜索引擎始终占首位。因此,在主要的搜索引擎上注册并获得理想的排名是网络营销的基本任务。为了使企业网络营销网站能排列在显著而靠前的位置,企业需要进行搜索引擎优化。

搜索引擎优化是为了在搜索引擎中获得好的排名而进行的针对性设计,如设置Meta标签中的关键词和网站描述,以及对网页标题、网页中信息的合理设计等。尽管每个引擎在排名算法上各有特色,但内容始终是核心要素。因此,企业应深入了解这些搜索引擎的规定与算法。

1. 标题优化

标题优化是搜索引擎优化中的关键一环。标题是搜索引擎判断网页与用户搜索关键词关联度的重要依据。合理的标题设计有助于提高搜索引擎对网站的索引和收录效率。标题应确保包含关键词,长度控制在 20～30 字,且前 3～4 个词尤为重要。对于知名度不高的小型网站,建议将产品或服务的关键词置于标题中,以提高搜索引擎的收录效果,并可能带来意想不到的流量增长。此外,不同栏目的页面应根据内容选择合适的关键词进行优化。

2. Meta 标签优化

Meta 标签优化也是提升网站排名的有效手段。Meta 标签是内嵌在网页中特殊的 HTML 标签,向搜索引擎提供了关于网页内容的解释,包括主题(title)、描述(description)和关键词(keyword)等。这些标签应放置在每个网页的＜head＞…＜/head＞标签内,确保搜索引擎能够准确理解网页内容。

3. 关键词优化

关键词是搜索引擎分类网站的基础,也是用户检索信息的主要依据。关键词标签应包含与网页内容相关的关键词或短语,且关键词之间应用逗号或空格隔开,以表示不同的逻辑关系。关键词的选择应精准且与网页内容相关,避免使用过于宽泛或空洞的词汇。同时,网页内容中的关键词密度也应适中,避免过高导致作弊惩罚。

一般来说,企业可以运用一定的方法找出有效的关键词。例如,选几个主要的搜索引擎,输入初步拟订的网站关键词并进行搜索后会得到一个很长的列表,打开排名靠前的网站的源文件,查看这些网站的 Meta 标签及其关键词,最后归纳出自己网站的关键词。

关键词最好是用短语,尽量不要用长句。企业可按照与产品相关性最高、最精准的顺序从前往后进行关键词排列。关键词一般分成三大类:一是搜索度比较广泛但不是最精准的行业大词;二是搜索度一般但是搜索结果基本与产品一致的核心关键词;三是搜索量比较低但是精准度与转化率都比较高的长尾词。

4. 图片优化

图片优化同样不容忽视。尽管搜索引擎主要针对文本信息进行收录,但通过优化图片标签,特别是突出网站的关键词,可以提升图片在搜索引擎中的可见度。

5. 友情链接优化

友情链接优化也是提升网站排名的一种方式。一个网站的链接有三种情况:一是单方面被其他网站链接;二是单方面链接其他网站;三是相互链接。搜索引擎会根据一个网站被其他相关网站链接的数量来评估其级别。因此,通过适度建立高质量的友情链接,小型网站可以有效提升在搜索引擎中的优化效果。在建立友情链接时,企业应优先选择那些质量高、与自身内容相关性强的网站,普通或低质量的链接可能效果有限。

6. 网站结构优化

企业在优化网站结构时,应遵循国际 Web 标准,使网站更符合用户的浏览习惯及搜索引擎的收录标准。除了结构优化,确保网站内部链接的有效性也至关重要,即确保每个网页之间都能够相互链接,形成畅通的网络。通常,网站首页是第一层链接,首页上指向的其他页面为第二层链接,以此类推。值得注意的是,尽管搜索引擎能够访问到网站的深层页面,但其在收录网页时是有先后顺序的。因此,将重要的页面置于较上层的链接中,更有利于搜索引擎的优化。

7. 网站地图优化

在网站首页上提供一个纯文字的网站地图链接,可以为搜索引擎爬虫(或称机器人)提供便捷的路径,使其能够轻松访问到网站的各个页面。同时,确保每个页面在点击不超过两次的情况下即可返回首页,这有助于提升用户体验及搜索引擎的爬取效率。

8. 动态网页静态化

由于各网站使用的制作工具不同,部分网站可能采用活动服务器页面(active server pages,ASP)、Java 服务器页面(Java server pages,JSP)等动态网页技术。然而,动态网页对搜索引擎的友好度相对较低,可能导致大量页面无法被搜索引擎有效收录。相比之下,HTML 格式的静态网页更便于搜索引擎收录网页信息。因此,将动态网页静态化有助于提升网站在搜索引擎中的表现。

本章小结

网站是 PC 端网络营销的重要平台,包括非自有网站和自有网站。非自有网站网络营销指的是企业借助外部网站开展网络营销活动。非自有网站网络营销平台形式多种多样,信息发布方式灵活多样,主要包括供求信息平台、网络分类广告平台、网络黄页平台、网络社区平台、电子邮件平台和网络社交平台。

网络营销平台建设的关键是网站的建设。营销网站是在互联网上设立的具有唯一网址、具备网络营销功能、拥有一定组织结构的一系列网页所构成的系统。营销网站建设过程包括可行性分析、制定网站建设计划、申请注册域名、购置网站服务器硬件和符合需要的软件、选择接入互联网的方式、ISP 的选择、网站内容及功能规划、网站运行测试与评价、建立网站管理与维护组织、网站发布与推广。营销网站具有导航菜单、通知公告、信息发布、广告管理、在线调查、会员管理、产品查询、产品展示、产品评论、商品管理、交易管理、咨询客服、站点论坛、电子支付、友情链接。网站推广方式一般可以分网下推广和网上推广两类。

域名是互联网上与计算机 IP 地址相对应,用于识别和定位计算机的层次结构式字符标识。域名策略包括域名设计策略、域名保护策略、域名统分策略与域名交易策略等内容。

搜索引擎优化包括标题优化、Meta标签优化、关键词优化、图片优化、友情链接优化、网站结构优化、网站地图优化和动态网页静态化等。

◉ 思考题 ◉

1. 在网络营销实践中,非自有网站网络营销可以使用哪些方式?
2. 营销网站建设的基本过程与基本工作内容有哪些?
3. 营销网站的基本功能包括哪些?
4. 在网站建好以后,企业可以采取哪些方式进行网站推广?
5. 何谓域名?为实现网络营销目标,企业应如何设计域名?为什么要实施域名保护策略?域名保护策略有哪些?哪些域名价值更高?
6. 搜索引擎、搜索引擎营销与搜索引擎优化的关系是什么?搜索引擎优化的内容有哪些?

第 9 章

网络营销产品策略

本章在界定网络营销产品整体概念的基础上,系统分析常见的网络营销产品类型、网络顾客服务策略、网络营销品类策略、网络营销商品分类与编码、产品销售页策划等内容。

> • 推动货物贸易优化升级,创新服务贸易发展机制,发展数字贸易,加快建设贸易强国。

9.1 网络营销产品的概念与特点

9.1.1 网络营销产品概念

市场营销学中的产品概念是一个整体概念,涵盖了商品交换过程中,企业为消费者提供的能满足其需求的所有有形和无形因素。因此,网络营销产品的概念可以概括为:在网络营销活动中,消费者所期望的能满足自己需求的所有有形实物和无形服务的总和。

根据网络营销产品在满足消费者需求中的重要性,网络营销产品可以划分为以下五个层次,如图 9-1 所示。

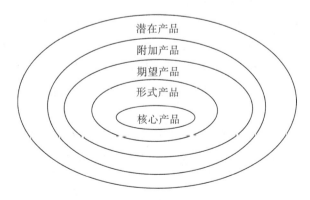

图 9-1 网络营销产品各层次关系

1. 核心产品:产品的核心功能或基础使用价值

在网络营销的整体产品中,核心产品是指消费者希望通过交换活动得到的最核心、最基础的效用或利益。这一层次的利益是目标市场消费者共同追求的,无明显差别。例如,消费者购买计算机并不是为了获得一个硬件实体,而是为了满足其学习、工作或娱乐等方面的需求。对于大多数消费者而言,他们并不深究计算机的具体技术细节,但能清晰地列出他们希望计算机为他们提供的各种效用。其实,企业产品的研制、生产与提供正是在研究消费者期望效用的基础上完成的。企业营销的核心目标就是要最大限度地满足消费者对这些效用的需求。哪个企业能更好地、更全面地满足消费者的需求,哪个企业就能在市场竞争中赢得优势。

2. 形式产品:产品的具体存在形式或外在表现形式

在网络营销的整体产品中,形式产品是指核心产品、期望产品、潜在产品的价值借以存在并传递给消费者的具体形式。形式产品主要由产品的质量、材质、设计、品牌、包装等因素构成,对于服务产品而言则由服务的程序、服务人员、服务地点、服务时间、服务品牌等构成。

3. 期望产品:消费者所希冀的产品的个性化价值

在网络营销的整体产品中,期望产品是指在网络目标市场上,每个细分市场甚至每个个体消费者希望得到的,除核心产品的基础价值之外的满足自己个性化需求的价值的总称。虽然不同消费者对同种产品所期望的核心效用或价值一般相同,但在核心产品外,他们对产品所期望的其他效用则表现出显著的个性化特点。例如,当消费者购买面包时,虽然充饥是核心效用,但消费者对面包的味道选择却大相径庭,有的喜欢豆沙口味,有的喜欢果酱口味,还有的喜欢奶油口味等。又如,同样是上网聊天,虽然人们追求的都是社交需要的满足,但每个人的具体目的却不尽相同,有的人以觅友为目的,有的人以宣泄个人感情为目的,还有的人是追求一种网络社交体验等。

4. 附加产品:随购买行为产生而延伸的产品附加价值

附加产品,也称延伸产品,是指消费者在网上购物时希望得到的一些附加价值的总称。这一层次的产品是为了满足消费者在获得前三个层次的产品时所产生的延伸性需求。它通常包括销售服务、质量保证、优惠活动、信贷支持、免费赠品等内容,这些都是产品的生产者或经营者为了帮助消费者更好地获得核心产品与期望产品而提供的一系列增值服务。例如,某干果网店在货品中会附赠开箱器、果壳袋、湿巾等礼品,以提升消费者的购物体验。

在网络营销过程中,网上顾客对附加产品的需求,除传统线下营销固有的附加产品外,还增加了许多新的内容。网络营销附加产品的创新内容如图9-2所示。

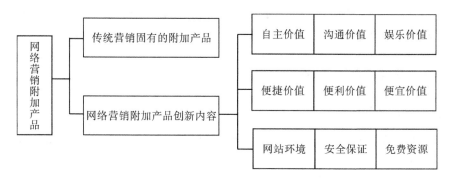

图 9-2 网络营销附加产品的创新内容

概括而言,网络营销附加产品的创新内容主要包括以下方面。

(1)自主价值。网络营销应充分尊重顾客的独立自主人格,允许他们自由选择网上商店和商品,免受传统销售中外界干扰的影响,确保购物决策的自主性。

(2)沟通价值。网络营销应优化企业与顾客之间的沟通机制,通过多样化的网络沟通方式,实现信息的便捷传递和问题的及时解决,提升沟通效果。

(3)娱乐价值。网络营销应关注顾客的购物体验,通过设计集动画、图像、声音、文字于一体的多媒体网页,为顾客提供轻松愉快的购物环境,增强购物的娱乐性。

(4)便捷价值。网络营销应致力于降低顾客的购物时间成本,通过优化购物流程,减少搜寻商品、交易及收货的时间,提升购物的便捷性。

(5)便利价值。网络营销应降低顾客的购物精力成本,包括脑力和体力成本,通过提供全面、准确、及时的信息,使顾客能够轻松完成购物过程,并享受随时随地的服务。

(6)便宜价值。网络营销应通过降低产品价格、减少上网费用及软硬件购置成本等方式,让顾客享受到实惠的购物体验。

(7)网站环境。网络营销应注重网站环境的营造,以清新、优雅、美妙的界面设计吸引顾客,同时结合艺术性、娱乐性和欣赏性,使购物成为一种享受。企业营销网站建设应该考虑顾客的需要,树立以顾客为中心的零售观念,按照顾客需求,组织设计网站栏目与页面内容。

(8)安全保证。在网络营销活动中,企业应提供必要的安全承诺与保障措施,建立安全的交易与支付机制,确保交易过程的安全可靠。

(9)免费资源。网络营销应充分利用网络技术优势,向目标顾客提供适量的免费信息或其他资源,以培养顾客忠诚度并吸引更多访问量。

5.潜在产品:满足消费者潜在需求的超值利益

在网络营销的整体产品中,潜在产品是指在核心产品、个性化产品、附加产品之外,尚未被消费者意识或重视,但能满足其潜在需求的产品价值。它与附加产品的主要区别在于顾客没有潜在产品仍然可以很好地满足其现实需求,但得到潜在产品,消费者的潜在需求就会得到满足,从而对产品的偏好与忠诚度会大大提升。在高新技术发展日益迅猛的时代,产品的许多潜在价值还没有被顾客充分认识到,这就需要企业通过消费者教育和引导活动,帮助消费者发现和认识潜在产品的价值。例如,联想推出天禧系列计算机时,在提供计算机原有的一切服务之外,还提供了直接上网的便捷服务。

9.1.2 网络营销产品的分类

1. 按照产品的具体形式划分

(1)实体产品。实体产品是指具有明确物理形状的产品,它们以看得见、摸得着的有形实体形式存在于网络营销中。实体产品是网络营销活动中实体商品交易的主要内容,常见的交易模式包括网上订货、网下交易或是网上交易、网下送货。

(2)数字化虚拟产品。数字化虚拟产品指的是产品的核心产品、潜在产品、附加产品、期望产品能够以数字化信息的形式存在,并通过互联网传递的网络营销产品。例如,通过互联网销售的计算机软件、书籍、音乐、图片、音像资料等,还有QQ秀、联众秀、电子贺卡等。

(3)服务产品。服务产品指网络营销产品的价值主要通过企业提供的某种服务体现。服务可以分为信息咨询服务和其他服务。信息咨询服务包括法律咨询、医药咨询、股市行情分析、金融咨询、资料库检索、电子新闻、电子报刊等。其他服务包括远程医疗、远程教育、票务预订、入场券预订、医院预约挂号、网络交友等。

2. 按照产品的标准化程度划分

在网络营销实践中,产品常按照标准化程度分为标品、非标品和半标品。

(1)标品。标品是指具有统一市场标准且标准化程度比较高的产品。标品一般具有明确、规范、统一、大众熟知或官方认可的规格、型号、性能、品质标准。例如,手表、自行车、图书、手机、电脑等。

(2)非标品。非标品是指没有统一市场标准且标准化程度较低的产品。非标品在规格、型号、性能、品质等方面没有明确、规范、统一的标准。例如,宝石、生鲜等由于品种多、状态复杂,通常被称为非标品。

(3)半标品。半标品是介于标品与非标品之间,无法简单进行归类的一类产品。例如,服装、鞋帽、饰品等。这类产品虽有一定的标准化元素,如服装的尺码、材质、品牌都有统一的标准,但式样、是否合体、是否与消费者气质契合等因人而异,因此属于半标品。

从消费者购买行为的角度分析,消费者比较熟悉标品的基本属性(规格、型号、配置、性能等),因此决策效率高,对价格、排名敏感度高,品牌或店铺忠诚度相对较低,退货率比较低,而对非标品则正好相反。

从网络搜索行为角度分析,标品的搜索关键词相对固定,主要集中在品牌、规格型号和店铺名等方面。而非标品的搜索关键词更加多样化,可能涉及各种属性词或使用频次不高的长尾词。

对于标品,排名和品牌营销更重要,低成本营销更有效。标品市场一旦引流成功,销售就会比较稳定。而对于非标品,差异化营销和针对特定买家的集中营销更为重要。独特的市场定位可以形成较大的溢价空间,但很难实现全面的市场垄断。

9.2 网络营销顾客服务策略

9.2.1 网络营销顾客服务的概念

在网络营销中,服务占据着重要地位。企业通过互联网提供的服务产品有两种类型:一种是属于网络营销整体概念中作为有形实体产品的附加产品或延伸产品的服务,以增加产品的整体价值;另一种是独立向消费者传递价值的网上服务,我们称其为网上服务产品。

1．作为网络营销附加产品的服务

作为网络营销附加产品的服务是传统企业开展网络营销的重要手段。根据顾客与企业交互的不同阶段,有形实体产品的网络营销过程可以分为销售前、销售中和销售后三个阶段。因此,按照在有形实体产品的网络营销过程中所处的阶段,服务可以划分为网络售前服务、网络售中服务和网络售后服务。

2．独立向消费者提供价值的服务

服务是无形的商品,商品是有形的服务,服务本身也是商品。在网络营销活动中,企业可以利用信息技术及互联网的特性开发多元化的信息服务,如新产品开发与使用信息的发布、生活常识的介绍等。同时,专业化的信息服务,如网上股票信息、在线教学、网上诊疗等,也满足了用户的特定需求。此外,娱乐性的服务,如网络游戏、网上影院等,丰富了用户的网络生活。总之,互联网信息化服务产品的开发具有无限广阔的市场前景,也引领了社会的消费新趋势。

9.2.2 网络营销顾客服务的内容

网络营销顾客服务过程实质上是满足顾客除产品以外的其他派生需求的过程。要完善网络营销顾客服务,必须深入了解顾客的这些派生需求。用户上网购物时所产生的服务需求主要有了解公司产品或服务的详细信息,并从中寻找能满足其个性需求的特定信息;需要企业帮助解决产品使用过程中的问题;与企业人员进行互动;参与企业营销全过程四个方面的需求。因此,网络营销顾客服务的内容也主要有以下四个方面。

1．全方位的信息服务

用户在做出购买决策之前需要全面了解产品或服务的信息,以增强决策的科学性。提供全面而详细的产品信息是网络营销的最大优势。比如,化妆品商家可以向用户提供专业性、权威性、针对性强的美容建议;服装商家则可以提供尺码对照表,及服装选购、使用与保养知识等。

2．针对性的个性化服务

从人们对服务的需求来说,在电子商务时代,服务需求日益多样化和个性化。网络营销的个性化服务正是反映了满足用户个性化需求的趋势,其特点是企业针对每个用户的不同需求提供相应的信息服务。例如,美容产品商家可以根据用户的年龄、皮肤状况等信息提供定制化的美容建议。某些技术性强的产品常常在用户使用过程中产生这样或那样的故障或问题,而通过互联网,企业可以向用户提供较为完善的售后服务。

3. 多元化的促销服务

除了传统的折扣优惠外,网络营销还可以采用多元化的服务策略使服务的方式和内容多样化。例如,通过数据分析为用户推荐相关产品或服务,或提供定制化的营销方案等。

4. 个性化的定制服务

网上个人定制是指网上用户可以按照自己的要求,自己设定网上信息的来源、表现形式、特定功能及其特有的网上服务方式等,以达到最为方便快捷地获取自己所需要的服务内容的目的。可以说,个人定制的服务方式是个性化服务的一种高层次表现。

9.2.3 网络营销顾客服务策略的类型

1. 网络售前服务策略

网络售前服务是指企业在产品销售前,针对消费者的购物需求,通过网络平台向消费者提供诸如产品介绍、产品推荐、购物说明以及协助决策等教育与信息服务。企业网络营销售前服务的主要目标是向潜在消费者提供全面且有用的信息服务,涵盖产品技术指标、性能、款式、价格、使用方法、功能及特色等内容。

(1) 发布产品信息及相关知识,培养消费需求。在销售前,企业应积极利用网络平台开展消费者教育活动。常见的售前服务方式有两种:一是通过企业自建网站宣传产品信息,这需要网站具备一定的知名度;二是利用第三方信息平台发布产品信息。在发布产品信息时,企业应努力做到以下几点。第一,确保消费者获取信息后不需要再通过其他渠道查询;第二,考虑到部分服务针对特定群体,企业应采用路径保护方法保障企业与客户的隐私安全;第三,对于高新技术产品,企业还应提供相关技术知识,以增强消费者的购买信心。此外,企业还可以通过网络发布消费趋势、引导消费潮流、宣传消费知识,以培养消费者的消费观念。

(2) 建立虚拟展厅,充分展示产品形象。网络购物难以满足消费者亲身体验产品的需求,因此建立虚拟展厅显得尤为重要。利用逼真的图像、声音乃至味道展示产品,可使消费者仿佛置身其中,对产品有更为全面的了解,从而激发购买欲望。虚拟展厅中应设置不同产品的展示区,并配备导航系统,便于消费者快速查找所需信息。

2. 网络售中服务策略

网络售中服务主要涵盖交易过程中的各项服务活动,如商品查询、导购咨询、订单处理、货款支付及物流配送等。在设计网络营销网站时,除了提供订货功能外,企业还应设置订单查询系统,方便消费者随时了解订单状态。

(1) 设立"虚拟组装室",满足个性化需求。 对于允许消费者自主组装的产品,在不影响产品性能及企业生产技术的前提下,企业可提供多种组装方案供消费者选择,满足其个性化需求。

(2) 建立实时沟通系统,增强消费者信心。 消费者对网上购物的安全性与可靠性常存疑虑,建立实时沟通系统可有效消除这些顾虑。企业应设立信息发布系统,及时传递信息;同时建立实时沟通渠道,加强与消费者的情感与文化交流,并收集、整理、分析用户反馈。此外,通过第三方机构授予的信誉标识,企业也可以向消费者传递可靠性信息。

(3) 发挥网络优势,提供个性化服务。 个性化服务是根据消费者的特定需求提供有针对性的服务。个性化服务包括三个方面的内容:服务时空的个性化、服务方式的个性化和服务内容的个性化。互联网为企业这三个方面的个性化服务提供了强大的技术支持。企业应充分利用这些优势,为消费者提供更为便捷、高效的个性化服务。

3. 网络售后服务策略

网络售后服务旨在更好地满足消费者需求,即通过互联网的直接沟通功能,便捷地解决消费者在产品消费过程中的各种需求。网络售后服务主要分为两类:一是提供产品消费支持和技术服务,如安装调试、故障排除和技术支持;二是为满足消费者附加需求而提供的附加服务,如免费维修、定期保养、产品改进或升级信息发送,以及消费者反馈收集等。这些服务使得消费者可以通过网站直接联系企业或专家,减少中间环节,提高服务效率。例如,波音公司通过网站提供零件供应商的联系方式和技术资料,方便维修人员获取最新信息和寻求技术帮助。

与传统线下服务相比,网络售后服务具有便捷、灵活、高效、成本低和自助性强的特点,大大增强了企业的竞争力。由于网络服务是 24 小时开放的,消费者可随时上网寻求支持,不受时间限制。此外,网络服务集成了众多技术人员的知识和经验,消费者可自助获取所需帮助。这种服务的自动化和开放性降低了企业的人员和管理成本。

(1) 建立客户管理系统。 在网络营销活动中,消费者是企业的重要资源。企业应树立关系营销观念,建立客户管理系统,积极管理顾客关系,提升消费者满意度和忠诚度,培养忠实消费者。

(2) 提供网上智能服务。 根据消费者需求,适时提供智能服务,是提高消费者满意度的重要途径。

(3) 设计 FAQ 页面。 精心设计的 FAQ 页面便于消费者使用,同时节约了在线时间。企业需确保 FAQ 页面易于找到,内容清晰易读。在设计 FAQ 时,企业应注意以下几点:确保内容有用且更新及时,解答热点问题;简化页面设计,提供搜索功能和分层目录,便于消费者查询;对复杂问题提供链接;适度披露信息,既满足消费者需求又不泄露企业机密。

(4) 设计答疑解惑空间。 与 FAQ 相比,这部分内容主要聚焦于解答那些不常遇到且相对深入的问题,特别是涉及故障类的问题。若能通过网页清晰地表述这些问题,并详细列出解决问题的每个步骤,消费者便能在企业的技术指导下独立解决问题,从而增强企业或网站在消费者心中的可信度。

(5)建设与企业产品或服务相关的网络社区。企业网站上的网络社区不仅有助于稳定现有消费者群体,还能吸引更多潜在消费者参与。消费者购买产品后,对产品的评价和体验至关重要。对于不满意的地方,他们可能会采取措施以寻求平衡。因此,企业设计网上虚拟社区旨在提供一个平台,让消费者能够发表产品评论、提出建议,并与使用相同产品的其他用户进行交流。这样的社区不仅便于消费者自由参与,还能吸引更多潜在消费者的加入。

(6)利用电子公告板系统。电子公告板系统是一种简单而实用的互动工具,关键在于必须确保有问必答。对于网上无法解决的问题,企业应立即通过传统方式如电话、传真或信函等回复消费者,并及时解决他们的疑虑。

(7)利用电子邮件列表。尽管滥发电子邮件容易引起用户反感,但与用户相关的电子邮件却能引起他们的兴趣。企业通过建立电子邮件列表,允许用户自由注册,并定期向他们发送企业最新信息,从而加强与用户的联系。由于参与电子邮件群组的用户通常是自愿的,且对同类问题有共同兴趣,因此这种方式的效果远胜于无目的的电子邮件广告。

(8)建立网络社群。针对某一细分市场或特定产品建立网络社群,能够显著提高企业与消费者之间的互动水平。这不仅能促使消费者及时反馈对产品或服务的意见,还能鼓励老顾客分享购物体验与感受。此外,社群还能发挥裂变效应,吸引潜在消费者加入,促进消费者间的互助服务。

9.3 网络营销品类策略

9.3.1 商品组合策略

1. 商品组合的概念

对于商品组合,服务性企业称业务组合,制造业企业称产品组合,商业企业则称商品组合,即企业的业务范围与结构,实践中也称企业商品结构。商品组合是指网络营销企业向网络目标市场所提供的全部商品或业务的组合或搭配。

商品组合由品类与项目构成。商品组合中的全部商品可以分成若干个品类,每个品类中的每种商品又被称为项目。所有这些商品大类和项目按一定比例搭配,就形成了企业的商品组合。

在制造业企业中,品类常被称为产品线,是指产品组合中的所有商品根据一定分类标准划分成的商品大类。品类可以依据商品功能是否相似,消费是否具有连带性,是否面向相同的顾客群,是否有相同的分销渠道或属于同一价格范围进行分类。

项目是指每个商品大类中所包括的每一种特定商品,即商品组合中各种不同品种、档次、质量、价格或其他属性的特定商品。

2. 商品组合决策

商品组合决策通常涉及商品组合的宽度、长度、深度和关联度等方面的决策与规划。

商品组合的宽度是指企业生产经营的商品大类的数量,即企业所拥有的品类。品类多则宽度宽,品类少则宽度窄。商品组合的宽度主要反映了企业在网络营销活动中所涉及的商品或业务面的宽窄。

商品组合的长度是指企业商品组合中各个品类所包含的商品项目的总数。项目多则长度长,项目少则长度短。商品组合的长度反映了企业在网络营销活动中所经营的商品项目内容的丰富程度。

商品组合的深度是指企业商品组合中每个品类平均包含的商品项目数。品类中所包含的项目越多,说明企业经营的某一大类商品越齐全,开发深度越大。

商品组合的关联度是指各个品类在最终使用、生产条件、分销渠道或其他方面相互关联的程度。

3. 扩充商品组合策略

扩充商品组合策略主要通过增加企业网络营销商品组合的宽度或深度,从而增加商品组合的长度。增加商品组合的宽度是指在原有商品组合中增加一个或几个品类,以扩大企业网上营销的商品范围;增加商品组合的深度是指在原有品类内增加新的商品项目。通过增加宽度,企业可以扩大网上营销的范围,充分发挥各项资源的潜力,提高效益,减少风险;而通过增加深度,企业则可以丰富品类,满足网上消费者多样化的需求,吸引更多消费者,从而占领更多的细分市场。

4. 缩减商品组合策略

缩减商品组合策略与扩充商品组合策略相反,是指企业通过减少网络营销的商品大类数或减少某一品类内的商品项目数,从而缩短商品组合的长度。通过从商品组合中剔除那些获利较低甚至无利润的商品大类或项目,企业可以集中力量发展利润更高的商品大类或项目。

9.3.2 品类管理

品类管理是指零售商和供应商将品类视为战略业务单元进行管理和经营的过程,其通过聚焦消费者价值的传递,提升经营绩效。

1. 品类定义

在实施品类管理之前,企业要先以消费者需求为出发点进行品类定义,即明确品类的范畴、功能和结构,包括子品类、大类、中类、小类等多个层次。

2. 品类策略

基于品类现状分析,企业应进一步明确品类发展规划与品类策略,明确哪些品类最受消费者喜爱，对企业贡献更大，进而决定采用何种策略来提升该品类的竞争力。品类策略包括商品组合、货架管理、定价与促销、补货管理、新品引进等策略。

3．品类延伸策略

品类延伸策略旨在突破企业网络营销原有经营档次的范围，使品类更加丰富。这一策略是实现扩充商品组合的重要途径。可供选择的品类延伸策略主要有以下几种。

(1)向下延伸。向下延伸是指原本生产或经营高档产品的企业逐步增加低档产品的生产或经营。当企业生产经营的高档产品销售增长受限，而且企业又具备生产经营低档产品的条件，并能最大限度地避免向下延伸带来的风险时，企业可以采用该策略。

(2)向上延伸。向上延伸是指原本经营低档产品的企业逐步增加中高档产品或业务。它一般适合于三种情况：一是高档产品有较高的销售增长率和毛利率；二是为了追求产品品类齐全；三是以某些高档产品来调整整体品类的档次。

(3)双向延伸。双向延伸指经营中档产品的企业在一定条件下，同时向高档和低档两个方向延伸。这种策略有助于加强企业竞争地位，赢得市场领先地位。

9.3.3 网络营销品牌策略

1．网络品牌的概念

网络品牌即网络市场品牌，也称网上品牌，有广义和狭义之分。广义的网络品牌泛指网络企业名称、网站中文名称及标识、网站中英文域名、网络营销企业的网上形象，以及在网上销售的产品品牌等内容。目前，人们使用较为广泛的网络品牌概念多指网站中文名称、站徽及中英文域名。网络营销品牌策略则是指网站中英文名称、站徽及中英文域名的设计、注册与宣传推广策略。狭义的网络品牌仅指在网上销售的产品品牌，是企业为其产品规定的在网络市场交换活动中所使用的名称与标志，通常由文字、标记、符号、图案和颜色等要素组合构成。

2．网络品牌策略

严格地说，网络品牌策略是指网络产品营销中所运用的品牌策略。一般而言，网络品牌策略包括以下四个方面的内容。

(1)新创品牌策略。当企业网络营销面对的网上目标市场与传统的网下目标市场存在很大差异，或者企业的现有品牌在传统的网下市场中的表现不尽如人意，希望重新塑造品牌形象时，企业在开发网络市场时就可以考虑为企业产品重新设计、注册与使用一个全新的、适合网络营销的、富有个性的网上品牌。这种策略对于那些主要依赖网上销售渠道的企业较为适用，但对于实行网上、网下双渠道营销的企业则不是十分合适。

(2)延伸品牌策略。延伸品牌策略包括两个方面的内容：一是将网络市场的知名品牌延伸至网下市场。例如，许多网络歌曲在网络市场受到青睐后便转向网下发行唱片，或一些网络文学受到广大网民认可后开始通过网下传媒发布。二是将网下市场知名品牌引入网络市场。如果企业已拥有一个在传统市场上具有很高知名度与美誉度的品牌，那么在开发网络市场时,企业就可以将现有品牌延伸至网络市场,但应该考虑网上目标市场、网上宣传推广手段、网上顾客的认知程度等方面的差异。

(3)品牌网站策略。品牌网站策略是指在网络营销活动中,企业为某一新创品牌或延伸品牌产品建立相对独立的站点或网页,有的企业还把这一品牌名称注册成中英文域名。这样既可以站在企业的角度进行整体推广营销,又可以站在某一品牌的角度单独进行推广宣传。例如,宝洁公司旗下有多个知名品牌,每个品牌都有自己独立的营销网站。

(4)品牌 IP 化策略。品牌 IP 化是基于企业现有品牌的定位、价值主张以及品牌表达,进行人格化的转译,使品牌具备独特的人格特质。这一过程包括 IP 形象的设计和延展、周边产品设计和推广运用等环节。IP 形象是品牌 IP 化的核心,是品牌文化的载体。企业在设计 IP 形象时要依据品牌 IP 的定位,对 IP 的形象、人设和故事进行精心的视觉、听觉和内容设计。

9.3.4 网络营销包装策略

"包"即包裹,"装"即装饰。产品包装作为商品实体的重要组成部分,通常是指产品的容器、包装物及其设计装潢。在营销活动中,包装的作用主要体现在保护产品、便利消费、促进销售、适合储运。产品包装包括三个层次,网络营销的包装策略也应从这三个方面进行规划。

1. 内包装

内包装是指直接承载产品的容器或器物,如饮料瓶子、香烟纸盒等,因此也称使用包装。内包装的主要作用是便于消费者的消费与使用。无论传统营销还是网络营销,都应该根据产品的特点、性质及目标消费者的需求设计适用的包装。

2. 外包装

外包装是指能起到保护内包装、方便销售和促进销售作用的包装物,如酒瓶外的包装纸盒,因此也称销售包装。在传统购物方式中,消费者往往会在购买商品后、使用商品前随即扔掉这部分包装。然而,网络营销作为一种无店铺销售形式,其包装的促销作用相对减弱,因此大部分商品可以省去华丽昂贵的外包装。这既可以降低企业的营销成本,还可以降低价格,并增加产品网络营销的优势,从而给消费者带来实惠,实现企业与消费者的双赢。

3. 储运包装

储运包装是指在产品储存和运输过程中所使用的包装物。与传统店铺销售相比,网络营销对商品的储存、运输、配送有较高的要求。例如,在传统市场营销中,产品分销遵循由批发到零售的模式,产品物流量常常逐渐减少,对大批量产品的包装要求较多;而在网络营销中,产品分销单件小批日渐增多,使得对单件小批产品的外包装提出了更高的要求。

9.3.5 网络营销新产品策略

1. 网络营销新产品的概念

网络营销学中所讲的新产品是从网络市场和企业网络营销两个角度定义的。对于网络市场而言,第一次出现在网络市场的产品即新产品,或那些能给消费者带来全新满足和利益的产品都可称为新产品。而从企业网络营销的角度看,第一次生产与销售的产品就是新产品,或者那些在产品整体概念中有任何一部分实现创新或改进的产品都可称为新产品。

2. 网络营销新产品的开发方式

与传统的网下营销一样,新产品的开发过程一般由形成构思、筛选构思、形成产品概念、制定营销战略、进行商业分析、研究试制、进行市场试销、正式投放市场等构成。但由于网络的运用,各个阶段的执行方式都不同程度地有所变化。

在新产品开发中,企业可以利用网络征集消费者对产品设计的构想,然后迅速地向消费者提供产品结构、性能等方面的资料,并进行市场调查。消费者可以及时地将意见反馈给企业,从而提高企业开发新产品的速度,降低企业开发新产品的成本。企业还可以利用网络视频会议等工具与其他公司协作共同开发新产品,以提高企业的竞争力与灵活性,降低新产品开发的复杂性和创新风险。借助互联网,企业还可以迅速建立和更改产品项目,并应用互联网对产品项目进行虚拟推广,从而高效且低成本地实现对产品项目及营销方案的调研和改进,使企业的产品在设计、生产、销售和服务等各个营销环节能够共享信息,促使产品开发从各方面满足消费者需要,实现消费者满意度最大化。例如,企业可以展示尚未试制的虚拟产品,避免传统营销活动中要试制出一小批样品的烦琐,从而减少新产品开发的成本和风险。

网络市场是新兴市场,网上消费者也愿意尝试新产品。因此,通过网络营销来推动新产品试销与正式上市不失为一种有效的策略与途径。

9.4 网络营销商品分类与编码

9.4.1 商品分类与商品目录

1. 商品分类

商品分类是根据一定的管理目的,选择适当的商品属性或特征作为分类标志,将一定范围内的商品集合科学、系统地逐次划分类别的过程。商品分类的方法一般有线分类法与面分类法两种。

线分类法,又称层级分类法,是将拟分类的商品集合总体按选定的属性或特征作为划分基准或分类标志,逐次地分成若干个层次的分类体系。这一体系一般分为大类、中类、小类、细类四层。线分类法的特征是同层次的类别是并列关系,而上下层之间是归属关系。线分类法是商品分类中常用的分类方法。采用线分类法编制商品分类目录时,企业必须预先留有足够的后备容量。

面分类法是将拟分类的商品集合总体根据其本身固有的属性或特征,分成多个相互之间没有隶属关系的面,每个面都包含一组特定的类目。面分类法一般作为线分类法的辅助或补充。

2.商品目录

商品目录以商品分类为依据,也称商品分类目录或商品分类集,是在商品分类和编码的基础上,用表格、符号和文字等形式,全面记录商品分类体系和排列顺序的书面形式。

目前,我国常采用的商品分类体系可概括为基本分类体系、国家标准分类体系和应用分类体系三大体系。基本分类体系以商品的用途作为分类标准,将商品分为生活资料商品和生产资料商品。国家标准分类体系是以国家标准形式对商品进行科学、系统地分类编码所形成的商品分类体系。应用分类体系则以实用性为原则,以满足不同使用者的需要进行分类。

9.4.2 商品代码与商品编码

1.商品代码

商品代码是指某种或某类商品的一个或一组有序的符号排列,旨在方便人们或计算机进行识别与处理。商品分类与商品代码共同构成商品目录的完整内容。

商品代码按其所用的符号类型可分为数字型代码、字母型代码、数字-字母混合型代码和条形码四种。

1987年,我国颁布了国家标准GB7635-87《全国工农业产品(商品、物资)分类与代码》,该标准是全国各部门、各地区必须一致遵守的商品分类与商品编码准则。根据这一国家标准,商品代码的结构共分四层,即大类、中类、小类、品种,由八位数字组成。门类另用英文字母表示顺序。每层均以两位数字表示,从01~99。第一、二、三层类目不再细分时,其代码后面补"0",直至第八位。各层均留有适当空码,以备增加或调整类目。各层数字为"99"的代码均表示收容类目。层内分成若干区间时,每个区间的收容类目一般用末位数字为"9"的代码表示。为满足管理上的特殊需要,第三层设有开列区,用于重新分类或按不同要求补充设置类目。

2.商品编码

商品编码是指根据一定规则赋予某种或某类商品以相应商品代码的过程,即赋予某类商品以统一的符号系列(顺序)。符号系列可由字母、数字和特殊标记组成。

9.4.3 商品条码

商品条码(barcode)是一种由宽窄不同、黑白或彩色相间的平行线及其对应字符构成的特殊数字图形。这些线条和字符按照特定的规则排列组合,作为计算机输入数据的一种方式,其中蕴含了丰富的商品信息。依据编码主体的不同,商品条码可分为商店条码和厂家条码;而根据其使用范围的不同,又可分为商品条码与物流条码。

1. 商店条码

商店条码是专为那些没有商品条码或商品条码无法被识别系统读取的商品而设计的。商店自行编制并打印这些条码,主要用于电子付款机(point of sale,POS)系统对商品的自动扫描结算,仅限于商店内部使用。

2. 厂家条码

厂家条码则是生产厂家在生产过程中直接印在商品包装上的条码,不包含价格信息。目前,全球范围内应用的商品条码主要有国际通用商品条码和北美通用产品条码两种。

国际通用商品条码是由国际物品编码协会(European Article Number,EAN)制定的,用于标识商品的条码。它有两种形式:一种是包含13位数字的条码(简称 EAN-13),另一种是包含8位数字的条码(简称 EAN-8)。

我国在1988年12月成立了中国物品编码中心,并于1991年4月成为国际物品编码协会的会员。1991年5月,我国颁布了推荐性国家标准《通用商品条码》。为了进一步推动电子商务和商品流通信息化的发展,我国在2005年10月1日开始实施国家质量监督检验检疫总局颁布的《商品条码管理办法》。

中国商品条码是国际通用条码在中国的具体应用,在全球范围内通用。中国商品条码由13位数字组成,包括3位国家代码(前缀码)、4位厂商代码、5位商品代码和1位校验码。国家代码由国际物品编码协会分配,目前分配给我国的国家代码是"690""691"和"692"。厂商代码由中国物品编码中心分配。国家代码与厂商代码的组合,通常被称为"厂商识别代码"。商品代码则由厂家自行编定,代表特定的单项商品。而校验码则是根据前12位数字按照 GB12904-1998 附录 A 规定的方法计算得出,用以防止误读。在实际操作中,校验码通常由制作条码原版胶片或条码标签的设备自动生成,无须人工计算。

凡在我国工商行政管理部门登记注册的企业都有资格申请使用商品条码,并成为中国商品条码系统的成员。申请流程包括填写申请表、履行相关手续,经审核批准后,由中国物品编码中心颁发《中国商品条码注册证书》,并在相关媒体上公布。商品代码一旦确定,在全球范围内即具有唯一性,代表特定的商品,不会与其他商品重复。例如,广西某企业的厂商识别代码为"6908521",若该企业生产的 250 ml 易拉罐猕猴桃汁商品代码为"10668",则"690852110668"即该商品的唯一代码,在全球范围内不会与其他商品代码重复。

3. 物流条码

物流条码是企业内部用以代表物流信息的条码系统,其编码原则允许企业根据自身需求进行自定义。物流条码在企业的销售信息系统、库存管理和分货拣选系统中发挥着重要作用。

随着电子商务的日益普及,条码作为一种成本低廉、操作便捷、数据准确且高效的存储媒介和数据录入手段,其发展前景不仅不会受到削弱,反而会更加广阔。

9.5 产品销售页策划

9.5.1 PC端产品销售页策划

产品销售页是用于介绍和销售产品的在线页面,对吸引消费者注意、激发消费者购买欲望、强化购买信心、形成购买行为及实现产品转化起着至关重要的作用。产品销售页按照网络终端的不同可以划分为PC端产品销售页和移动端产品销售页;按照层级可以划分为商品主页和商品详情页。

1. 吸引眼球的产品标题

文案标题需要言简意赅、具有吸引人点击的冲击力和震撼力,与正文内容与活动主题高度吻合。标题应该把消费者关心的关键信息如产品名称、品牌、颜色、型号、功能等和鼓励购买的激励词结合起来。

2. 打动人心的产品照片

(1)产品主图。主图主要用于全面展示产品的营销信息,给顾客留下直观的第一印象,是电商吸引流量的关键要素。主图通常出现在产品搜索结果页、网店分类页以及产品销售主页,其作用在于引导顾客进一步点击链接,深入了解产品详情或进行购买操作。

(2)描述图片。除了主图外,部分销售主页还会展示更多图片。商品详情页也常包含丰富的图片,这些图片从不同角度展示产品的功能、样式、颜色等特性。顾客更青睐于多张图片或动态图像,如360度旋转图、可缩放查看细节图以及使用示范图等。

在策划与制作产品销售页图片时,需要注意以下几点:一是形成差异化的图文设计,与竞争对手或同类产品形成鲜明对比。二是确保图片质量和视觉效果,避免使用模糊、暗淡或主题不突出的图片。若有需要,企业可聘请专业美工人员,按照营销策划方案制作图片。三是图片应着重展示产品的核心卖点,并使用VBEF话术(见图9-3)进行文案设计,同时展现价格优势和数量信息,帮助顾客做出更清晰的选择。四是文案中应包含安全承诺,如免费试用、押金可退、先行赔付等,以降低用户购买障碍,增加购买信心。此外,企业还可以通过提供代言人保证、国家认证等信息,进一步提升产品的说服力。

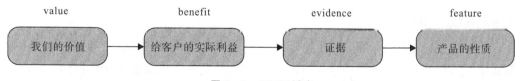

图9-3 VBEF话术

3. 醒目的 CTA 按钮

CTA(call to action,行动号召)按钮,是产品销售页上用于直接引导访客采取特定行为的营销元素。CTA 是 Web 和 App 产品销售页用户界面(user interface,UI)设计中不可或缺的组成部分。比如,电子杂志的"单击此处订阅""阅读更多"按钮,客户服务的"致电联系我们"链接,产品销售的"立即注册""立即购买""加入购物车"按钮,以及网络调研的"回答该问卷"提示等。CTA 按钮的设计应确保用户能够轻松找到,以促使顾客在浏览页面时随时做出购买决策。例如,当顾客滚动浏览商品详情页时,一个悬浮显示的"加入购物车"按钮能够持续保持在视线范围内,方便顾客随时进行购买操作。为产品销售页添加合适的 CTA 按钮至关重要。那么,如何设计 CTA 才能充分发挥其号召力呢?第一,色彩对比是关键,按钮应采用与背景色形成鲜明对比的颜色,以突出显示并吸引访客的注意力;第二,按钮的字体和字号应醒目易辨,与其他页面元素保持适当距离,使其成为页面上最显眼的元素;第三,利益诱导也必不可少,要直接告诉访客完成指定行为后能获得的好处;第四,采用动词作为按钮文本,能够激发人们立即采取行动的冲动;第五,文字应精炼准确,用最简洁的语言传达清晰的信息,避免给用户带来过多的思考负担;第六,通过 AB 测试来优化 CTA 设计,因为不同访客对 CTA 的反应可能不同,通过测试可以找出最有效的设计方案。

4. 鲜活生动的视频介绍

一个好的产品页面应该通过"图文＋视频"的方式全方位地展示产品,以激发顾客的购买欲望。产品视频应简短明了、主题突出,并与图文内容相互补充,共同构建完整的产品形象。

5. 详细全面的产品参数

产品描述应包含清晰的产品说明,为客户提供详尽的参数信息,帮助他们充分了解产品的特点和优势。

6. 优势明显的产品价格

产品价格应以大字体和对比色突出显示,同时将其置于 CTA 按钮附近,以便购物者能够快速做出购买决策。

7. 真实利好的顾客评价

顾客评价不仅是改善服务的重要参考,还能增强潜在顾客的购买信心和信任感。产品页面上应收集和展示大量真实的顾客评价,特别是好评,以提升产品的信誉和吸引力。

8. 细致清晰的 FAQ

针对顾客经常提出的问题,产品页面可设置 FAQ 板块,列出诸如产品到货时间、退货政策、运费、网站安全性等问题及解答,帮助顾客快速获取所需信息,增强购买信心。

9. 催促决策的倒计时器

设置倒计时器是一种有效的销售策略,可以营造紧迫感,促使顾客尽快做出购买决策。

例如,倒计特别优惠的到期时间、新产品版本的上市时间或特定数量商品的售罄时间等。

10. 客服聊天工具

提供客服在线或客服机器人服务,确保顾客的问题能够得到及时回复。通过有针对性的实时聊天服务,快速解答顾客疑问,促进交易的达成。同时,产品页面可以链接品牌的社交渠道,为社群营销奠定基础,实现多渠道营销。

11. 推荐关联产品销售

设置产品页面的目的是销售,卖家可以在页面内添加关联产品的展示,如互补品、条件品等,从而实现通过组合销售提高订单总价。

9.5.2 移动端产品销售页策划

与 PC 端产品销售页面相比,移动端产品销售页面具有屏幕小、碎片化时间上网、页面流量小等特点。因此,移动端产品销售页的制作需要注意以下问题。

1. 体验良好

移动端屏幕相对较小但内容呈现要求更为精细。所以,移动端产品销售页面更要合理安排网站内容和结构,同时做好网站页面布局和视觉体验。只有良好的用户体验,才能让网站在移动端获得好的排名。例如,为了易于用户阅读,要尽量避免使用大量文字,而是将文本转化为小图标或小条目,并使用引语、线条或其他设计元素分隔大段文字,使页面更加美观清晰。再如,在移动设备上,视觉反馈最为关键,移动用户更依赖触摸操作。因此,提供清晰的操作反馈以及适应手触的按钮设计,可以提高与用户的交互性。因为在 PC 端很容易实现的图片放大和缩小在移动端比较困难,所以移动端的页面优化就需要提供高度清晰的素材。

2. 竖屏场景

随着手机等移动设备的普及,传统的横置播放的视听内容已不再具有终端内容交互体验及竞争上的优势。为满足用户移动碎片化接收需求,配合移动端用户手机握持的习惯,很多应用都开始支持竖屏视频。虽然人们的阅读习惯是从上到下,但移动端产品销售页面也不宜太长,同时应注重销量和评价信息的展示,以充分利用竖屏空间。

3. 导航清晰

用户进入首页后,如果导航不清晰,他们很难继续访问网站内部。所以,如何把 PC 端导航尽可能简单地浓缩到移动端就变得很重要。导航应尽量包含主要栏目和重要信息页,尽可能让用户在首屏就找到想要的信息,减少用户下拉页面的时间,从而提高用户体验。

4. 加载迅速

移动端用户大多利用碎片化时间上网,他们对页面加载速度的要求极高。如果移动端页面打开过慢,用户很可能会放弃访问。因此,移动端页面打开时间应尽量保证在三秒之内,尽量减少不必要的图片甚至动画的使用,以提高网站打开速度。

5. 自助结账

由于移动终端屏幕小、顾客碎片化时间上网等特点，销售页应提供自助服务。例如，尽可能留存用户登录信息、银行卡信息、常用配送地址，以省去用户反复填写的麻烦。用户只需在确认后输入密码实现支付即可完成整个购物流程。

网络营销产品整体概念是指在网络营销活动中，消费者所期望的能满足自己需求的所有有形实物和无形服务的总和。网络营销产品可以划分为核心产品、形式产品、期望产品、附加产品、潜在产品五个层次的内容。网络营销产品根据其具体形式可以划分实体产品、数字化虚拟产品和服务产品三类；按照产品的标准化程度可以划分为标品、半标品和非标品三类。网络营销顾客服务策略可以划分为作为网络营销附加产品的服务和独立向消费者提供价值的服务。

商品组合是指网络营销企业向网络目标市场所提供的全部商品或业务的组合或搭配。商品组合由品类与项目构成。品类管理是指零售商和供应商将品类视为战略业务单元进行管理和经营的过程，其通过聚焦消费者价值的传递，旨在提升经营绩效。

网络营销品牌策略一般是指网站中英文名称、站徽及中英文域名的设计、注册与宣传推广策略。网络营销包装策略主要从内包装、外包装与储运包装三个方面进行规划。

商品分类是根据一定的管理目的，选择适当的商品属性或特征作为分类标志，将一定范围内的商品集合科学、系统地逐次划分类别的过程。商品代码按其所用的符号类型可分为数字型代码、字母型代码、数字-字母混合型代码和条形码。

产品销售页按照网络终端不同可以划分为 PC 端产品销售页和移动端产品销售页；按照层级可以划分为商品主页和商品详情页。

◎ 思考题 ◎

1. 网络营销产品可以分成哪几个层次？
2. 适合网络营销的产品具备哪些特点？分析不同类型的产品分别适用什么样的网络营销策略？在网络营销条件下，企业的包装策略和品牌策略有哪些新变化？
3. 网络营销顾客服务的内容有哪些？如何实施网络营销顾客服务策略？
4. FAQ 的设计需要注意哪些问题？
5. 何谓网络营销新产品？网络经济会为企业的新产品开发带来哪些机会与威胁？
6. 何谓商品组合？企业可以实施哪些商品组合策略？
7. 商品分类、商品编码与商品条码技术在网络营销活动中有哪些应用？其应用前景如何？
8. 在网络营销实践中，如何进行产品销售页策划？

第 10 章

网络营销定价策略

价格是市场营销组合策略中十分敏感的因素。定价是否恰当直接关系顾客对产品的接受程度,影响企业产品的销售量和赢利水平。本章在分析网络营销定价的影响因素、网络营销定价目标、网络营销定价特点的基础上,分析了网络营销定价策略、网络营销价格调整策略与网络营销报价策略。

> • 价格策略是企业营销策略中最富有灵活性和艺术性的策略,也是一个非常重要的网络营销策略。

10.1 网络营销定价概述

10.1.1 网络营销定价的影响因素

影响商品定价的因素是多方面的,如企业的定价目标及生产效率、国家的政策法规、消费者的接受能力、竞争对手的定价水平、供求关系及供求双方的议价能力等。市场营销理论认为,产品价格的上限通常取决于产品的市场需求水平,产品价格的下限则取决于产品的成本费用。在最高价格和最低价格的范围内,企业能把产品价格定多高,则取决于竞争对手同种产品的价格水平、买卖双方的议价能力等因素。由此可见,需求因素、供给因素、供求关系、竞争因素与交易方式等都对企业定价有着重要的影响。

1. 需求因素

从需求方面看,市场需求规模、消费者心理、感受价值、收入水平、对价格的敏感程度、议价能力等都是影响企业定价的主要因素。经济学中,需求弹性指的是因价格和收入变动而引起的需求的相应变动率。需求弹性一般来说可以分为需求收入弹性、需求价格弹性、交叉价格弹性和顾客的议价能力等。

(1) 需求收入弹性。需求收入弹性是指因收入变动而引起的需求相应变动的敏感程度。一般来说,奢侈品、服务产品、娱乐消费多属于需求收入富有弹性的产品,而生活必需品则通常表现为需求收入缺乏弹性。由于网络营销主要针对网络用户,根据 CNNIC

的统计,我国网络用户中低收入群体占比大。因此,网络营销定价要考虑需求收入弹性的大小。

(2)需求价格弹性。需求价格弹性是指因价格变动而引起的需求相应变动的敏感程度。在正常情况下,市场需求与价格的变化呈反方向变动。一般来说,奢侈品、服务产品、娱乐消费多属于需求价格富有弹性的产品,而生活必需品则通常表现为需求价格缺乏弹性。在网络营销活动中,企业应根据所售产品的需求价格弹性制定合适的价格策略。一般来说,对于需求价格富有弹性的产品,可以实施薄利多销的低价渗透策略,而对于需求价格缺乏弹性的产品,则可以实施高价撇脂策略。

(3)交叉价格弹性。交叉价格弹性即商品A需求变化的百分比与商品B价格变化的百分比之间的比率。如果交叉价格弹性大于零,则商品A与B存在相互替代关系;如果交叉价格弹性小于零,则说明商品A和B存在互补关系;如果交叉价格弹性的绝对值很小,接近于零,则说明商品A与B相互独立。因此,企业在定价时还要考虑其产品与互补品、替代品和条件品的价格关系。

(4)顾客的议价能力。在网络营销活动中,顾客有着较强的选择性与主动性,其议价能力对企业价格的形成具有很大的影响。一般来说,顾客的议价能力受到多种因素的综合作用,包括购买量、产品性质、一体化趋势、产品的重要性,以及寻找替代品的可能性等。

◉ **实例** 2006年,一位加拿大小伙从在美国分类广告网站上贴出一则交换广告开始,通过一系列物品交换,最终用一枚曲别针换到了一套房子的使用权。换客网、换客中国等物品置换平台也为消费者提供了便捷的物品交换渠道。通过这一平台,人们可以通过原始的交易方式在网站上发布自己的闲置物品,并换到自己所需要的物品。

2. 供给因素

从供给层面来看,企业产品的生产成本与营销费用是决定定价的关键因素。成本构成了产品价格的最低界限,这意味着产品价格必须能够覆盖产品从生产、分销到促销全过程的所有支出,并确保企业盈利。根据与产量或销量的关系,产品成本可分为固定成本和变动成本两类。固定成本指的是在一定范围内不随产量或销量变化而变化的成本;而变动成本则随产量或销量的增减而发生相应变化。固定成本和变动成本的总和即产品的总成本。因此,产品的最低定价应确保能够收回总成本。影响企业定价的主要成本因素包括总固定成本、总变动成本、总成本、单位产品固定成本、单位产品变动成本以及单位产品总成本等。

3. 供求关系

从营销学视角来看,企业的定价策略既是一门科学,又是一门艺术。但从经济学视角出发,企业的定价大体遵循价值规律。因此,供求关系成为影响企业产品交易价格形成的基本要素。通常情况下,当市场处于供小于求的卖方市场时,企业可以采取高价策略;反之,在供大于求的买方市场时,企业应实施低价策略;而当市场处于供求平衡的状态时,交易价格则趋于均衡价格。因此,企业在定价时应确保价格不过度偏离市场的均衡价格。

4. 竞争因素

竞争因素对价格的影响主要来自商品的供求关系及其变化趋势,以及竞争对手的定价目标和策略。在营销实践中,以竞争对手为导向的定价策略主要有三种形式:一是设定低于竞争对手的价格,以获取竞争优势;二是与竞争对手保持同价,即随行就市;三是设置高于竞争对手的价格,这通常基于产品或品牌的独特价值。

5. 交易方式

市场营销的核心在于商品交换。在这个过程中,交易方式的选择对产品价格的形成和交易价格的确定具有显著影响。在工业经济时代,由于受市场空间和时间的限制,需求方常处于信息不充足或不对称的境地,议价能力较弱。然而,在网络营销活动中,网络的时空无界性使得需求方能够获取更全面的供给信息,进行全球范围内的比较,从而做出更理性的购买决策,这也极大地提升了买方的议价能力。因此,企业需根据这一显著变化制定更为合理的价格策略。在商品交换活动中,不同的交易方式会导致产品价格发生不同程度的差异。在网络营销活动中,企业可以考虑采用谈判定价、拍卖定价、密封投标定价、明码标价等多种交易方式,以制定更为合理的价格。

10.1.2　网络营销定价的目标

企业的定价目标是指企业期望通过产品价格策略实现的具体目的,它是企业选择定价方法和制定价格策略的基础。不同的企业因市场定位、竞争环境和产品特性的不同,定价目标也会有所差异。同时,同一企业在不同的发展阶段也可能设定不同的定价目标。

1. 以维持企业生存为目标

当企业面临产能过剩、市场竞争激烈或消费者需求疲软的情况时,维持企业生存往往成为主要的定价目标。此时,企业可能采取成本导向的定价策略,即价格仅略高于成本,以确保产品能够销售出去并维持企业的基本运营。

2. 以获取当前最高利润为目标

在某些情况下,企业可能将追求当前利润最大化作为定价目标。对于需求价格弹性较大的产品,企业可能通过薄利多销的策略实现利润最大化。而对于需求价格弹性较小的产品,企业则可能采取高价策略,以获取更高的单位产品利润。

3. 以市场占有率最大化为目标

为了赢得某一商品的市场竞争优势,一些企业可能将最大化市场占有率作为定价目标。在这种情况下,企业通常会制定较低的价格,以吸引更多的消费者并扩大市场份额。实现这一目标的前提通常是产品需求价格弹性较大,且产品成本会随着销量的增加而降低。

一般而言,企业在以市场占有率最大化为目标时,需要具备以下条件:首先,产品应具备较高的需求价格弹性,以便通过降价增加销量;其次,产品的生产或销售应具有明显的规模经济效益,以降低成本;再次,企业还需有足够的实力承受短期内低价策略可能带来的经济损失;最后,低价策略应能有效打击竞争对手,确保企业在市场中的领先地位。

4.以应对和防止竞争为目标

为了阻止竞争对手进入自己的目标市场或维护自己的市场地位,一些企业可能会采取低价策略。这种定价目标通常适用于实力雄厚的大企业。在激烈的市场竞争中,中小企业也可能跟随主导企业的降价行动,以消除竞争对手降价带来的威胁。

在当前的网络营销活动中,由于网络市场尚处于培育阶段,企业进入网络市场的主要目标是占领市场,谋求长期的生存与发展机会。因此,获取高额利润在现阶段仍是一种长远的战略目标。目前,网络营销产品的定价普遍较低甚至免费,这是为了吸引更多的用户并培育市场。根据顾客身份和购买目的的不同,网络市场可分为网络消费者市场和网络组织市场。对于网上消费者市场,由于目前上网人数有限且购物行为占比不高,因此企业需要采用低价甚至免费的定价策略来培育市场。而对于网上组织市场,由于购买者通常是企业或其他组织机构,其购买行为较为理性,因此企业可以采用能够实现双赢的定价策略,通过降低供应与采购成本、库存费用、生产成本及营销费用等方式,与合作伙伴共同分享成本降低带来的价值增值。

10.1.3 网络营销定价的特点

1.全球性

网络营销具有鲜明的全球性特征,它面对的是一个开放且全球化的市场。顾客无论身处何地,都可以通过互联网直接选购商品,无须考虑网站所属的国家或地区。因此,企业的目标市场得以从过去受时空限制的局部市场拓展到更为广阔的全球市场。在这一背景下,一方面,企业产品国际间的价格水平将逐渐趋于统一,国别间的价格差异将显著缩小。顾客可以方便地将网上商店的价格与传统零售商的价格进行比较,甚至可以通过价格比较网站或购物代理商来轻松对比不同网上产品的价格和特色。另一方面,由于全球网络市场的差异性极大,企业难以采用统一的标准化定价策略。因此,企业在营销活动中需遵循全球化和本土化相结合的原则,可以考虑在具有较大规模潜在市场的国家设立地区性网站,以满足不同地区网络营销活动的需求。

2.低价位

借助互联网进行销售的一大优势在于能够有效降低企业的费用成本。因此,相较于传统的线下销售,网上销售的价格通常更为低廉。这主要得益于网上信息的公开性、充分性和易于搜索比较的特点,其使得顾客能够基于更全面的信息做出理性的购买决策。研究表明,消费者选择网上购物不仅是因为其便利性,更是因为他们能够在网上获取更多的产品信息,从而以更优惠的价格购买到心仪的商品。

3. 顾客主导

在网络营销活动中,顾客拥有更多的主导权。他们可以根据充分的市场信息选择购买或定制满意的产品或服务,并力求以最小的代价(包括货币成本、精力成本、时间成本等)获取这些产品或服务。只有当网络营销活动的定价能够让顾客感受到所得到的让渡价值最大化时,他们才会选择网上购物的方式。这种顾客主导定价的策略实际上是一种双赢的发展策略,它既能更好地满足顾客的需求,也能为企业带来更多的营销机会和利润。在实践中,顾客主导定价的策略包括顾客定制生产定价和拍卖定价等。

4. 弹性化

网络营销的互动性使得顾客能够与企业就产品的价格进行协商,即具有议价的可能性。此外,根据每个顾客对产品或服务提出的不同要求,企业可以灵活地制定相应的价格策略,这体现了网络营销定价的弹性化特点。

10.2 网络营销定价策略类型

10.2.1 新产品定价策略

1. 低价渗透策略

低价渗透策略是企业以较低的价格将产品投放网络市场,旨在吸引网络顾客,迅速占领市场份额,增强市场竞争力。这种策略能有效阻止竞争者的进入,并带来较大的销售量。实施低价渗透策略的条件包括市场规模大且潜在竞争者多;产品无明显特色,需求弹性大,低价能刺激需求增长;大批量销售能显著降低企业成本,增加总利润。低价渗透策略的具体形式有以下几种。

(1) 直接低价策略。指企业在产品发布时,其定价就低于同类产品的市场价格。这种策略通常被制造商在网络直销时所采用,如戴尔公司的计算机产品的定价相比同性能的其他公司产品要低 10%~15%。而实施这一策略的前提在于企业积极开展网络营销和电子商务活动。

(2) 折扣低价策略。指企业在公布产品价格时,无论网上还是网下销售均维持统一的价格,但对于网上购买的顾客,会在原价基础上提供一定的折扣率。这种策略使顾客能够直观地了解产品的价格优惠幅度,从而感受到网上购物的实惠,进而激发其购买欲望。这种价格策略常见于各类网上商店的营销活动,它们通常根据市场上的流行价格进行折扣定价。例如,亚马逊网站的图书折扣有时能达到3~5折。

(3) 促销低价策略。指企业虽然以市场价格销售商品给顾客,但为了促销目的,企业会通过一些方式给予顾客额外的优惠,从而达到变相降价的效果。当企业希望迅速拓展网络市场,但产品价格并不具备显著竞争优势时,若不能直接降价,可考虑采用这种网上促销低价策略。比如,为了开拓网上销售市场或推广新产品,许多企业会采取临时性的促销低价策略,包括有奖销售和附带赠品销售等方式。

实施低价渗透策略需要满足三个条件:首先,低价策略不会引起实际和潜在的竞争;其次,产品需求对价格敏感,目标市场对价格变动反应较大;最后,随着产量和销量的增加,生产成本和营销成本能够相应降低。

在网络营销活动中,企业采用低价渗透策略时需要注意以下几点:首先,由于互联网的免费共享特性,顾客往往期望网上商品比传统渠道的商品更便宜,因此这种策略不适合销售那些顾客对价格敏感而企业又难以降价的产品。其次,在网上公布价格时,企业应明确区分不同的消费对象,如一般消费者、零售商、批发商和合作伙伴,并提供相应的价格信息发布渠道,以避免因低价策略混乱导致的营销渠道混乱。最后,发布价格信息时,企业要充分考虑同类网站上的可比商品价格,因为消费者很容易在网上找到更便宜的替代品。如果企业产品定价明显高于同类商品,不仅会影响销售,还可能给消费者留下定价偏高或不合理的印象。

2. 高价撇脂策略

与低价渗透策略相反,高价撇脂策略是指在产品生命周期的初期,企业选择以高价将产品投放市场,旨在迅速攫取高额利润,正如从牛奶中撇取奶油一般。随着产品销量和产量的逐步扩大,以及生产成本的降低,企业会逐步调整价格策略,逐步降低价格。

在实践中,采用高价撇脂策略通常需要满足以下三个条件:首先,产品质量与高价定位相匹配,确保消费者认为物有所值。其次,市场中存在足够多的能够接受并愿意支付高价的顾客群体。最后,在高价策略下,竞争对手难以在短期内进入该市场,如拥有专利保护的产品。

在网络营销环境中,企业为了宣传网站、迅速占领市场,往往会选择低价销售策略。然而,不同类别的产品应采取不同的定价策略。日常生活用品等购买频率高、周转速度快的产品,适合采用薄利多销的策略,以宣传网站并占领市场;而周转较慢、销售与储运成本较高的特殊商品和耐用品,价格则可设定得稍高,以确保企业能够获取必要的利润。对于那些具有独特属性的产品,消费者无法通过网络直观了解产品的价值,而往往依赖价格来判断产品的价值,因此,企业可以借助高价位策略在网络市场上树立产品的独特形象。

3. 稳妥定价策略

稳妥定价策略是一种折中的定价方式,它结合了高价撇脂策略和低价渗透策略的优点,采取的价格既低于撇脂价格,又高于渗透价格,旨在两者间找到一个平衡点,既能保证企业的利润,又能吸引足够多的消费者,以实现稳健的市场扩张。

10.2.2 免费策略

免费策略是将企业的产品或服务以免费的形式提供给顾客使用,旨在满足顾客的需求。这种策略在网络营销中极为常见,不仅作为短期的促销手段,更可视为一种长期且有效的产品或服务定价策略。

1. 免费策略的形式

(1) 完全免费。完全免费意味着产品或服务在购买、使用及售后服务的所有环节都无须顾客支付任何费用。例如，部分网络公司在初创期，通过在各种场合提供免费软件，成功吸引了大量用户。

(2) 有限免费。有限免费即产品或服务可以被有限次免费使用，超过一定期限或次数后则需付费。

(3) 部分免费。部分免费指产品或服务的某一部分或某个环节对顾客免费，而其余部分或环节则需付费。例如，一些网站提供部分研究成果的免费查看，若需获取全部内容则需支付费用。

(4) 捆绑式免费。捆绑式免费指在购买某种产品或服务时，顾客可享受其他产品或服务的免费赠送。例如，美容院在销售美容物品时，可附赠免费的美容服务。

免费策略作为占领网络市场的有效手段，其目的之一是使顾客在体验过程中形成偏好，之后逐步过渡到收费模式；另一目的则是通过占领市场来发掘网络市场潜在的巨大商业价值。

2. 免费产品的特点

在网络营销活动中，并非所有产品都适合免费策略。适合免费策略的产品通常具备以下特点。

(1) 易于数字化。互联网是信息交换的平台，它的基础是数字传输。易于数字化的产品都可以通过互联网实现几乎零成本的配送。企业只需将这些免费产品放置到企业的网站上，顾客便可以通过互联网自由下载使用，即企业通过较小的成本就可以实现产品的大面积推广。

(2) 无形化。在网络营销活动中，采用免费策略的产品一般是一些没有实体的无形产品，它们需要借助一定的载体才能表现出一定的形态供顾客消费，如软件、信息服务、音乐制品、图书等。这些无形产品可以通过数字化技术实现网上传输。

(3) 零复制成本。零复制成本主要是指产品开发成功后，只需通过简单的复制就可以实现无限制的生产。对这些产品实行免费策略，企业只需投入前期的研制费用，产品生产、推广和销售则完全可以通过互联网实现零成本运作。

(4) 成长性。免费策略的目的就是利用产品推广来占领市场，为未来市场的发展奠定坚实的基础。所以，实施免费定价策略产品的目标市场一般都应具有较强的成长性或市场扩散能力。

(5) 间接收益。市场经济的游戏规则是交换，不会有真正的免费。所以，实行免费策略的产品或服务必须能使企业通过其他渠道获取足够的收益，以弥补免费造成的损失并带来足够的收益。这种收益方式也是目前大多数互联网内容提供商的主要商业运作模式，其主要目的是通过提供免费产品或服务吸引大量的网上用户，实现潜在市场的培育，再通过网上用户对企业其他收费性产品或服务的支持来赢利。

3. 免费策略的实施

对于企业而言,为用户提供免费服务只是其商业布局的起点,紧随其后的则是精心策划的盈利计划。然而,必须明确的是,并非所有企业都能仅凭免费策略便轻易获得成功。实施免费策略的企业往往需要承担相当大的风险。因此,这一策略必须与企业的营销计划和战略规划紧密配合。为降低风险并提升策略的成功率,企业一般应遵循以下思考步骤。

(1) 深入分析免费策略是否与企业的商业运作模式相契合。鉴于互联网市场的成长性特点,企业网络营销成功的关键在于拥有一个切实可行且高效的商业运作模式。因此,免费策略必须服务于企业的整体战略规划,并与现有的商业运作模式保持协调。

(2) 仔细评估实施免费策略的产品或服务是否能够得到市场的认可。这主要涉及判断所提供的免费产品或服务是否满足市场的迫切需求,以及实施免费策略后,产品是否能够实现快速且大范围的推广。回顾以往通过免费策略获得成功的互联网企业,它们共同的特点便是提供的产品或服务深受市场欢迎。

(3) 精心策划免费产品或服务的推广活动。由于互联网信息庞杂,充斥着各种免费产品与服务,用户对此已习以为常。因此,为了吸引用户的关注,企业在推广免费产品或服务时,应如同推广其他产品一样,制定周密的营销策划。在此过程中,企业应主要利用互联网渠道进行宣传推广。

(4) 分析实施免费策略的最佳时机。在互联网上推出免费产品的核心目的在于抢占市场。如果目标市场已被竞争对手占据或已趋于成熟,企业则应对所推出产品或服务的竞争力进行深入分析,以确保免费策略的实施能够取得预期效果。

10.2.3 促销定价策略

1. 定制生产定价策略

定制生产定价策略是在企业具备定制生产能力的基础上,借助网络技术和辅助设计软件,为消费者提供个性化产品配置与设计服务,并允许他们根据自己的需求和预算进行价格设定。例如,戴尔公司的用户能够通过企业的在线平台了解产品的基本配置和功能,并根据自己的实际需求和经济能力选择并配置满意的产品。然而,目前这种允许消费者自行定制并定价的营销方式受技术和其他因素的限制,消费者的选择范围有限,企业还无法完全按照消费者的个性化需求进行生产和供货。

2. 使用定价策略

使用定价策略是一种新型定价模式,消费者在完成必要的在线注册后,无须完全购买即可直接使用企业的产品或服务,企业则根据顾客使用的次数或接受服务的时长进行收费。在传统的商品交易中,产品的买卖意味着完整产权的转移,但随着经济发展和产品更新速度的加快,许多产品在使用几次后就可能被新产品替代,这种变化无疑限制了产品的销售。为适应这一变化,企业可以采用类似租赁的按使用次数定价的方式,这不仅降低了企业的生产和营销成本,也消除了潜在顾客的顾虑,促进了产品的积极使用,从而扩大了市场份额。消费者只需按使用次数付费,在满足需求的同时,也大大降低了购买成本。然而,并非所有产品都适合这种定价方式,企业应主要考虑产品是否适合在线传输和远程调用。目前,适合此定价方式的产品主要包括计算机软件、音乐、电影和电子刊物等。例如,我国的用友软件公司推出的网络财务软件就采用了这种定价方式,用户注册后可直接在线处理账务,无须担心软件的购买、升级和维护等问题。

3. 拍卖定价策略

拍卖作为一种古老的交易方式,在现代市场经济中依然发挥着重要作用。特别是在网络环境中,拍卖定价策略得到了广泛应用。网络拍卖主要有以下几种形式。

(1) 增价拍卖。增价拍卖又称英式拍卖,是网上拍卖中最常用的一种方式。拍卖人设定起拍价和加价额度,买家通过在线竞价,最终由出价最高者获得购买权。这种拍卖方式通常适用于拍卖周期较长、商品价值较高的场合。

(2) 减价拍卖。减价拍卖又称荷兰式拍卖,其特点是拍卖价格从高到低逐渐降低,直到有买家愿意出价为止。这种拍卖方式节奏快,适用于拍卖周期较短的场合。

(3) 竞价拍买。竞价拍买是竞价拍卖的反向操作,由买方提出购买要求和价格范围,卖方进行竞价,最终买方与出价最低或最接近的卖方成交。这种方式有助于买方以更低的价格获得所需商品。

(4) 集合竞价。集合竞价是一种由购买者集体议价的交易方式,消费者提出购买需求,多个卖家进行竞价,最终由消费者选择最合适的卖家成交。这种模式为消费者提供了更多的选择和议价空间。

在网络营销中,企业应根据自身产品特点和市场需求,灵活选择适合的拍卖定价策略,以实现最佳的营销效果。

4. 密封投标定价策略

招标投标市场的显著特点是招标方通常占据相对垄断的地位,而投标方则为多个竞争者。在这样的市场中,投标报价的高低直接影响企业的利润和中标概率。报价高,虽然可能带来更大的利润,但中标的机会相对较小。反之,报价低,虽利润可能减少,但中标的机会增大。由于投标过程是密封的,各投标方对于竞争对手的报价一无所知。因此,密封投标定价策略便是企业根据招标方的要求,结合对竞争对手出价水平的预测、企业自身的获利预期以及中标概率的考量来综合确定投标价格的一种策略。

5. 产品组合定价策略

当某个产品作为产品组合的一部分时,企业应针对整个产品组合制定价格策略,以使整体利润最大化。这种策略主要包括以下几种形式。

(1) 产品线定价策略。企业通常开发的是一系列产品,而非单一产品。当这些产品之间存在需求和成本的内在联系时,企业应采取产品线定价策略。这通常涉及确定产品线中的最低价格产品,作为吸引消费者购买其他产品的"领袖价格"。同时,企业应设定最高价格产品,以塑造品牌形象和确保投资回报,并根据市场情况和成本效益分析,为产品线中的其他产品依次定价。

(2) **产品群定价策略**。为了促进销售,企业可以将具有消费连带关系的产品组成产品群进行销售,这种策略也称为搭配销售或捆绑式销售。例如,影剧院可能将多部影片组合售票,或推出季票、月票等;旅游景点可以采用通票制。实施这种策略时,企业应确保价格具有足够的吸引力,以激发消费者的购买意愿。

(3) **互补品定价策略**。互补品是指需要相互配合使用的产品。其中,价值较高、更新周期较长的产品通常为主产品;而与主产品配合使用、价值较低、更新周期短的产品为次产品或附带产品。例如,照相机与胶卷、刮胡刀与刀片等。由于互补品之间的需求存在负相关性,即一种产品价格上升可能导致另一种产品需求下降,因此企业在定价时应综合考虑各种因素。通常,主产品会采用低价策略以吸引消费者,而附带产品则可能采用高价策略以获取更高利润。

(4) **捆绑定价策略**。捆绑定价是指将两种或多种相关商品组合在一起进行定价的策略。例如,将上衣、下装和相关饰品进行捆绑销售。这种策略的具体形式包括满额减价、三件免邮、折上折等,旨在鼓励消费者购买更多商品,降低搭配成本,并激发其购物欲望。

10.3 网络营销价格调整策略

在网络营销活动中,企业在确定了基本价格后,还应根据不同的消费心理、购买行为、地区差异、需求差异等因素对基本价格进行灵活调整。许多在传统营销中行之有效的价格调整策略,在网络营销环境中得到了应用,并得到了创新和发展。一般来说,网络营销活动中的价格调整策略主要有以下几种类型。

10.3.1 心理定价策略

心理定价策略是指企业根据消费者的心理需求和对不同价格的感知,有针对性地采用多种价格形式,以促进销售。这种策略旨在通过影响消费者的心理感受激发其购买欲望。

1. 尾数定价策略

尾数定价策略,也称零头定价策略,指定价时保留小数点后的尾数,如将价格定为19.80元而非20元。这种策略既能增强消费者对定价工作的信任感,又能使消费者产生商品价格实惠的感觉。对于需求价格弹性较大的中低档商品,尾数定价往往能有效提升销售量。在网络营销中,当消费者对产品价值有充分了解且产品单价不高时,企业可以采用尾数定价策略,以增加消费者的认同感。

2. 整数定价策略

整数定价策略是指对价格采取舍零凑整的方法，将产品价格定为整数或整数水平以上，如定价为 1000 元或 1050 元而非 990 元。这种策略旨在给消费者一种商品高一档次的感觉。在网络营销活动中，对于消费者不了解产品价值或具有独特属性的高价产品，企业可以采用整数定价策略。

3. 声望定价策略

声望定价策略是根据消费者的"一分钱一分货"的购物心理，对享有较高声望的产品制定较高的价格。这种方法尤其适用于产品质量不易鉴别、成本不易估算的产品。因为这类产品的价格往往被视为产品质量的直观反映。在网络营销活动中，企业的形象、声誉是影响顾客购买行为的重要因素。如果网上商店在消费者心中享有较高声望，其商品价格可适当高于其他商店。

4. 分档定价策略

分档定价策略适用于产品具有多个品牌、规格、型号的情况。企业可以将产品分成几档，每档定一个价格。这种策略既便于消费者做出购买决策，又能简化销售手续。但分档时需注意档次数量不宜过多，各档间的差价也要适中。例如，手机价格可以分为三个档次：2000 元以上、1000～2000 元、1000 元以下。三个档次代表三种质量水平，以满足不同层次消费者的需求。

5. 招徕定价策略

招徕定价策略是利用消费者寻求便宜的心理，将部分商品价格定得较低（甚至低于成本），以吸引顾客访问企业网站，进而促进其他产品的销售。例如，有些网上商店会设置几种低价畅销商品，以吸引更多顾客访问，并带动其他商品的销售。

10.3.2 差别定价策略

差别定价，亦称价格歧视，是指企业根据交易对象、交易时间、交易地点等的不同，对同一产品制定出两种或两种以上的不同价格，旨在满足顾客的不同需求，从而扩大销售、增加收益。需要注意的是，这种价格差异并非源于成本费用的不同，而是基于对消费者不同需求的考量。

在网络营销活动中，企业可实行动态的智能定价机制。在此机制下，价格因市场状况而异，具体定价水平则取决于市场情形、个性化服务的成本，以及顾客对产品或服务提供方式的重视程度。差别定价策略具有多种形式，具体如下所述。

1. 地区差别定价策略

地区差别定价策略是指在网络营销活动中，企业应决定对销往不同地区的产品是制定统一价格还是差异化价格。虽然网络营销信息传播具有全球覆盖性，但无法直接在线配送的产品则会涉及运输、装卸、仓储、保险等费用支出。因此，地区差别定价策略尤为重要。

(1)FOB 定价。FOB(free on board,离岸价)定价指卖方负责将产品装运至产地的运输工具上并承担此前的风险与费用,之后的风险与费用则由买方承担。交货后,每位顾客需各自承担从产地到目的地的运费。

(2)统一交货定价。统一交货定价指企业为不同地区顾客销售同一产品时,均按相同出厂价加上平均运费定价。这种方法简化了定价流程,有助于吸引远方顾客,但对近处顾客可能稍显不利。

(3)分区定价。分区定价介于 FOB 定价和统一交货定价之间。分区定价指企业将目标市场划分为多个价格区,对不同价格区的顾客销售同一产品时制定不同的价格。一般来说,距离企业较远的价格区定价较高,而近处的价格区则定价较低。

(4)基点定价。基点定价指企业选定某些城市作为基点,按出厂价加上从基点城市到顾客所在地的运费定价,而不论产品实际起运地点为何处。

(5)免收运费定价。免收运费定价指为拓展市场,企业承担全部或部分运费。采取免收运费定价有助于企业深化市场渗透,并在激烈的市场竞争中站稳脚跟。

2.折扣定价策略

(1)现金折扣。现金折扣指为鼓励买方现款支付或提前付款,企业在原价基础上给予一定折扣。例如,"2/10 净 30 天"表示付款期为 30 天,如顾客在 10 天内付款,将享受 2%的折扣。

(2)数量折扣。数量折扣是企业为鼓励顾客大量或多次购买而提供的折扣政策。购买数量越多,折扣通常越大。数量折扣可分为累计折扣和非累计折扣,即折扣可基于每次购买量或一定时间内的累计购买量计算。

(3)季节折扣。季节折扣是指企业给那些购买过季商品或服务的顾客的一种价格减让。例如,为了鼓励中间商淡季进货或激励消费者淡季购买,企业可以采取季节折扣策略。

3.顾客身份定价策略

顾客身份定价策略指企业按照不同的价格把同一种产品或服务销售给不同的顾客。例如,网上超市对会员有价格优惠,而非会员则不能享受优惠。

4.产品形式定价策略

产品形式定价策略指企业对具有相同质量和成本但型号、款式等不同的产品制定不同的价格。例如,不同款式的手机尽管质量和成本相同,但价格则常常有较大的差异。

5.产品部位定价策略

产品部位定价策略指企业对处于不同部位的产品或服务制定不同的价格,尽管其成本可能相同。例如,火车卧铺的上下铺、剧院座位的前后排、飞机座位的不同位置等,均可能因位置差异而定价不同。网上广告也常根据发布位置的不同而被收取不同的费用。

6. 产品销售时间定价策略

产品销售时间定价策略指企业根据商品在不同季节、日期甚至一天的不同时段制定不同的价格。对于市场寿命周期较短的产品，如高科技产品，此策略尤为适用。一些网站通过设置特价商品区，及时处理多余库存，以加快资金回收并应对需求的不确定性。鲜花礼品网站常根据季节和节日的不同制定鲜花价格，这也就是采用了产品销售时间定价策略。

7. 用户行为定价策略

用户行为定价策略是指企业基于用户行为分析实施的差异化定价策略。具体而言，企业会根据消费者的历史购买记录、消费习惯及行为模式，对消费者进行细致区分，并据此制定不同的定价策略。这种定价方式的有效性在于，消费者的购买记录和行为可精准反映其偏好和需求，为企业提供有力的定价依据。随着平台经济的快速发展，平台方积累了大量的用户信息。如何利用这些信息资源细分用户，并据此制定合适的价格，已成为竞争企业面临的重要课题。通过深度挖掘和分析用户数据，企业可以更准确地把握市场脉络，制定更为精准的定价策略，从而使自身利润最大化。

尽管差别定价策略能够促进销售，但其实施必须满足一系列条件。例如，市场必须是可以细分的，且各细分市场应表现出不同的需求强度；顾客购买的低价产品不应有高价转售给其他顾客的可能性；竞争者不能在企业高价销售的市场上以低价进行竞争；实行差别定价所增加的管理费用必须低于由此带来的额外收入；差别定价策略必须被顾客接受，不会引起反感而对产品销售造成负面影响；差别定价的形式必须合法，遵循相关法律法规，避免法律风险。

10.3.3 报价策略

1. 报价模式

科学合理的价格制定依赖于恰当的报价技巧。缺乏这些技巧，商品的价值往往难以实现。常见的报价模式有以下几种。

(1) 固定报价。固定报价即一口价，是指产品的定价不可浮动，只能以网上商店标出的销售价格成交。

(2) 统一报价。统一报价是指企业统一制定其产品价格。不论是在传统的分销渠道还是在线渠道，价格均保持一致。这有助于确保市场运作的规范性，避免价格混乱，为消费者提供便利的购买环境。同时，企业也能更轻易地掌控渠道的利润。然而，此方式无法反映因销售方式差异导致的成本变化，因此适用于消费者较为熟悉的商品。

(3) 区间报价。区间报价是指企业在网上报出一个区间价格，消费者根据自己对产品价值的理解与企业进行讨价还价。这种方法适用于对产品系列的报价，即企业针对一个产品系列制定出区间价格后，消费者再利用企业所提供的信息对产品系列中的某个产品项目提出一个自己能接受的价格，获得企业认同后成交。

(4)分解报价。分解报价是指企业将产品价格的组成部分详细列出,帮助消费者了解价格构成,从而建立信任并促成购买。在网络营销活动中,分解价格的加总工作由消费者自行完成。例如,对于包含物流费用的产品,企业可以采用"产品价格+物流费用"的分解报价方式。

(5)比较报价。比较报价是网上商店常用的一种策略,通过标示多种价格信息(如会员价、市场价、折扣价等),帮助消费者进行比较并做出选择。部分商务网站还提供比较购物服务,消费者可以输入产品信息,网站会搜索出同一商品的不同标价,供消费者比较选择。这种方式有助于企业掌握竞争对手的价格动态,调整自身价格策略。

(6)不公开报价。不公开报价指企业不直接公开产品价格,而是将产品的网上销售链接到零售合作伙伴网站,由零售商负责定价和承担直接的营销风险。这种方式可以减轻企业在定价和营销方面的压力。

(7)分步报价。分步报价指在网络营销活动中,企业不直接通过网络传递产品价格信息,而是在消费者表达购买意向后,通过传统的讨价还价方式完成交易。

(8)自动出价。自动出价指在竞买过程中,竞买方可以选择自动出价工具并输入愿意支付的最高金额,计算机会根据系统设定以最小的加价幅度出价,旨在帮助买方以尽可能低的价格购买商品。最高出价金额仅在其他买家出到相同价格时才会显示。

2. 报价策略类型

(1)个性化报价策略。个性化报价策略是指充分利用网络的互动性特点,根据消费者的个性化需求特征,为同种产品制定有差别的价格。网络的互动性使得企业能够及时获取消费者的需求信息,实现个性化营销,从而使个性化报价策略成为网络营销的重要一环。

消费者往往对产品的功能、款式、颜色等有着独特的个性化需求。在网络营销环境下,网络为企业满足这些个性化需求提供了强大的技术支持。企业在技术允许的前提下,可以最大限度地提供一对一的个性化产品或服务。由于个性化产品或服务的成本与其他价格影响因素存在较大差异,因此,在网络营销活动中,对于提供给不同顾客的同种产品,企业可以根据具体情况制定有差别的个性化产品价格。

(2)特殊品报价策略。特殊品指的是具有特定品牌或特色,或为特定顾客群专门供应的物品,如高档乐器、名牌钟表、邮票和古董等。在网络营销活动中,特殊品的报价策略应基于其在网上的需求状况。由于特殊品具有稀缺性和垄断性的特点,当某产品具有特殊需求时,几乎无须过多考虑竞争因素,只需深入分析需求状况,制定合适价格即可。在网络营销活动中,典型的特殊品主要有两类:一类是创意独特的新产品,其利用网络沟通的广泛性和便利性,满足特定消费者的独特需求;另一类是具有特殊收藏价值的商品,如古董、纪念物等。对于这些产品,企业可以考虑采用网上拍卖或其他定价策略。

(3)"秒杀"策略。"秒杀"最初源自网络游戏,现已延伸至网络购物,成为网上竞拍的新方式。"秒杀"指商家为促销等目的组织限时抢购活动,发布价格低廉的商品,吸引大量购买者在规定时间内进行抢购。由于商品价格超低,商品很快被抢购一空。

"秒杀"不仅是商家的促销手段,还是一种低成本的广告宣传方式。它能为商家迅速增加人气和流量,吸引潜在消费者。同时,"秒杀"活动还能带动其他产品的网络销售。其主要应用模式有两种:一是价格与商品价值差异悬殊的秒杀,主要用于宣传炒作;二是价格略低于原价的秒杀,实质为限时抢购,薄利多销。

(4)智能报价系统。 智能报价系统包括自动调价系统和智慧型议价系统。自动调价系统根据季节变动、市场供求、竞争价格等因素,在计算最大盈利的基础上自动调整价格。智慧型议价系统则允许消费者与企业直接在网上协商价格,实现双方的直接对话,体现网络整合营销的理念。

(5)动态报价系统。 动态定价是一种根据消费者购买意向、商品价值及市场供求状况动态调整价格的机制。例如,购买时位价随时间上涨,或购买排位价随购买人数增加而递增。这种定价方式暗示消费者越早购买越优惠。网络技术的应用简化了调价流程,降低了更换报价单的成本,使企业能够根据供应和库存情况迅速调整价格,提供多样化的产品、促销优惠、支付方式和差异化定价。

本章小结

需求因素、供给因素、供求关系、竞争因素与交易方式等因素对企业定价有着重要的影响。网络营销定价目标是企业选择定价方法和制定价格策略的基础,维持企业生存、获取当前最高利润、市场占有率最大化、应对和防止竞争是常见的定价目标。与传统的定价相比,网络营销定价具有全球性、低价位、顾客主导、弹性化等特点。

常见的网络营销定价策略有新产品定价策略、免费策略、促销定价策略。新产品定价策略包括低价渗透策略、高价撇脂策略和稳妥定价策略;免费策略包括完全免费、有限免费、部分免费和捆绑式免费等形式;促销定价策略有定制生产定价策略、使用定价策略、拍卖定价策略、密封投标定价策略和产品组合定价策略。

一般来说,网络营销价格调整策略主要有心理定价策略、差别定价策略与报价策略。心理定价策略包括尾数定价策略、整数定价策略、声望定价策略、分档定价策略和招徕定价策略;差别定价策略包括地区差别定价策略、折扣定价策略、顾客身份定价策略、产品形式定价策略、产品部位定价策略、产品销售时间定价策略和用户行为定价策略;报价策略有个性化报价策略、特殊品报价策略、"秒杀"策略、智能报价系统和动态报价系统等类型。

思考题

1. 网络营销定价应考虑哪些因素?网络营销定价的目标一般有哪些?网络营销定价与传统营销定价相比有哪些特点?

2. 实施低价渗透策略需要注意哪些问题?分析低价渗透策略的可行性。

3. 在网络营销活动中,实施免费策略有何风险?实施免费策略的产品需要具有什么属性?

4. 促销定价策略中常见的定价策略有哪些?

5. 在物流配送体系滞后的情况下,分析地区差别定价策略的可行性及其利弊。

6. 企业实行差别定价需要具备哪些条件?常用的差别定价策略有哪些?

7. 常用的心理定价策略有哪些?

8. 折扣定价策略有哪些?企业实行折扣定价策略时应注意哪些问题?

9. 目前,B2C 网站采取哪种定价策略最为有效?

10. 常用的网络营销报价策略有哪些?

第 11 章

网络营销渠道策略

网络营销渠道是企业与目标顾客之间顺利实现商品交换的桥梁。本章在界定网络营销渠道概念的基础上,分析网络分销渠道的类型及网络中间商的分类,进而分析网络营销最后一公里"新零售"的基本概念、主要特征与策略。

> • 新零售不仅仅是"线下+线上",而是零售活动本身融入生活中,潜入生活的各个角落。

11.1 网络营销渠道概述

11.1.1 网络营销渠道的概念

网络营销渠道是一个广泛的概念,指为了能使某一产品或服务实现其价值与使用价值,完全或不完全利用互联网来执行供应、生产、分销和消费等功能的所有企业与个人。

生产者欲通过网络与消费者实现商品交换,至少需要通过网络实现物流、商流、信息流和货币流四类要素的流动,如图 11-1 所示。因此,网络营销渠道从功能上可以分为网络营销物流渠道、网络营销商流渠道、网络营销信息流渠道和网络营销货币流渠道。其中,网络营销商流渠道一般又称网络销售渠道,而网络营销商流渠道与网络营销物流渠道则一般统称网络分销渠道。

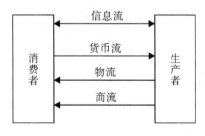

图 11-1 营销渠道的内容

11.1.2 网络营销渠道的功能

一个完善的网络营销渠道具有网络宣传促销、网络订货交易、网络支付结算和网络物流管理四大功能。

1. 信息流：网络宣传促销

网络宣传促销一方面是指生产者通过互联网向目标顾客发布基本的商品信息,另一方面则是在目标顾客了解基本商品信息的前提下,利用网络促销手段向目标顾客发布促销信息,以激发目标顾客的购买欲望并促进购买行为。这一环节主要通过网站建设、网络促销等网络信息发布功能实现。

2. 商流：网络订货交易

商流是指商品所有权的流动。网络商流就是通过网络销售渠道实现商品所有权从生产者向消费者的顺利转移。网络销售渠道通过网络订货交易系统实现产品销售。网络订货交易系统是指通过互联网实现生产者与消费者之间信息流与商流功能的一系列软件、硬件、人员等要素的总称。具体而言,网络订货交易系统应该完成网络商务谈判、合同签订、订单提交、订单确认、订单受理、订单处理等环节。由于货币流和物流一般通过相对独立的系统完成,因此,网络商流研究的主要内容就是网络销售渠道及其订货交易系统。

3. 货币流：网络支付结算

消费者在购买商品后,网络营销系统应提供多样化的支付方式。这些支付方式可以分成两大类：一类通过传统的支付方式进行,如现金、汇款、账户结转等,这种支付方式虽不是很方便但比较安全；另一类利用网络支付与结算系统进行电子支付。

4. 物流：网络物流管理

物流是指物品的流动。商业物流是指商品实体的流通,是指独立于生产过程之外的商品的实际流通。一般来说,产品可分为实体产品、数字化虚体产品和服务。数字化虚体产品和服务一般可以直接通过网络进行物流配送。例如,许多软件都可以直接从网络上购买和下载。因此,物流配送系统一般讨论的是有形产品的配送问题。虽然就实体产品而言,产品物流并非通过网络完成,但网络营销系统仍需要建立网络物流管理系统,以保证网络营销活动的顺利进行。具体而言,网络物流管理系统应该包括库存查询、收货处理、收货统计、出货处理、出货统计、退换货处理等功能。

11.2 网络分销渠道

11.2.1 网络分销渠道分类

在传统渠道中,分销是厂商或品牌商拓展渠道的重要手段,但传统渠道分销成本高,地域性强,需要投入巨大的人力、物力和财力。然而,在电子商务领域,网络分销则以更低的成本、更高的效率和不受地域限制的优势,成为企业拓展网络销售力推的全新渠道模式。按照不同的分类标准,网络分销渠道可以划分为如下几类。

1. **网络直销与网络间接分销**

互联网在市场营销中的应用极大改变了销售渠道的结构。根据生产者与消费者之间是否通过中间商实现商品交换,网络营销渠道可分为网络直销和网络间接分销两种类型。

(1)网络直销。网络直销即网络直接分销,是指生产者不借助中间商,直接通过自己的营销网站与消费者进行商品交换的营销渠道模式,即所谓的 B2C 营销。在图 11-2 中,渠道①属于直接分销。

(2)网络间接分销。网络间接分销是指在网络营销活动中,生产者通过网络中间商将自己的产品销售给消费者的渠道模式,即所谓的 B2B2C(business to business to consumer,企业对企业对顾客电子商务)营销。在图 11-2 中,渠道②③④⑤均属于网络间接分销。

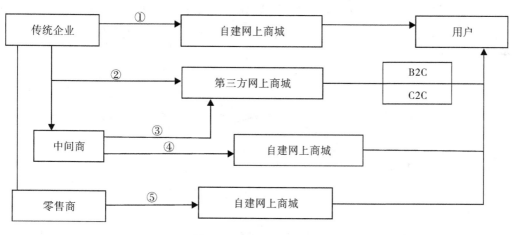

图 11-2 网络分销渠道

2. **单渠道、双渠道与多渠道**

根据生产者选用渠道模式的数量,网络营销渠道可以划分为单渠道、双渠道和多渠道。

(1)单渠道。如果生产者在营销活动中只选择了网络直销或网络间接分销一种网络营销渠道模式,那么这种营销渠道被称为单渠道。例如,戴尔电脑只选择网上直销一种渠道模式。

(2)双渠道。如果生产者在营销活动中同时选择网络直销与网络间接分销两种模式的分销渠道,则被称为双渠道。在现代化大生产和市场经济的背景下,生产者在网络营销活动中除自己建立网站外,通常还会积极利用网络间接分销渠道来分销自己的产品,通过网络中间商的信息服务、广告服务和撮合服务扩大企业的影响,开拓产品销售领域,并降低销售成本。因此,从事网络营销活动的生产者必须熟悉和研究国内外网络中间商的类型、业务性质、功能、特点及其他有关情况,以便正确选择中间商,顺利完成商品从生产者到消费者的整个转移过程。

(3)多渠道。在一定的时空条件下，如果生产者在营销活动中同时选择网络直销、网络间接分销以及网下营销等复合式渠道模式，则被称为多渠道。例如，经营 Zippo 打火机的 Zippo 商城，选择了网上购物市场与网下实体购物商铺等多种营销渠道。一些网络公司也通过选择传统的经销渠道来推广自己的业务。在多渠道运营中，需要特别注意避免网上串货的问题，对此一般有三种解决方式：一是实行线上线下两个品牌运作；二是保持线上线下统一价格；三是线上价格便宜，但采用不同的编码或包装方式来规避渠道冲突。

3. 宽渠道与窄渠道

分销渠道的宽度是指生产者选择网络中间商数目的数量。如果生产者选择网络间接分销渠道模式，则根据所选网络中间商的多少可进一步划分为宽渠道与窄渠道两类。一般而言，按照渠道的宽窄，生产者的分销渠道可以分成三种模式。

(1)密集性分销。密集性分销指生产者尽可能多地通过负责任的网络中间商来推销其产品。例如，便利品通常采取这种策略，以确保广大消费者能随时随地购买到这些日用品；Zippo 打火机既有自己的中国营销网站，其产品还在许多网上商店中进行销售。密集性分销如图 11-3 所示。

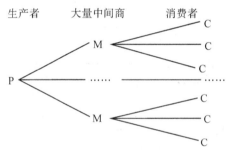

图 11-3 密集性分销

(2)选择性分销。选择性分销指生产者仅通过少数几个精心挑选的、最合适的网络中间商来推销其产品。这种模式对各类产品都适用。与独家分销相比，选择性分销的覆盖面更广，有利于扩大销路并展开竞争。而与密集性分销相比，其更为经济高效，又易于控制。一些大型家电产品一般采取这种分销模式。选择性分销如图 11-4 所示。

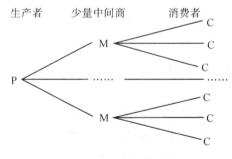

图 11-4 选择性分销

(3) 独家分销。独家分销指生产者仅选择一家网络中间商来推销其产品。通常双方协商签订独家经销合同,规定中间商不得经营竞争者的产品,以控制中间商的业务经营,调动其积极性,从而有效占领市场。独家分销是最窄的分销渠道,如图 11-5 所示。

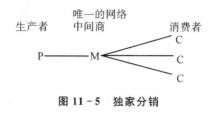

图 11-5 独家分销

在网络营销活动中,如果生产者选择宽渠道,其产品的营销渠道将拥有广泛的网络市场覆盖面,可有效提高产品的网络市场销售量。但是,如果生产者选择大量的网络中间商,其产品推广费用成本势必会很高。相反,选择窄渠道则费用成本相对较低,但市场覆盖面狭小,不利于消费者选择。因此,企业在选择网络营销渠道宽窄时,应进行深入、细致、科学、全面的分析,以便做出合理决策。

11.2.2 网络中间商

网络间接分销是企业通过网络交易中心或借助网络中间商将产品销售给消费者的一种渠道模式。在策划网络间接分销时,企业需要了解网络间接分销的优点,并设计合理的网络营销流程。与网络直销相比,网络间接分销主要有节约网络营销交易成本、提高网络市场扩展能力、利于平均订货量的规模化、推动网络交易活动常规化,以及便利买卖双方信息收集等优点。

简单而言,网络中间商就是生产者通过互联网向消费者出售产品时的中介机构。具体而言,网络中间商就是在网络营销活动中,介于生产者与消费者之间,执行组织、实施或协助商品所有权顺利转移的网上虚拟组织或机构。按照不同的标准,网络中间商可以划分成不同的类型。

1. 按照网络中间商的性质划分

按照网络中间商性质的不同,网络中间商可以划分为网络经销商、网络代理商和网络经纪人。

(1) 网络经销商。网络经销商是指专门从事网络交易业务,并在商品买卖过程中取得商品所有权的中间商,其利润主要来自商品的购销差价。一旦买进商品,则商品的销售风险与利益均由自己独立承担。例如,卓越、亚马逊等都属于网络经销商。

(2) 网络代理商。网络代理商是指从事商品交易业务,接受生产企业委托,但不具有商品所有权的中间商,其利润主要来自被代理企业的佣金,而商品的销售风险与利益一般由被代理企业承担。网络经销商与代理商的主要区别在于是否取得商品所有权并以赚取购销差价为目的。

(3) 网络经纪人。根据我国《经纪人管理办法》的规定,经纪人是指在经济活动中,以收取佣金为目的,为促成他人交易而从事居间、行纪或代理等经纪业务的公民、法人和其他经济组织。经纪行为具有两个特征:一是促进他人交易,而自己不直接进行交易活动;二是以收取佣金为目的,而不赚取交易差额。网络经纪人既不取得商品所有权,也不持有和取得现货,其主要职能在于为买卖双方牵线搭桥,协助谈判并促成交易。网络经纪人由委托方付给佣金或会员费,不承担产品销售的风险。目前,在网络营销实践中,经纪人主要有两种类型:一种是具有网络营销理论与技术的信息经纪员,帮助企业或个人利用互联网进行产品推广和宣传,寻找和积累客户资源;另一种是专门为供求双方提供信息服务,协助谈判,撮合交易的网络组织机构,即网络交易市场。

2. 按照网络中间商的业态形式划分

按照网络中间商业态形式的不同,网络中间商可以划分为网上商店、网上购物中心、网上交易市场、商务信息网和第三方CPS平台。

(1) 网上商店。 网上商店一般是具有独立域名、独立接受与处理订单、独立核算的网上商务站点。网上商店主要有网上专业商店和网上综合超市等经营模式,其业务特点为进货、销售、配送和售后服务一条龙。

网上专业商店,也称专营店或专卖店,是具有网上购物功能的商务网站,一般而言其经营产品范围不大、种类不多,经销的产品一般是关联度比较大的产品,或者某一个企业的产品,或者某一个品牌的产品,如网上书店、网上鲜花店等。例如,卓越网专注于音像,当当网专营图书。网上综合超市一般以销售大众化日用消费品为主,价格相对低廉,配送快捷方便,基本能满足顾客一站式购物的需求。

(2) 网上购物中心。 网上购物中心,又称网上商城,旨在为大量中小企业搭建网上商店平台。它以招商的形式吸引企业入驻,并负责站点推广宣传、技术支持与维护等"物业"管理工作,其业务特色在于出租网络店铺和招商经营。因此,网上商城一般由多个拥有独立子域名、独立核算的网上商店组成。网上商店与网上商城之间的区别如表11-1所示。

表11-1 网上商店与网上商城的区别

类目	网上商店	网上商城
投资主体	单一	多元
配送	统一提供	由各入驻商户自行提供
支付	统一规划	由各入驻商户自行规划
售后服务	统一规划	售后服务由提供商品及服务的商家承担
经营方式	直接向消费者提供	由各进驻商家个性化经营
经营范围	范围小	范围大

(3) 网上交易市场。 网上交易市场一般是由第三方投资建立的商业网站,其为经过严格审查的交易者提供一个受规则约束、行业价格自律且信息公开的交易场所。

(4)商务信息网。商务信息网是专门提供商务供求信息的行业或专业网站。这类网站主要提供信息发布服务,不具有在线交易功能。因为买卖双方只是通过这类网站寻求商业机会,然后在线下进行联系、洽谈与交易,所以我们一般不把这类网站看作网络中间商。

(5)第三方 CPS 平台。目前,电子商务领域比较主流且稳定的渠道推广模式是按销售付费(cost per sales,CPS)模式。这种模式基于推广产生的有效订单进行比例分成,是一种零风险的实效营销方式。如果网站主不能为给广告主带来销售额,广告主不用支付任何广告费用。

3. 按照网络中间商的销售对象划分

按照网络中间商的销售对象划分,网络中间商可以划分成网络批发商和网络零售商两类。

(1)网络批发商。网络批发商是指从制造商处购进产品,然后通过互联网转售给零售商、产业用户或各种非营利组织,不直接服务于个人消费者的商业机构。

(2)网络零售商。目前,网上零售商可以分为三种模式:一是纯网络型零售企业(完全虚拟的网络零售商),如卓越、亚马逊;二是传统零售商建设的网络零售店铺(经营离线商店的零售商),如沃尔玛;三是制造商开展的网络零售业务,如 BONO(宝岛)。

中国电商有三种最典型的模式。一是以阿里巴巴的天猫、淘宝为代表的平台电商模式。这类平台不直接销售商品,而是为商家提供电商平台服务及营销支持。它们类似于传统零售的购物中心模式。商家提供场地及其他服务,负责吸引客流,招募零售品牌进驻,以收取租金或者联营方式获得收入。二是以京东为代表的直接销售模式。这类平台多自行完成商品采购、销售、物流、客户服务等功能,通过整合供应链实现价值。这种类型对应传统零售的百货或者超市模式。三是以唯品会为代表的特卖类垂直电商模式。这种模式类似于线下的奥特莱斯或专业品牌店。

11.2.3 网络代理销售

在网络代理销售模式中,网络作为产品销售的一个重要渠道,通常由专业的代理商负责运作。在网络营销实践中,网络代理销售存在多种具体的运作模式。

1. 按代理业务内容划分的代理模式

根据代理业务内容的不同,目前国内网络代理销售模式主要有两种。

(1)全部网络销售业务代理。其指制造商将品牌的网络销售业务完全外包给一家或几家具有实力的网络销售代理公司。例如,古星电子商务代理李宁等品牌,北京五洲在线代理卡帕、杰克琼斯、美特斯邦威等。

(2)部分运营业务代理。其指制造商专注于产品控制,而将网络销售的实际运营工作交由代理公司执行。优衣库就是一个典型例子。在中国进行电子商务活动时,优衣库虽然掌握核心技能并负责商品控制工作,但其他可外包的职能则交给了专业的代理商。

2. 按面向目标市场划分的代理模式

根据面向目标市场的不同,网络代理销售模式主要有两种。

(1) B2C 网络代理销售模式。其指由网络代理商直接面对消费者的代理模式,其优势在于缩短了企业与消费者之间的距离,快速启动了品牌网络销售业务。B2C 网络代理销售模式在运营过程中,需要细心考虑以下几个核心环节。

①网络销售的平台选择。对于 B2C 网络代理销售公司来说,选择平台主要有两种方式:自建平台或借助第三方 B2C 平台。鉴于自建平台所需的技术和资金投入较大,多数公司倾向于选用第三方 B2C 平台,这既减少了初期资金压力,又加速了网络销售的启动进程。

②网络销售的功能定位与产品策略。不同的功能定位决定了不同的产品策略。若网络销售主要用于清库存,那么低价促销、走量为主的产品策略将更为合适;若将网络视为产品销售的新渠道,则需构建涵盖形象产品、现金流产品和跑量产品的产品矩阵。单纯依赖低价促销不仅无法促进品牌网络销售业务的持续发展,还可能对品牌形象造成损害。

③营销推广。以销售提升和转化率提升为核心目标的网络营销策略,要求企业在媒介资源分配上遵循二八原则,即 20% 的媒介资源用于品牌形象宣传,80% 的资源则用于促进销售的广告投入。

④店铺运营。店铺运营涉及店铺的整体形象设计、产品摆设、产品描述以及客户服务等具体工作。营销推广虽能吸引客流,但店铺运营才是提升转化率、促使消费者购买更多商品的关键。

⑤物流。物流配送速度也是决定消费者体验的重要因素之一。目前主要有两种配送模式:一是仓储和配送均外包;二是仓储自建、配送外包。后者因成本较低且能实现快速配送,成为大的 B2C 网站的普遍选择。

⑥售后服务与客户关系管理。售后服务包括呼叫中心搭建和退换货政策,而客户关系管理则涉及维系客户关系、提升客户满意度以及挖掘用户数据以支持精准营销。

(2) B2B2C 网络代理销售模式。其指网络销售代理公司再发展下级代理商,由下级代理商负责销售产品。该模式的优势在于能快速拓展市场,提升品牌在网络销售平台的曝光度,并迅速启动项目。在 B2B2C 模式中,企业需要明确网络销售代理商和网络加盟商的分工。代理商作为电子商务解决方案提供商,负责制定销售策略、发展加盟商等;而加盟商则直接面对消费者,负责营销推广、店铺运营、物流、售后服务与客户关系管理等具体业务。

11.3 新零售

11.3.1 新零售的概念

零售是指商品经营者或生产者将商品直接销售给个人消费者或社会团体消费者的交易活动。零售行业在发展历程中共经历了五次重大革命。第一次革命发生在 1852 年前后,以百货商店的诞生为标志;第二次革命则是1859年连锁商店的出现;第三次革命是1930年超级市场的兴起;第四次革命是20世纪90年代网络店铺的崛起;第五次革命则是新零售业态的兴起。

新零售这一概念最初在2016年10月的阿里巴巴云栖大会上被提出。大会指出,纯电商时代即将结束,未来10年甚至20年,电子商务的概念将逐渐淡化,取而代之的将是新零售的概念。新零售的核心在于线上、线下和物流的紧密结合。

为了进一步推动实体零售的创新转型,2016年11月11日,国务院办公厅发布了《国务院办公厅关于推动实体零售创新转型的意见》(国办发〔2016〕78号)。该意见明确了指导思想和基本原则,并特别强调了线上线下融合的重要性。意见提出,"建立适应融合发展的标准规范、竞争规则,引导实体零售企业逐步提高信息化水平,将线下物流、服务、体验等优势与线上商流、资金流、信息流融合,拓展智能化、网络化的全渠道布局。"

新零售是对商业的重新构建,它利用互联网和大数据对传统商业要素如"人、货、场"进行重构,包括生产流程的重构、商家与消费者关系的重构以及消费体验的重构等。

《阿里研究院新零售研究报告》将新零售定义为一种以消费者体验为核心的数据驱动的泛零售形态。

综合各方观点,新零售是以消费者体验为中心,综合运用互联网、大数据和人工智能等现代信息技术,整合"人、货、场"等商业要素,通过数据驱动实现"线上服务、线下体验、现代物流和智慧商务"深度融合的零售新业态。

11.3.2 新零售的主要特征

传统零售、电子商务与新零售的区别如图11-6所示。

传统零售	电子商务	新零售
■受限于地域 ■运输、存储难题 ■支付方式单一 ■纯利润低下 ■消费体验一般 ■服务质量有限 ■消费水准不高	■跨地域销售 ■运输/储货难度降低 ■线上支付诞生 ■互联网红利期 ■销售成本低利润高 ■消费体验提高 ■服务水准有保障	■线上线下联合销售 ■运输/储货难度降低 ■支付完善且多样化 ■线下销售成本提高,需联合线下突破 ■服务成商品附加值 ■消费体验升级

图11-6 传统零售、电子商务与新零售的区别

与传统的零售业态相比,特别是与网络店铺相比,新零售具有以下特征。

1. 运营智慧化

新零售时代,购物过程及其场景展现出高度的智慧化特点。智能试装、隔空感应、拍照搜索、语音购物、VR逛店、无人物流、自助结算、虚拟助理等运营手段将得到广泛应用与普及。智慧门店借助人脸识别和行为分析技术,能够统计每日进店人数、进店人的性别及大致年龄,帮助运营者精准了解消费者属性,进而优化门店商品的陈列布局。

2. 决策数据化

与线上零售相比，线下零售在数据化运营方面存在明显不足。新零售作为线上与线下结合的新业态，充分发挥大数据等先进科技的作用，将线上数据优势与线下服务优势结合，成为互联网商务发展到"互联网＋"时代的产物。通过大数据分析，运营者能够更全面地了解顾客，细化经营指标，实现精准营销，迅速获取问题反馈，从而深入发掘经营中的潜在问题。基于数据的客观分析，决策者能够最大限度地避免方向性误判。利用人工智能技术收集门店顾客数据，以数据驱动门店效率提升，是线下零售未来发展的必然趋势。

3. 场景无界化

新零售不仅是"线下＋线上"的简单结合，更是零售活动融入生活的全方位体现，渗透到生活的每一个角落。它不仅实现了交易场景的碎片化，更重新定义了产业的边界以及人与企业之间的关系。

4. 渠道一体化

真正的新零售意味着 PC 网店、移动 App、微信商城、直营门店、加盟门店等多种线上线下渠道的全面打通与深度融合。商品、库存、会员、服务等环节均整合为一个整体，无论是从满足顾客需求的角度，还是从商家获取顾客和流量的角度，"线上＋线下"的全渠道零售布局都将成为零售业发展的必然选择。

5. 体验综合化

新零售时代的门店与传统门店有着显著区别，它们不仅具备售卖功能，更强调体验功能，成为社交和教育的场所。门店不仅是商品的陈列地，更是商品多元化展示的空间。

6. 服务精准化

通过精准化服务满足顾客的个性化需求是新零售的核心优势之一。精准化服务建立在运营智慧化的基础上，通过人工智能实现商品、顾客、价格、管理和服务的精准化，从而锁定目标顾客，实现增值和利润获取。

7. 供应柔性化

新零售实现了供应链、资金链和服务链的融合，催生出全新的供应管理模式。新零售供应链前端更具柔性，后端则实现快速高效的仓配一体化。数字化管理为新零售实现库存最优化乃至零库存提供了精细的决策支持，新零售的流通路径也趋于简化。

8. 以消费者需求为中心

零售 1.0 时代以货为中心，主要关注商品交易；零售 2.0 时代以场为中心，如购物中心和连锁百货的崛起；而新零售则属于零售 3.0 时代，一切均以用户需求为核心，设计营销旅程、建立品牌黏性、提供专属产品和个性化服务，其特点包括全天候消费、全路径接触、全场景体验等。

11.3.3 新零售策略

陈景秋与荣鹰两位教授所带领的团队对83家零售公司的网络媒体报道进行了定性分析,采用编码法和归纳法提取关键信息,最终归纳出七项新零售策略:数字化系统构建、深度客户分析、优化客户体验、门店转型、借助社交平台、创造转换成本和平台转型。典型的新零售策略主要包括以下几种。

1. 大数据营销策略

基于智能客流分析设备和技术、大数据集成技术,线下门店的管理和运营得以焕发新生。新零售时代,线上交易和客户行为数据均可被记录、存储和分析,企业据此进行消费者分析、业务试错和调整。因此,企业应构建数字化系统并掌握商务数据分析能力,对现有信息系统进行改造升级,以先进的信息系统支撑从采购、分拣、包装到销售的全过程管理。

2. 目标客户营销策略

目标客户营销策略指利用商务数据分析,通过客流统计、客户属性分析、热点关注、客户移动线等应用产品获取深度数据,精准分析目标客户行为,将模糊的消费者群体转化为具有清晰数字画像的个体,实施个性化精准营销。零售企业应充分利用小程序、企业微信、视频号、微博、网站等网络资源,增加与目标顾客的触点,发挥引流和收集目标顾客信息的作用。

3. 会员营销策略

新零售企业实施会员营销策略时,通过会员数据沉淀和分析,重构商店与消费者之间的联系,精准分析会员回购率。后台可根据用户画像和推荐算法为会员推荐合适的商品,实现店内顾客的分类管理和推荐。企业应构建完整的会员管理体系,实施数字化会员管理战略,整合线上线下会员资源,优化目标市场营销战略,通过划分会员等级及建立积分体系,分析会员行为,掌握消费偏好,深度挖掘会员价值。

4. 体验营销策略

新零售企业运用数据"建模—收集—分析—预警—反馈",全方位洞察顾客需求,提升客户体验,降低顾客流失,提高复购率,进而增加企业利润与品牌价值,还可利用VR、IP形象设计、个性化的增值服务和消费场景化等手段提升客户体验。例如,丝芙兰和完美日记线下店安装虚拟试妆魔镜,宜家家居和林氏木业运用VR模拟家居体验。盒马鲜生等新零售企业则通过重构消费价值观,打造场景化销售,增强消费者信任与留客能力。

5. 社交零售策略

社交零售是新零售模式的重要策略,旨在通过社交平台提升零售效率。线上线下企业均可利用社交平台引流和增强客户黏性。零售企业常采用社交裂变、社群营销和直播带货等方法,通过社交平台吸引新用户参与商家活动,并提供如优惠券、免费券及现金红包等奖励以激发用户参与热情。

6.门店数字化策略

数字化门店将数字工具作为核心经营手段,实现线上线下融合运营,解决客流、营销、管理成本等问题。实体店数字化转型应树立平台理念,经营私域流量,扩大客源,并搭建自己的私域流量池,具体策略包括商品数字化管理、线上线下联合运营、数据智能化等,同时还可开通线上智慧门店,整合线上线下流量,实现一体化运营,全面提升用户购物体验。

本章小结

网络营销渠道是指为了能使某一产品或服务实现其价值与使用价值,完全或不完全利用互联网来执行供应、生产、分销和消费等功能的所有企业与个人。一个完善的网络营销渠道具有四大功能:网络宣传促销、网络订货交易、网络支付结算和网络物流管理。网络分销渠道可以划分为网络直销与网络间接分销两大类。按照网络中间商性质的不同,网络中间商可以划分为网络经销商、网络代理商和网络经纪人三类。

新零售是以消费者体验为中心,综合运用互联网、大数据和人工智能等现代信息技术,整合"人、货、场"等商业要素,通过数据驱动实现"线上服务、线下体验、现代物流和智慧商务"深度融合的零售新业态。与传统的零售业态相比,特别是与网络店铺相比,新零售具有运营智慧化、决策数据化、场景无界化、渠道一体化、体验综合化、服务精准化、供应柔性化和以消费者需求为中心等特征。大数据营销策略、目标客户营销策略、会员营销策略、体验营销策略、社交零售策略和门店数字化策略是典型的新零售策略。

思考题

1. 何谓网络营销渠道?网络营销渠道具有哪些功能?
2. 何谓网络中间商?网络中间商有哪些类型?
3. 绘图说明网络直销与网络间接分销的基本流程。
4. 何谓新零售?与传统的零售业态相比,新零售有哪些特征?
5. 典型的新零售策略有哪些?
6. 网络营销渠道有哪些?

第 12 章 网络促销策略

网络促销策略是网络营销组合策略的重要内容,是指企业应用各种互联网技术与手段向网络目标市场传递企业及其产品或服务的信息,并通过信息沟通使网上目标顾客对企业及其产品或服务产生兴趣,建立好感与信任,进而做出购买决策,并实施购买行为。本章主要介绍网络广告、网络公共关系、站点销售促进、网络人员推销四大类网络促销方式。

> • 构建优质高效的服务业新体系,推动现代服务业同先进制造业、现代农业深度融合。加快发展物联网,建设高效顺畅的流通体系,降低物流成本。

12.1 网络广告

网络广告策划是根据互联网特征及网络市场的特征,对网络广告设计、费用投入、投放时间以及广告展示空间等各项内容进行的总体规划与安排。网络广告策划在本质上仍然属于广告策划,因此其实施过程与传统广告有很多相似之处。

12.1.1 网络广告的概念与特点

1. 网络广告的概念

网络广告有两层含义:一是动态含义,即网络广告活动,指通过互联网以各种形式发布企业或者其产品信息的活动。二是静态含义,即网络广告作品,指以数字代码为载体,采用先进的多媒体技术设计制作,通过互联网广泛传播,具有良好交互功能的广告形式。

2. 网络广告的特点

(1)**广泛性和开放性**。网络广告可以通过互联网把广告信息全天候、24 小时不间断地传播到世界各地。相较于传统广告的强迫性,网络广告的过程更具开放性和非强迫性,这是它与传统媒体的本质不同。

(2)**实时性和可控性**。网络广告可以根据客户的需求快速制作并投放,而且可以按照客户需要及时变更广告内容。传统媒体广告很难做到这点。

(3)**直接性和针对性**。通过网络广告,消费者只要看到感兴趣的内容,直接点击鼠标,即可进入该企业网站,了解业务的具体内容。同时,网络广告还可以直接投放给特定的目标人群,实现一对一定向投放。根据不同访问者的特点,网络广告可以灵活地实现时间、地域、频道的定向,从而实现对消费者的清晰归类,在一定程度上保证了广告的到达率。

(4)**双向性和交互性**。网络广告突破了传统广告单向传播的局限,实现了供求双方信息的双向互动。

(5)**易统计性和可评估性**。网络广告可以详细统计网站各网页被浏览的总次数、每个广告被点击的次数,甚至还可以详细、具体地统计出每个访问者的访问时间和 IP 地址。这些统计资料可帮助广告主统计与分析市场和受众,根据广告目标受众的特点,针对性地投放广告,并根据用户特点进行定点投放和跟踪分析,对广告效果做出客观准确的评估。

12.1.2 网络广告的形式

1. 电子邮件广告

(1)**邮箱广告**。邮箱广告包括箱体广告与信尾广告两种形式。箱体广告以横幅广告为主,常见于提供免费邮件服务网站的电子邮箱箱体上,通常置于个人邮箱或个人邮件的顶部或底部,如图 12-1 所示。信尾广告则出现在信笺的末端,一般是文本链接广告或网址链接广告。

图 12-1 邮箱广告

(2)**直邮广告**。直邮广告是企业通过各种途径收集其现有顾客或潜在顾客的电子邮件地址,然后有针对性地将广告信息直接发送给特定客户的一种广告形式。

(3)**邮件列表广告**。邮件列表广告是借助网站电子刊物服务中的订阅列表,将广告内容嵌入到每日发送给订阅者的邮件中。由于这种广告方式得到了邮箱用户的明确许可,因此更具针对性和可信度。企业在使用邮件列表进行广告推广时,需要先确认其广告政策,并确保广告内容与邮件列表的主题相符。同时,企业可通过申请独立的邮件列表,成为其管理者,进而向订阅者发送包含相关信息的邮件,实现精准营销。

2. BBS 广告

BBS 以其高访问点击率成为企业发布信息的理想平台。通过 BBS,企业可以发布产品信息、介绍产品功能和使用方法,与访问者进行直接互动,实现信息的快速传播和反馈。典型的 BBS 广告有供求广告栏、二手产品市场、网上租售房市场等。同时,企业还可以在 BBS 上开设商务讨论区,以产品或服务为主题展开讨论,或直接在商务 BBS 站点发布广告信息,吸引潜在客户的关注。

3. 旗帜广告

在网站建设中,旗帜广告是一种常见的广告形式。它通过在网页中划分出特定大小的区域来展示广告内容,因其形似旗帜或横幅而得名。旗帜广告也称网幅广告、广告条、页眉广告等。旗帜广告具有尺寸多样、位置灵活的特点,可根据网站页面布局和广告需求进行调整。一个好的旗帜广告通常拥有有震撼力的词汇、简洁明了的广告词以及协调的文字、图形设计和色彩搭配。根据功能不同,旗帜广告可分为链接型和非链接型两类。

(1)链接型旗帜广告。直接链接到广告主的主页或网站,实现用户与企业的快速连接。旗帜广告示例如图 12-2 所示。

图 12-2 旗帜广告

(2)非链接型旗帜广告。非链接型旗帜广告不与广告主的主页或网站建立链接,浏览者在点击广告后可打开广告详情页面,供用户进一步了解信息。

4. 图标广告

图标广告,亦称图形按钮,属于纯提示型广告,其尺寸通常为 80×30 像素。这种广告主要由标志性图案构成,如商标或网站站徽等,不包含广告标语和正文,因此信息容量极为有限,主要起到提示作用。软件公司以及知名企业常采用图标广告作为宣传手段。当用户点击这些带有企业名称的图标时,将直接链接至企业的官方网站。

5. 关键词广告

搜索引擎通过用户输入的关键词查找相关网站,企业可购买特定的关键词或排名,以提升在搜索结果中的曝光率。当用户搜索这些关键词时,企业的广告信息将优先展示在搜索页面上。

6. 移动图片广告

移动图片广告,又称浮游小图片广告,是一种能在屏幕上移动的小型图片广告。用户只需点击该图片,广告即会自动扩大展示详细页面。移动图片广告示例如图 12-3 所示。

(a) (b)

图 12-3 移动图片广告

7. 插页式广告

插页式广告,又称弹跳广告,它允许广告主在选定的网站或栏目加载新窗口以展示广告,窗口大小可从正常页面的四分之一到全屏覆盖。

8. 互动式游戏广告

互动式游戏广告是通过互动游戏技术将广告信息传达给受众的一种形式。广告主还可以定制与自身产品紧密结合的互动游戏广告,以增强广告效果。

9. 分类广告

分类广告类似于报纸杂志的分类板块,大多数门户网站都提供此类服务。这些网站将信息按类别划分,用户可以在相应类别中发布信息,经过审核后即可发布。这种广告方式针对性强,信息分类明确,便于目标顾客查找所需内容。发布网络分类广告时需注意,分类标题应引人注目,内容简洁明了,最好配以精美图片辅助说明。

10. 扉页广告

部分网站将扉页设计成定期更换的广告形式,利用动人的动画效果吸引用户。虽然广告效果理想,但下载时间较长,可能影响网站的访问率。

11. 链接广告

链接广告是在热门网站页面上放置的可直接访问其他网站的链接。通过热门网站的流量,链接广告可以吸引部分用户浏览。

12. 网络广告交换

网络广告交换通过网站之间的相互链接、交换文字或旗帜广告来扩大宣传效果。在执行此操作时，网站双方可以协商决定，或者通过专门提供网络广告交换服务的网站来操作。在网络广告运营过程中，企业应充分利用专注于全球网络广告自由交换服务的网络资源，这些网络以互惠互利、免费为原则，开展广泛的网络广告交流活动，备受众多厂商青睐。网络广告交换服务的优势主要表现在以下三个方面。

(1) 免费性。除了上网费用和主页制作费用外，几乎不产生其他费用。旗帜广告交换服务网络的运作经费完全依赖于主页旗帜广告的赞助，包括服务器、网络和人工费用。

(2) 覆盖广泛。广告交换服务网络并非单一网页，而是由数千个网页组成的综合平台，成员包括各地的互联网服务提供商、网上报纸杂志、搜索引擎、各种企业与个人网页，且规模仍在不断扩大。

(3) 即时统计。广告交换服务网络为所有成员与赞助商提供即时统计功能，准确报告广告展示和被浏览的次数。

为了取得良好的广告效果，企业的主页必须内容丰富，加大促销力度，以提高访问率。因为旗帜广告交换服务网络以等量交换为原则，只有提高企业主页的访问率，企业的旗帜广告才会更多地被投放到其他站点上，从而增加企业图标被看到的次数。

13. 文本广告

文本广告通常以 10～20 个中文字符的广告标题形式出现在网站页面的显眼位置，用户点击后可直接进入详细的广告页面，获取更多信息。

14. 视频广告

视频广告作为新兴的广告形式，主要通过门户网站和视频网站等媒体进行传播。目前，网络视频运营商类型多样，包括门户类、视频分享类、电视机构类、在线影视类、视频搜索类以及 P2P(peer-to-peer, 对等网络)流媒体类等，其中视频分享和 P2P 流媒体网站的视频广告收入增长迅速。目前，中国的视频广告主要有推送、赞助和用户生成广告（user generated advertisement, UGA）三种模式。推送模式通常通过视频贴片或在视频播放器周边投放广告；赞助模式则是将网站中与品牌相关的内容聚合为一类视频渠道；UGA 模式鼓励网友参与广告制作，将客户的产品理念和品牌内涵与网友的创作内容相融合，实现双赢效果。

15. 网络广告联盟

网络广告联盟是由中小网络媒体资源（即联盟会员，如中小网站、个人网站等）组成的联盟，通过联盟平台协助广告主投放广告，并进行广告投放数据的监测统计。广告主根据网络广告的实际效果向联盟会员支付广告费用。

网络广告联盟包含广告主、联盟会员（网站主）和广告联盟平台三大要素，涉及广告与联盟会员网站的匹配、联盟广告数据的监测与统计、联盟广告付费方式以及联盟分成模式等内容。

(1) 广告主。其指通过网络广告联盟投放广告,并按实际效果(如销售额、引导数、点击数和展示次数等)支付广告费用的企业或个人。

(2) 联盟会员(网站主)。作为网络广告联盟会员的网站主拥有并管理特定网站,具有修改和增删内容的权力,并承担相关法律责任。网站主通过注册并加入广告联盟平台,投放联盟广告并获得收益。他们可以选择在网站上播放广告主的广告活动,并根据完成的广告活动效果向广告主收费。

(3) 广告联盟平台。其指通过联结上游广告主和下游联盟会员网站,通过高效的广告匹配方式为广告主推广网络广告,同时为中小站点提供广告收入的平台。目前市场上有多个综合性的网络广告联盟平台,如阿里妈妈、智易营销等。

16. 段子广告

网络段子是指通过网络媒介传播的各类笑话、语录、帖子和小品文等。段子广告将企业或品牌元素巧妙地植入段子中,其软性植入、趣味性和去广告化等特点使得推广更加有趣和高效。

成功的段子广告营销应掌握以下技巧:一是道具品牌化,即在段子中巧妙运用产品、品牌或企业元素作为道具;二是谐音融合,即将企业或品牌名称的谐音巧妙融入段子中;三是趣事重现,即通过段子重现品牌在日常生活中可能出现的趣事;四是借势创意,即结合时事热点、社会话题或娱乐新闻创作与品牌或产品相关的段子;五是放大烙印,即通过夸张的手法突出品牌或产品给消费者的深刻印象。这些方式适用于不同类型的品牌和产品,尤其适合知名品牌进行段子广告的创意和营销。

12.1.3 网络广告发布流程

1. 广告设计

网络广告设计与制作需要考虑网络广告内容与形式两个方面的问题。

网络广告内容的设计首先要注重信息内容的设计,力求全面详尽、层次明晰;其次要注重信息结构的合理,即企业各类信息的架构、相互关系及链接要合理。如果提供的信息路径烦琐,连接、传输和下载的速度很慢可能会造成缺乏耐心的浏览者离开站点。

网络广告形式的设计应能够吸引用户点击,并确保广告下载迅速,同时还应仔细考虑广告的布局、文字介绍、字节数等,确保广告界面友好且易于导航。

2. 制定网络广告预算

网络广告预算与传统广告预算的费用构成基本相同,其主要差异在于收费方式。目前,国际上主要有五种通用的网络广告收费模式。

(1) 千人广告成本。千人广告成本(cost per thousand impression,CPM)是以广告图形被载入1000次为基准的网络广告收费模式。例如,CPM报价为50元,若有10万个用户点击了该广告,则广告发布者向广告主收取5000元广告费。由于这种方式对广告发布者有利,因此广告发布者愿意采取这种收费方式。

(2) 每点击成本。每点击成本(cost per click,CPC)是以广告图形被点击并链接到相关网址或详细内容页面1000次为基准的网络广告收费模式。由于这种方式建立在用户进一步阅读广告的基础上，因此广告客户更倾向于这种方式。

(3) 每行动成本。每行动成本(cost per action,CPA)允许广告主为回避广告费用风险，按投放的广告引起的受众行动次数来计费，而非投放量。

(4) 每购买成本。每购买成本(cost per purchase,CPP)是广告主为了规避广告费用风险，仅在网络用户点击广告并进行在线交易后，才按销售笔数付给广告站点费用的一种模式。

(5) 包月付费。包月付费是在我国使用比较广泛的一种网络广告收费方法。广告主根据广告位置、发布时间、尺寸等因素，按照网站预先列出的价格表支付广告月租金。

3. 选择发布站点

企业除了在自家网站上发布广告外，还可以在其他站点发布网络广告以扩大影响。在选择投放网络广告的站点时，企业一般应遵循两条原则：一是将网络广告放置在企业界定的受众经常光临的站点；二是考察所选站点的经营策略、方法和效果。在选择发布站点时，企业应该考虑以下三个指标。

(1) 网站访客流量。访客流量越大的网站，广告投放价值越高。中国互联网络信息中心出台的《网站访问统计术语和度量方法标准》可以作为了解分析第三方的网站访客流量的依据。

(2) 用户构成。企业应选择用户群构成与广告目标受众相匹配的网站。

(3) 服务可靠性。企业应选择服务可靠的网站，避免广告效果因网站问题而受损。

4. 监测网络广告效果

网络广告投放到网站之后，广告主还要对广告效果进行监测，衡量是否达到了预期效果，以确定未来的发展方向。广告主监测网络广告效果的方式主要有三种：一是通过服务器端的访问软件随时进行测试，二是分析客户反馈量，三是参考专业网络广告监测机构的报告。

12.2 网络公共关系

网络媒体传播影响力的增长速度令人瞩目，已逐渐发展成为公共关系领域的一个新兴平台——网络公共关系。如何有效利用网络媒体的强大传播能力，为组织特别是企业塑造良好的形象，推动其产品和服务的销售，并有效预防网络公关危机，已成为组织必须正视的重要议题，也是网络公关迅速崛起的关键动因。

12.2.1 网络公共关系的概念与特点

1. 网络公共关系的概念

网络公共关系是指企业为提高知名度和美誉度，赢得公众舆论支持，而有计划地借助互联网,利用各类网络技术与资源开展的一系列活动。企业开展网络公共关系的主要目的在于妥善处理各方面关系,为企业营造一个既内部团结又外部发展的良性网络营销关系状态与和谐的网络营销环境。

网络公共关系的工作内容可概括为:一个中心——塑造企业形象;两个目标——提升企业知名度和美誉度;三个基本要素——网络公共关系主体、网络公共关系客体与媒体(见图12-4);四个基本步骤——网络公共关系调查、网络公共关系策划、网络公共关系实施与网络公共关系评估。

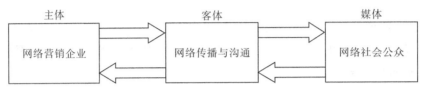

图12-4 网络公共关系三要素的关系

2. 网络公共关系的特色

简而言之,网络公共关系是以促销为核心目标的公共关系活动。与其他促销方式相比,网络公共关系在手段、目的和特点方面具有以下显著特色。

(1)手段。网络公共关系致力于不断调整和优化企业与网络社会公众之间的关系。这种良好的关系并非自然形成,而是需要企业积极主动、周密地进行调适。网络公共关系的主要任务是通过调整企业与网络社会公众的关系,实现促销目标。

(2)目的。网络公共关系旨在塑造企业在网络社会中的良好形象。企业通过与网络社会公众进行积极沟通,努力改善其在公众心中的形象,从而建立稳固的关系,并在网络社会中为企业和产品树立良好的口碑。

(3)特点。网络公共关系采用间接诱导的方式,追求长期效益。与其他促销方式直接激发购买欲望不同,网络公共关系更注重通过塑造良好的企业形象,潜移默化地影响网络社会公众,间接促进产品销售。因此,在网络公共关系中,把握间接诱导的关键并精心策划,创造性地实现对顾客的间接诱导,是其核心所在。

12.2.2 网络公共关系策略

1. 利用网络播新闻:网络新闻公告

"公众必须被告知"是公共关系的基本原则。利用网络的迅速发布与广泛传播特性,通过各类网络通信技术,企业可有效传递新闻给网络公众,塑造良好的网络社会形象。网络新闻公告主要有以下四种方式。

(1)通过网络信息服务商发布新闻。企业可以通过网络信息服务商将自己的新闻信息发布出去。这种新闻发布方式与新闻发布会、展销会等相比,企业可以以较小的费用将新闻传递给社会公众。

(2)通过企业站点发布新闻。若企业已建立自己的网站,可直接在网站上发布新闻。

这适用于发布新产品、产品升级及促销等信息,尤其适合产品更新频繁的企业。

(3)视频新闻。视频新闻通常是指录有产品图片、企业新闻发言人的讲话等信息的录像带的可视新闻。网上图像新闻是包括音频、视频、图片、文本等信息的综合体,且网上多数站点都能下载音频、视频、电影、动画等类型的信息,这就为在网上发布视频新闻提供了机会。

(4)通过相关的新闻组、邮件列表或 BBS 发布新闻。企业也可以在某些知名站点的与企业产品关联的新闻组、邮件列表及 BBS 等栏目发布企业新闻。

2. 利用网络造舆论:对网络舆论的分析和监控

网络舆论在网络社会中的作用日益凸显。企业应分析舆论,有目的地推行自己的网络公共关系计划,创造良好的社会舆论氛围,使企业在网络公众中树立良好的形象。同时,企业还要监控公共舆论,以达到建立关系、澄清事实、清除不利影响等目的。具体而言,公关人员要密切监视公共论坛和新闻组中对企业不利的言论,及时采取措施消除不良影响。

3. 通过网络传真情:实施顾客关系管理

通过网络,企业可以为新老顾客提供技术支持、售后服务及解答疑问等。例如,海尔集团网站设有"联系我们"板块,为顾客提供一系列服务支持。

4. 通过网络献爱心:开展网上公益活动

(1)开展公益活动。企业既可以通过网络倡导公益活动,还可以将自己参加公益活动的历史、成绩与未来规划通过网络传递给公众,塑造具有社会责任感的网络形象。例如,海尔集团网站的"社会责任"栏目从希望工程、社会救助、环境责任等方面系统介绍企业的善行善举,以赢得社会公众对企业的好感。

(2)发布公益广告。企业可以利用网络发布各种类型、各个时段的公益广告,以传播正能量。

(3)提供免费资源。一些企业网站提供许多免费的公益资源,如游戏、笑话、杀毒软件、电子贺卡、生活常识、音乐等内容。这既可以提高网站吸引力,增加网站黏度,又可以树立企业富有文化品位的形象。

5. 通过网络做沟通:开展内部公共关系

企业员工不仅是企业形象的构建者,更是其最直接的展现者。随着网络技术逐渐渗透到企业内部管理的各个环节,网络媒体已然成为企业内部信息高效传播与沟通的关键桥梁。企业可以通过网络平台,及时将企业宗旨、经营理念、企业精神、管理制度与规范、经营战略计划、营销方针政策等核心信息传递给员工,确保信息的透明与共享。对于涉及企业商业机密的信息,企业则可以通过内部网络进行安全传递,保障信息的保密性。此外,通过建立多渠道的在线沟通机制,如建议与意见信箱、董事长信箱、总经理信箱等,企业能够进一步畅通内部沟通渠道,促进领导者与员工之间、不同层级管理者之间的双向互动,实现信息的及时反馈与共享。

6. 通过网络解危机：开展危机公关

危机事件是指各种紧急的、意外发生的、对组织形象和经济利益有重大灾害的突发事件。危机公关是指企业对组织面临的危机或问题的处理。在网络时代，信息的传播速度极快，范围极广，危机事件一旦发生，很容易成为舆论关注的焦点。因此，企业必须高度重视危机公关的重要性，充分利用网络平台的优势，迅速、准确地应对危机。具体而言，企业可以通过网络平台及时发布权威信息，澄清事实真相，消除公众的疑虑与误解。同时，企业还可以建立危机应对机制，制定应急预案，确保在危机发生时能够迅速做出反应，减少损失。

7. 通过网络送知识：开展消费者教育

一些企业不再仅仅依赖传统的产品广告与促销手段，而是将重心放在为消费者提供细致入微的关心与精心的服务上，以赢得网络公众的认可与接受。这些企业采用了一种以营销"消费理念"为主的网络营销策略，通过普及专业的消费知识与生活知识，逐步引导目标顾客接受其独特的消费理念。当目标顾客逐渐接受并认同这些消费理念后，他们往往会按照这些理念去传统的商场或超市中选购产品。在这个过程中，企业应确保自己的产品能够满足目标顾客的需求，从而巩固其在消费者心中的地位。

12.3 站点销售促进

站点销售促进是指企业在营销网站上直接针对购买行为，采用各种富有创意的激励方式，对顾客进行强烈刺激，以激发其购买欲望并促成迅速购买的一种促销手段。在网络营销活动中，站点销售促进通常与网络广告、网络公关、电子邮件等促销方式协同使用，共同营造热烈的促销氛围，增强激励效果。

12.3.1 站点销售促进的特点

作为一种促销方式，站点销售促进与其他促销方式相比最显著的特点在于直接激励购买行为并与网上销售活动紧密配合，实现"短、高、快"的销售效果。具体来说，它主要具备以下特点。

1. 辅助协同，促进销售

一般而言，电子邮件促销、网络广告、网络公共关系等促销方式可以独立进行，而站点销售促进则更多地作为辅助手段，与其他促销策略有机结合，共同推动销售活动。它通常与日常销售活动紧密结合，特别适用于特定时期、特定商品的销售。因此，从全局来看，站点销售促进策略应与其他促销策略相互配合，以发挥最佳效果。

2. 即时见效，速度卓越

站点销售促进策略的核心在于迅速推动当前商品的销售。在网络市场中，该策略应考虑如何加速商品销售，始终围绕迅速激发网络顾客需求、强化购买动机、有效激励购买行为这一目标进行。它是促销方式中见效最快的一种形式。

3. 形式多样,创意无限

站点销售促进策略的成功关键在于发掘新颖独特的创新思维。企业应根据所处的市场环境、市场态势和自身条件,创造性地分析、决策、选择、组合和创造富有吸引力的刺激措施,以迅速吸引网络顾客的注意力,并激发其购买该产品的兴趣和动机。

4. 短期效益,高潮迭起

站点销售促进策略追求的是短期和即时的销售目标。与其他促销策略如网络广告策略、网络公共关系策略的长期和缓慢目标不同,只要创意新颖、方法得当,站点销售促进策略就能迅速激发网络顾客的购买兴趣和参与热情,实现立竿见影的销售效果。正因其短期性目标的要求,其促销效果必须在短期内形成购买的高潮。

12.3.2 站点销售促进策略

1. 免费促销

免费促销是企业在网络促销中为了提升网站流量或推动产品销售,提供免费或部分免费资源的策略。例如,企业为吸引访客,会在网站上提供与其产品或服务相关的、受众广泛且使用频率高的免费资源。

2. 打折促销

打折促销是网络销售中常见的促销手段,展示了网络销售的低价优势,以激励消费者进行在线购物。这种策略通常包括标示商品原价、折扣率或折扣后价格,以营造购物氛围并推动整体销售。鉴于网络购物的局限性和复杂性,如商品展示不全、无法试用等问题,折扣促销能有效吸引消费者尝试并决定在线购买。

3. 返券促销

受传统购物商城的返券促销活动启发,部分网上商城也实施了类似的策略。返券促销即购物满一定金额后赠送购物券,实质上是商家以另一种形式的降价让利于消费者,旨在鼓励顾客在同一平台重复购物。然而,此方式目前存在争议,商家应诚信经营,以确保消费者能从中获得实际利益。

4. 电子优惠券促销

电子优惠券(e-coupon)是价格折扣的一种创新形式。对于某些网络直销难度较大的商品,商家会提供电子优惠券,消费者可在线下载并打印,或在指定地点填写优惠表单,享受购物优惠。快餐品牌经常采用这种促销方式。

5. "买×加×元赠×"促销

这是一种常见的网上商城促销手段,如"买一赠一"或"购物满额送赠品"等。通过此类活动,商家旨在提升商品销量,同时给予消费者额外福利。

6. 赠品促销

赠品促销在网络上的应用相对较少,但在新产品试用、产品更新、市场竞争或新市场开拓等情况下,其效果尤为显著。赠品促销不仅能提升品牌及网站知名度,还能吸引消费者频繁访问,以获取更多优惠信息。同时,通过分析消费者对赠品的兴趣程度,商家还能了解营销效果和产品反馈。

7. 抽奖促销

抽奖促销是网络上广泛应用的促销形式之一,它通过提供超出参与成本的奖品来吸引消费者参与。抽奖活动通常与用户调查、产品销售、用户拓展、庆典或特定活动推广相结合。消费者通过填写问卷、注册账户、购买产品或参与网上活动等方式获得抽奖机会。为确保抽奖活动的真实性和公正性,商家应简化参与方式,提供有吸引力的奖品,并及时请公证人员全程公证,通过电子邮件或公告等方式向参与者通告活动进展和结果。

8. 积分促销

积分促销是商务网站设立的一种奖励机制,顾客在网上购物的次数、金额或参与特定活动的次数都将转化为积分,累积到一定程度便可兑换奖品。鉴于许多产品具有单次购买量小但复购率高的特点,积分促销比折扣促销更为适用。这种促销方式不仅有助于与客户建立良好的关系,还能通过时间控制刺激老客户的快速购买。相较于传统营销方式,网络上的积分促销操作更为简便,通过编程和数据库即可轻松实现。

9. 网上联合促销

网上联合促销是指不同商家共同开展的促销活动,其通过产品或服务的互补优势,相互提升市场价值。运用得当的联合促销能够取得显著的促销效果,如网络公司与传统商家的合作可以弥补网络服务的局限性,从而提供更加全面的购物体验。

10. 会员制营销

会员制营销是商务网站常用的一种策略,也称俱乐部营销。企业通过提供特定利益或服务,吸引顾客加入会员团体,从而进行宣传、销售与促销活动。顾客通常需要缴纳会费或购买一定量产品成为会员,才能享受相应权益。这种方式既有助于收集顾客信息、认证身份,也能锁定目标顾客群,提升销售效果。在某些网站,虽然非会员也可购物,但会员通常能享受更低的价格和费用优惠。此外,一些网站还会根据会员级别或购买行为进行积分,实行差异化待遇,刺激消费。

11. 返利策略

返利策略是指购买者按标注价格支付货款后,销售者按约定比例或金额返还部分货款给购买者。一些网站不仅协助用户完成网购,还根据用户购买产品的成交量,从合作商家处获得佣金,并将部分佣金以返利形式返还给用户。这种返利相当于商家支付的广告费用,对于吸引和留住用户具有积极作用。

12. 闪购

闪购,即限时抢购,是以限时特卖的形式,定期推出国际知名品牌的商品,一般以原价1~5折的优惠价供会员限时购买,先到先得,售完为止,其核心优势在于品牌商品折扣所带来的高性价比。

12.3.3 网络软文营销

1. 软文营销的概念

软文,顾名思义,是相对于硬广告而言的。它是由企业的市场策划人员或广告公司的文案人员精心撰写的文字广告。软文主要刊登在报纸、杂志或网络等宣传载体上,旨在提升企业品牌形象和知名度,或促进企业的销售。这些宣传性、阐释性文章形式多样,包括新闻报道、深度分析、付费短文广告及案例研究等。相较于硬广告,软文的精妙之处在于其"软"字,它如绵里藏针,含蓄而有力,能在无形中影响消费者,实现春风化雨、润物无声的传播效果。

软文营销是企业软性渗透营销策略在广告形式上的具体体现。它整合各种媒体资源,通过撰写软文,引导消费者接受特定的概念、观点和分析思路,从而宣传企业品牌、促进产品销售。

网络软文以互联网为传播平台,在企业形象塑造、产品市场推广与销售、品牌建设等方面发挥着举足轻重的作用。

2. 软文的类型

企业在选择软文类型时应充分考虑产品特性和目标消费者的特征。常见的软文类型主要有以下三种。

(1) 报道型。其指以媒体记者的视角撰写、宣传、报道企业业绩,通常发布在权威媒体上,借助媒体的公信力来彰显公司的品牌实力。

(2) 体验型。其指从消费者或其亲身体验出发传播品牌或产品的优势。常见的手法包括三种。一是制造危机感,即提出一些敏感的问题,让受众恐惧进而提出解决问题的途径;二是树立消费榜样,一般以消费者的口吻介绍用了某个产品后使遇到的问题得到有效解决;三是深度介绍产品,一般通过媒体介绍某个产品的独特功效。

(3) 整合型。其指在网络、报纸等媒体上推广某个行业的创新理念或概念,使消费者首先对产品产生认知,随后在杂志、电视媒体上进行品牌推广,加深消费者对某个品牌的认同。

3. 软文的标题

常见的软文标题撰写手法有以下几种。

(1) 新闻式标题。其指以新闻发布的风格传递信息,展现客观性与权威性,如"××店荣膺全国十大称号"。

(2)悬念式标题。其指设置悬念,引发读者的好奇心,引导他们继续阅读以寻求答案,如"8000万人骨里藏刀"。

(3)疑问式标题。其指以设问或反问的方式,激起读者的好奇与思考,如"怎样培养一个好的写作习惯?"。

(4)叙述式标题。其指直接陈述核心内容,简洁明了地传达信息,如"别让爸妈倒在厨房油烟里"。

无论采用何种标题撰写方法,其核心目的都是引发目标群体的兴趣,促使他们继续阅读软文内容。

4. 软文的正文

软文的正文是抓住消费者心理的关键。软文正文的撰写应注意突出科普性、注重知识性、把握趣味性以及体现新闻性。一篇优秀的软文在内容上要突出三个方面:诉求重点,即软文的核心内容;深入分析诉求重点;激发潜在消费者的购买欲望。软文的正文可以采用记叙文、议论文、说明文或边叙边议等多种形式,以适应不同读者的阅读习惯和喜好。

12.4 网络人员推销

12.4.1 网络人员推销的概念与特点

1. 网络人员推销的概念

在现代市场营销活动中,人员推销更多地被视作人员导购。为了保持习惯的称呼,我们也将网络人员导购称为网络人员推销。网络人员推销是指企业委派网络营销工作人员,代表企业形象,以个性化推销员的身份,利用互联网与目标顾客进行沟通,传递产品或服务的信息。他们运用一系列网络促销手段和技巧,使目标顾客了解产品或服务的性能和特点,激发其购买欲望,并促成购买行为,从而实现企业推销商品、促进和扩大销售的目标。

尽管网络营销借助互联网开展营销活动,具有跨越时空、虚拟接触的优势,但在网络营销的某些领域或环节,人员推销仍然能够发挥重要作用。这种"平时不显山不露水,需要时即刻出现"的人员导购服务是不可或缺的。在网络营销过程中,若辅以人员导购推销服务,无疑会极大地提升网络营销的效果。

2. 网络人员推销的特点

与传统的人员推销方式相比,网络人员推销的主要特点在于借助网络进行沟通并实施远程推销。它们的不同主要表现在以下几个方面。

(1)推销方法不同。传统的人员推销通常需要跋山涉水、苦口婆心地去寻找顾客,再进行面对面的推销。而网络人员推销则更多地依赖在线聊天工具,通过文字、语音或视频等方式推广介绍企业的产品。

(2) 推销内容不同。传统的人员推销主要聚焦于产品本身。而网络人员推销则更多地侧重于购物服务、网站交易功能的推广。

(3) 推销任务不同。传统的人员推销主要聚焦于产品的功能介绍与演示。而网络人员推销的任务则表现为：在网站访问者对某一商品或服务表现出高度兴趣时，即时进行对话，挖掘潜在客户；网站客服人员不仅陪伴客户完成订单提交，减少订单取消的可能性，还能为客户推荐相关产品，从而提高销量。网站访问者不需要安装任何软件或插件，也不用注册账号，只需在线点击"邀请对话图标"，即可与客服人员进行交流。这使得网络人员推销能更深入地了解客户的需求。利用即时沟通软件，客服人员还能跨区操作，实现与分公司或代理商的协同工作，从而更好地服务客户。这一切都基于企业的营销网站进行，同时被广泛应用于在线销售、在线客服、订单处理、在线答疑等方面。

12.4.2 网络人员推销的优点

1. 信息沟通双向互动，促销业绩即时有效

网络推销人员凭借各类网络即时沟通工具，能够迅速有效地激发顾客的购买兴趣，并促使顾客立即采取行动，从而大大缩短了从信息了解到实际购买的时间差。同时，他们能够实时获取顾客的反馈，及时调整网络营销策略和方法，解答顾客的疑虑，增强顾客的信任感。

2. 双重任务相辅相成，促销成果丰富多样

网络推销人员的工作并非局限于单纯的商品推销，而是涵盖了激发需求、促进销售与市场调研的双重任务。他们不仅推销商品，还提供全方位的服务。在发现潜在顾客、开拓新市场的同时，他们还负责向目标顾客传递产品与服务信息，为顾客的购买决策提供参考。此外，他们还在推销过程中收集情报，反馈市场信息，确保售前、售中与售后服务的顺利进行。尤其对于网上购物操作不熟悉的顾客，专业推销人员的指导将大大增强他们的购物信心。

3. 推销方法灵活多样，促销计划精准到位

网络推销人员在开展推销活动前会选择具有潜在购买意愿的顾客作为目标，避免盲目推销。他们会事先深入研究潜在顾客，制定个性化的推销方法和策略，确保推销活动的针对性和成功率。通过网络或其他沟通工具，他们能够根据不同顾客的需求和购买心理，进行有针对性的推销，提高推销效果。

4. 关系建立稳固持久，形象塑造全面深入

网络推销人员在推销过程中，不仅关注商品的销售，更注重与顾客建立长久稳定的关系。他们努力将企业与顾客之间的纯买卖关系转化为朋友关系，建立深厚的友谊和信任。这种情感的建立有助于推销工作的顺利开展，同时也为企业树立了良好的公共关系形象。通过优秀的网络推销人员，企业能够以点带面，全面提升品牌形象和市场竞争力。

12.4.3 网络人员推销策略

1. 利用个性化电子邮件推销

对于有价值的潜在目标顾客,企业不应放任不管,而应委托专业的推销人员通过电子邮件等方式与目标顾客及时沟通,随时解答其疑难问题,并发送网络未提供、难以表述或未曾考虑到的问题的解决方案,以展现企业的专业性和细致服务。

2. 借助即时通信工具

即时通信工具集电子邮箱、文本会话、语音/视频交流、手机短信、群聊、文件传输、IP电话、网络会议、应用程序共享以及电子白板等功能于一体,形成了综合性的网络通信工具。随着技术的不断发展,即时通信工具的应用已从个人消费领域扩展到企业网络营销服务领域,为企业提供了更为高效、便捷的沟通方式。

3. 提供在线咨询服务

目前,众多商务网站已提供在线咨询服务。通过网站的"即时通"等服务功能,登录用户能够直接选择在线服务人员,进行实时咨询与商务谈判,大大提升了用户体验及交易效率。

4. 整合其他企业网站资源

网络推销员可借助 BBS、聊天室等平台,以固定或公开的身份与目标顾客进行交流,以推广产品或服务。此外,通过设定论坛主题引导目标顾客讨论,也是推销产品或服务的一种有效方式。用户对于平台使用方法、政策措施、销售技巧、市场推广等方面的疑问或关注,都可能成为讨论的热点。

5. 结合传统方式辅助推销

除了网络推销手段,企业还可以结合传统的沟通工具,如电话、传真、邮寄等,对网上目标顾客进行辅助性的产品推销。这种线上线下相结合的方式,能够弥补网络沟通的不足,进一步提升推销效果。

本章小结

网络促销组合是指企业在促销活动中,将网络广告、网络公共关系、站点销售促进、网络人员推销有机结合并综合运用,以便实现更好的整体网络促销效果。

动态的网络广告是指通过互联网以各种形式发布企业或者其产品信息的活动。静态的网络广告即网络广告作品。与传统广告相比,网络广告具有广泛性和开放性、实时性和可控性、直接性和针对性、双向性和交互性、易统计性和可评估性的特点。网络广告有电子邮件广告、BBS 广告、旗帜广告、图标广告、关键词广告、移动图片广告、插页式广告、互动式游戏广告、分类广告、扉页广告、链接广告、网络广告交换、文本广告、视频广告、网络广告联盟、段子广告等诸多形式。网络广告预算方法有千人广告成本、每点击成本、每行动成本、每购买成本以及包月付费。

网络公共关系策略有网络新闻公告、对网络舆论的分析和监控、实施顾客关系管理、开展网上公益活动、开展内部公共关系、开展危机公关、开展消费者教育。

站点销售促进策略有免费促销、打折促销、返券促销、电子优惠券促销、"买×加×元赠×"促销、赠品促销、抽奖促销、积分促销、网上联合促销、会员制营销、返利策略、闪购。

网络人员推销策略有利用个性化电子邮件推销、借助即时通信工具、提供在线咨询服务、整合其他企业网站资源、结合传统方式辅助推销。

◉ 思考题 ◉

1. 网络促销方式有哪些？各有何特点？网络促销有哪些作用？
2. 网络广告有哪些类型？何谓旗帜广告？策划旗帜广告应注意哪些问题？
3. 网络广告有哪些计费模式？如何选择投放网络广告的站点？
4. 如何运用广告交换服务网络？广告交换服务网络的运作机制及优势是什么？列举几个主要的广告交换服务网络。
5. 何谓网络公共关系？网络公共关系的策略有哪些？
6. 何谓站点销售促进？常见的站点销售促进策略有哪些？
7. 许多人认为，网络营销并不需要人员推销。这一说法是否正确？为什么？

第 13 章

网络直播营销

直播营销是当前网络营销效果比较明显的新媒体营销方式。本章在界定网络直播营销概念的基础上，分析网络直播营销模式，介绍典型的网络直播营销平台，进而研究如何进行网络直播营销策划、网络直播脚本撰写等内容。

> • 全面建设社会主义现代化国家，必须坚持中国特色社会主义文化发展道路，增强文化自信，围绕举旗帜、聚民心、育新人、兴文化、展形象建设社会主义文化强国，发展面向现代化、面向世界、面向未来的，民族的科学的大众的社会主义文化，激发全民族文化创新创造活力，增强实现中华民族伟大复兴的精神力量。
>
> • 不是每个人都有成为"网红"的潜力，但每个人都可能在网红产业链上找到适合自己的岗位。

13.1 网络直播营销概述

13.1.1 网络直播营销的概念

1. 直播营销的概念

(1) 直播的概念。 直播最初指的是广播电视节目的后期制作与播出同时进行的一种播出方式。根据播出场合的不同，直播可分为现场直播和播音室或演播室直播等形式。其中，电视现场直播特指随着现场事件的发生与发展，进行同步制作和播出的一种电视节目播出方式。

(2) 网络直播营销的概念。 随着网络技术的迅猛发展，电视直播逐渐被网络直播所取代，成为"直播"这一词汇的现代含义。从直播所使用平台的角度来看，根据2021年4月发布的《网络直播营销管理办法（试行）》，直播营销是指通过网站、应用程序、小程序等，利用视频直播、音频直播、图文直播或多种形式相结合的直播方式，开展商品或服务推广的商业活动。

2. 直播营销的要素

直播营销一般涵盖人、货、场、平台和脚本五个核心要素。

直播营销场景是指直播营销所呈现的环境和氛围,为观众提供了直观的感官体验;直播营销货物,即所要推广销售的产品,是直播营销的核心内容;直播营销平台则是提供直播服务的各类网络平台,包括互联网直播服务平台、音视频服务平台、电子商务平台等。

广义上的直播营销人包括直播间运营者、直播营销人员及其服务机构等;而狭义上的直播营销人仅指直播营销人员。直播间运营者是在直播营销平台上注册账号或通过自建网站等网络服务,开设直播间进行网络直播营销活动的个人、法人或其他组织。直播营销人员则负责在直播中直接向观众进行产品或服务的推广。直播营销人员服务机构则为其提供策划、运营、经纪、培训等全方位服务。

脚本是直播营销活动的框架和指导,确定了故事发展的主要线索和方向。在确定脚本后,直播营销人员还需从直播的角度出发进行具体的剧本创作。剧本主要由台词和舞台指示组成。其中,台词包括对话、独白、旁白等,而舞台指示则是对剧情发生的时间、地点、人物特征、动作及心理活动的文字说明,同时还包括场景布置、气氛营造以及灯光、音响效果等方面的要求。为了与直播行业的通用术语保持一致,此处对脚本与剧本不进行区分。

3. 网络直播营销的发展

我国直播营销的先驱当属"中国七星购物网"。2006年11月,上海七星网络购物有限公司应运而生。2007年4月,公司召开全国新闻发布会,宣布其创新的EDS(electronic dynamic sales,电子动态销售)互动式视频网络购物模式,使用户得以通过视频、声音进行自由的信息交换和交流。该模式整合了互联网、交互式网络电视(internet protocol television,IPTV)和3G网络,为用户提供全方位的产品展示,旨在构建中国最大的家庭视频购物网络平台。2007年5月,其视频产品种类已超过500种。

在2016年之前,YY、虎牙、斗鱼、奇秀等直播平台的主播们会在直播过程中放上自己淘宝店的链接,主要销售鼠标、键盘、耳机等游戏周边设备,这些产品因受到粉丝们的热烈追捧而备受瞩目。然而,当时的游戏主播们并未真正涉足直播带货,其直播内容仍以游戏为主,并未形成系统化的直播带货营销模式。

2016年,多数电商平台遭遇流量瓶颈,纷纷寻求变革。淘宝、京东、蘑菇街、唯品会等电商平台率先推出直播功能,开启直播导购新模式;与此同时,快手、斗鱼等直播平台则与电商平台或品牌商合作,共同布局直播电商业务。2016年4月,淘宝直播的正式上线引发了一场行业性直播的潮流,国内接连涌现出300多家网络直播平台,这一年也被公认为直播元年。2016年9月,京东直播也正式上线。

2017年,快手直播加入这一行列。2018年,快手与有赞合作,推出了"短视频电商导购"解决方案,主播们可以直接在快手开店并完成所有交易。2018年3月,抖音上线购物车功能并开放直播权限,直播带货功能一并开放,同时还支持跳转至淘宝页面。2020年,拼多多、小红书等平台也陆续推出直播功能,抖音更是斥巨资签约网红主播,直播电商全面爆发，进入了一个百花齐放的阶段。2021年，全民直播时代正式到来。

直播营销作为网络营销3.0的典型形式，通过视听演绎和实时互动的方式，使目标顾客深深沉浸在主播的产品介绍中，有效地吸引了消费者注意并激发了其购买欲望。同时，它也为消费者提供了更为直观和生动的购物体验，为品牌创造了更高的转化率和营销效果。在供给端，直播营销优化了品牌营销与产品销售；而在需求端，明星带来的粉丝、流量和话题则为其提供了有力的补充。

13.1.2 网络直播营销模式

在实施网络直播营销之前，企业应深入了解其目标受众及其需求，明确自身能够提供的产品类型，同时分析竞争对手及其产品。只有经过细致的市场调研，企业才能制定出切实可行的直播营销方案。

直播营销的核心固然是带货销售，但网络直播营销并不仅限于此。除了直播带货，直播还可以实现多种营销目标，并灵活采用多种营销方式。

1. 带货推销式直播

这种模式通过直播详细讲解商品，利用近距离展示、解答咨询、导购促销等方式，将产品售卖给消费者。直播带货具有更强的互动性，消费者可以直接询问产品相关事宜，主播当场解答。直播间常设有促销优惠，这些优惠可以有效吸引大量消费者。

带货推销式直播的方式日趋多样化，按场景可分为店铺直播、社群直播、基地直播、产地直播、国外代购等；按主播身份可分为达人直播、专家直播、企业首席执行官直播等；按促销方式可分为秒杀、砍价、抢拍、清仓等。

2. 企业IP打造式直播

企业IP打造式直播通过塑造企业形象和品牌形象的人格代理，持续输出优质内容和价值观，吸引粉丝实现身份和角色认同，进而增强产品信任度。这种营销方式具有话题性和传播性，拥有庞大的粉丝基础和市场，能产生裂变式的传播效果。企业可借助直播方式，持续打造自己的IP，提升品牌影响力。

许多品牌已拥有虚拟IP，并经过长期打造积累了强大的粉丝基础，让这些IP进行直播，同样能有效推动品牌营销。此外，企业首席执行官通过直播展现亲和力、专业能力和人格魅力，也能显著提升企业品牌的知名度。

3. 明星代言式直播

企业选择与品牌形象契合的明星作为代言人，通过直播向粉丝推荐产品，将明星的个性和标签融入品牌，借助明星的知名度迅速打开市场，建立品牌影响力。然而，若明星在一场直播中推销过多产品，其效果可能会大打折扣。因此，企业可以考虑组织专场直播或阶段性长期直播，以确保效果最大化。例如，良品铺子在发布儿童零食新品时，邀请了与品牌气质相符的代言人进行专场直播。在一个半小时的直播中，主播成功赋予新品"健康、关爱"的形象，使参与直播的观众对新品形成了初步印象。

4. 事件营销直播

事件营销(event marketing)是企业通过策划、组织和利用具有新闻价值、社会影响以及名人效应的人物或事件,吸引媒体和消费者的兴趣与关注,以提高企业或品牌的知名度和美誉度,树立良好品牌形象,并最终实现产品或服务销售目的的手段和方式。以事件为主题开展直播,能集新闻效应、广告效应、公共关系、形象传播、客户关系于一体,为新产品推介和品牌展示创造机会,快速建立品牌识别和定位。

13.1.3 典型直播营销平台

直播营销平台是专为网络直播营销提供服务的综合性平台,涵盖互联网直播服务平台、互联网音视频服务平台以及电子商务平台等。典型的直播营销平台有以下几种。

1. 淘宝直播/点淘

淘宝直播是阿里巴巴集团在2016年推出的消费类直播平台,现已成为国内领先的直播电商消费专业平台。该平台为直播带货达人提供丰富的货品选择,同时也为商家提供新颖的电商消费模式。2021年,淘宝直播的手机版App升级为点淘,其采用短视频与直播双核驱动的模式,旨在通过高质量内容更好地连接用户与服务。

2. 抖音电商

抖音电商作为抖音旗下的电商平台,致力于为用户提供发现优质商品的平台。众多抖音创作者通过短视频、直播等多元形式,为用户带来个性化、高效的消费体验。其中,抖店是专为电商商家设计的一站式经营平台,为商家提供全链路服务。

3. 快手电商

快手电商依托快手科技强大的技术背景,通过"直播+短视频"的多元渠道,实现带货变现,其沉浸式体验为消费者带来独特的购物感受。快手小店作为快手推出的电商服务工具,为平台提供了便捷的交易服务。

4. 京东直播

京东直播作为京东旗下的直播平台,主打电商泛娱乐营销模式。通过生态建设、基建赋能和内容品质化,京东直播在电商直播领域持续引领创新。

5. 小红书

小红书自2013年创办以来,已成为现代年轻人喜爱的生活分享社交平台。用户可以在平台上发布短视频、图文等内容,分享生活方式,形成基于兴趣的互动。小红书福利社作为小红书旗下的自营平台,可为消费者提供一站式购物服务。

6. 蘑菇街

蘑菇街于2011年上线,专注于女性时尚消费。平台拥有众多精通购物和穿搭的时尚达人和红人主播,为用户提供潮流搭配、服装试穿和护肤教学等时尚内容。

7. 多多直播

多多直播是拼多多于2020年推出的营销工具，旨在帮助有带货能力或潜力的合作方提升用户黏性和流量转化效率。拼多多作为国内新电商的开创者，通过"社交＋电商"模式，以拼着买才便宜的社交拼团为核心，以好货不贵为运营理念，为消费者提供优惠的品牌商品。

8. 苏宁直播

苏宁直播隶属于苏宁易购，通过整合品牌、店员、网红资源，打造"门店直播＋网红直播"的组合模式。苏宁易购作为中国知名的智慧零售服务商，持续推进智慧零售、场景互联战略，全品类拓展、全渠道在线、全客群融合，并通过开放供应云、用户云、物流云、金融云、营销云，实现从线上到线下，从城市到县镇的全方位覆盖。

9. 洋码头

洋码头成立于2010年，是国内领先的海外购物平台。平台连接全球零售市场与中国消费者，通过海外买手商家实时直播的海外购物场景以及跨境直邮服务，为消费者带来世界各地的商品和潮流生活方式。

10. 微信视频号直播

微信视频号是腾讯公司推出的内容记录与创作平台。自2020年上线直播功能以来，微信视频号不断推出新功能，如付费直播间和"视频号小店"服务，为创作者和商家提供更多元化的直播营销服务。2022年8月1日，微信官方宣布，微信视频号开放个人申请直播专栏。

13.2 网络直播营销策划

一场直播营销活动的圆满完成，不仅需要运营、场控、策划、客服、主播及主播助理等多方人员的协同参与，还依赖于团队在内容策划、活动执行、宣传推广、图文设计、音视频剪辑以及数据分析等各方面的专业能力。同时，沟通表达、成本管理、创新创意和临场应变等职业素养也是不可或缺的。

13.2.1 网络直播带货选品

1. 选品及货品组合

直播营销的核心在于带货，因此选品是至关重要的一环。在确定直播主题时应首先明确直播带货产品的品类。若品类繁多，需要根据目标消费者和直播营销的重要性来权衡，明确每一品类的角色。例如，按照消费者搜索量或购买频次和对平台的利润贡献来权衡。通常，产品可分为招牌品、引流品、赢利品和形象品四类。

(1) 招牌品。其指购买频次高且利润贡献占比大的品类，一般是代表平台品牌形象的主打品类。这些产品作为直播间的主打产品,一般讲解频次较高且讲解时间较长,以便让消费者充分了解该产品,从而推动销量增长。

(2)引流品。其指能为直播间带来流量的产品品类,一般是指购买频次高,但因价格敏感度高而采取薄利或零利引流的产品。例如,手机商城销售的特惠手机外壳、充电线等产品。对于引流类产品,店铺可以依靠其高购买量,辅以非常低的价格,吸引顾客光顾,进而带动其他产品的销售。引流款一般会用在直播带货开始后前半小时用于热场。一般而言,购买频率高、性价比高、品牌知名度高、价格敏感度高,但采购成本低的产品适合充当引流品。

(3)赢利品。其指购买频次不高,但价格敏感度低,可以带来丰厚利润的产品。该品类往往具有较高的利润,可以弥补引流品类在毛利上的不足。这类产品往往品质上乘,具有独特卖点,适用于特定小众人群。

(4)形象品。其指购买频次较低,毛利率也不高,但能代表直播间产品形象,提升直播间产品品质的产品品类。店铺一般会选3~5款高品质、高客单价的小众产品作为形象款,以提升直播间整体形象。

2. 产品数量

在直播过程中,产品数量的控制至关重要。一般来说,一场2小时的直播,产品存货单位(stock keeping unit,SKU)数量控制在30~40个较为合适。过多的产品投放可能导致流量分散,影响直播效果。每个产品介绍时间应控制在5分钟左右,提炼4个左右卖点,单品介绍时长不宜超过10分钟。

在产品组合上,招牌品应占主导地位,占比50%~60%;引流品占比20%,用于吸引人气;赢利品占比20%~30%,以实现利润最大化;形象品占比不超过10%,以提升直播间形象。

3. 直播间样品排序

直播间样品排序即排品,是承接和最大化利用流量的关键。直播开始时,平台会根据账号权重给予第一波流量,后续流量则根据前一波流量的承接情况来推送。因此,第一波流量尤为关键,直播间需使用高性价比的福利款产品留住访客,提高转化率。随着人气的变化,直播间应灵活调整产品顺序,如人气减弱时推出引流品拉回流量,人气上升时推出招牌品,人气稳定时在招牌品之后上架赢利品,下播前用高价形象品收尾,同时搭配几款引流产品,确保直播圆满结束。

13.2.2 网络直播带货策划

一场高质量的带货直播需要经过周密的策划和准备,一般可以按照以下步骤来进行策划。

1. 确定目标

直播带货前,企业需要综合分析产品特点、目标顾客需求特性、竞争对手情况以及市场趋势,明确直播带货的目标,如期望的观看量、点赞量、进店率、转化率等具体指标。

2. 选择平台

不同的直播平台有不同的属性和特点,企业需要选择适合自己产品特点与市场属性的平台。在选择平台时,企业需深入了解平台的规则,确保企业产品能够顺利推广,并申请开通直播账号,确保具备带货资质。

3. 购置设备

直播之前需要提前准备好一系列的设备工具,如高清画质的电脑或手机、补光灯、优质声卡、麦克风、高清摄像头、电容麦、支架、背景墙、产品陈列货架和其他道具,确保直播的画面和声音效果达到最佳状态。直播间一般对灯光的要求比较高,因此直播间的灯光布置需要精心安排,以营造出良好的直播氛围。

4. 选取产品

选取带货产品是直播带货的关键。一般而言应该选自己熟知的、与账号 IP 定位一致的、目标顾客比较感兴趣的、展示性强的、与本场直播风格相匹配的、容易引起共情的、当季流行的、性价比高的、卖点强的、强背书(品质有权威证明的)的产品及品牌。直播选品的方法有看同行、查数据、靠经验等。

5. 策划主题

确定直播主题,围绕主题策划直播内容的流程。主题可以根据节庆、官方活动、店铺活动等因素来设定,也可以按照不同品类、品牌来安排。围绕相关主题来确定内容,结合热点策划直播间话题,可以提高直播的关注度。策划直播主题有四个方法:一是根据目标人群定主题;二是结合粉丝需求定主题;三是根据时节热点定主题;四是根据活动定主题。

6. 设定时间

直播时间需要经过多方调研和综合分析后设定。何时直播流量更好？何时直播人们更愿意看？何时直播人们停留的时间会更长？何时人们更喜欢什么主题的直播？每一个问题都需要提前设想且经过充分调研,以为直播做好充足的准备。新手主播最好在固定的时间段进行直播,并且准时开场、按时结束,有利于粉丝养成习惯。主播在直播离场时要预告下一场直播的时间和品类等。

7. 编写脚本

编写直播脚本时应明确直播时间、内容、产品讲解话术以及优惠券设置等细节。脚本的编写有助于确保直播流程的顺畅进行。

8. 团队分工

明确直播团队的岗位设置和职责分工可以确保每个成员都能发挥自己的优势,共同完成直播任务。一般来说,一个高效的直播团队岗位设置及其职能如表13-1所示。

表 13-1 直播团队岗位设置

岗位配置	岗位职能
主播 2～3 人（主播、副播、助播）	主播:介绍活动、介绍产品、统筹全场、粉丝互动
	副播:带动气氛、介绍促销活动、提醒活动、卖点提醒、引导关注
	助播:实时了解销售额、订单数、提醒副播、画外音互动
场控 1 人	负责现场产品秒杀改价、库存核对、活动优惠设置、小店后台设置、PC 直播端产品讲解配合
运营 1 人	负责视频、直播数据运营、推广等
拍摄剪辑 1 人	负责直播现场的搭建,直播前拍摄预告视频,提取直播中、后花絮和精彩内容
客服及售后 2 人	负责直播过程中回复客户售后问题、解答规格型号参数疑问、回复在线咨询等
商品开发 1 人	选品、佣金管理、产品组合、产品策划、价格谈判

9.布置场景

按照脚本购置相应的物料。直播间的场景布置需要根据直播的主题及直播带货的产品与方式来购置相应的物料。例如,打造一个什么类型的直播间风格?设置什么类型的背景音乐?补光灯应该摆在什么位置?产品应该放在哪里?这些都需要提前考虑好。

10.直播彩排

在进行正式的带货直播之前,直播团队有必要进行彩排预演,按照脚本把整个流程执行一遍,以使所有成员做到心中有数,衔接配合有序,并能及时弥补改正直播中的不足。带货直播彩排表如表 13-2 所示。

表 13-2 带货直播彩排表

彩排时间		
彩排内容		
彩排人员		
准备情况		
场地布置	背景	
	产品陈列	
	辅助工具	
	点缀装饰	
产品准备	产品 1	
	产品 2	
	产品 3	

11. 封面制作

根据相关统计数据,设置了封面的直播间观看人数远超使用默认头像的直播间观看人数。因此,制作一个吸引人的直播间封面至关重要。直播间封面通常由文字标题和图片构成,必须保持干净清晰、简洁大方的风格,以突出主播的人物标签和特点。

(1)直播间图片。优质的图片通常由场景实拍和人物出镜组成。制作过程中需要注意以下几点:构图要规整,避免随意自拍;背景应干净清晰,场景明亮,商品摆放整齐;适当添加元素可使封面更显专业,如花字点缀,以增强视觉冲击力;背景画面要完整,主体突出;图片必须清晰,排版和字体设计要美观;高清正脸人像应贴合主题,避免掺杂无关信息;封面上的文字不宜过多,以免显得杂乱;严禁虚假宣传和过度营销;避免使用拼图、边框装饰,防止图片拉伸或压缩变形;图片主体应突出,且清晰完整;不得出现无关的文字、水印、商标等;确保图片质量,避免锯齿噪点和模糊现象;封面内不得出现其他主播;内容应占满整张图,具有场景感,构图讲究,布景干净。

由于不同平台对直播封面尺寸的要求各异,因此,在选择图片时,分辨率应足够高,以免在手机端显示时出现模糊现象。例如,拼多多官方要求直播封面尺寸为 800×800 像素,而抖音则要求 640×640 像素的等比例正方形图片。工作人员在设置时最好裁剪为 1:1 比例,以免上传后被压缩变形。

(2)直播间标题。直播标题是影响点击率的关键因素之一。通常,一个有效的直播标题应由活动信息、商品信息和折扣力度组成。优质的带货直播标题往往具备以下特点:直接体现直播内容,突出主播特色,同时明确展示货品名称和特色;简洁明了地表达直播主旨,重点介绍直播内容、店铺特色和商品信息;深入挖掘用户痛点,突出产品卖点;用一句话概括本场直播的亮点,明确传达情感利益点;具有明显的电商特征,展现选品的独特性;具备吸引力,避免夸张和夸大其词;字数简短精练,如拼多多和抖音平台要求标题控制在 16 个字符以内;善用具体数字展现直播间价值,激发用户好奇心;紧跟时事热点,运用逆向思维和疑问句,提升标题的吸引力。

12. 预热推广

在直播前,工作人员需要对直播主题、时间、内容和福利进行文案策划,并通过多种渠道发布,提前告知粉丝直播信息。例如,可以发布视频预告,说明直播时间和内容,并利用微信朋友圈、社群、今日头条等平台进行推广,吸引更多粉丝关注直播间。

13. 正式直播

完成所有准备工作后,即可开始正式直播。在直播过程中,主播应避免呆板地介绍产品,而应运用生动的直播话术,使直播间更加有趣且富有吸引力,从而取得理想的营销效果。主播还应注重与观众的互动,缺乏互动的主播容易流失粉丝。此外,直播间应定时设置抽奖或送福利环节,以营造轻松愉快的直播氛围,提高观众的参与度和留存率。

13.3 网络直播脚本

13.3.1 网络直播脚本的编写

一场成功的直播离不开精心设计的脚本。直播脚本就像电影的大纲,有助于主播把控直播节奏、规范直播流程、实现预期目标,使直播效益最大化。直播脚本主要包括聚人、留客、锁客、说服、催单、促单等六个阶段内容,如图13-1所示。

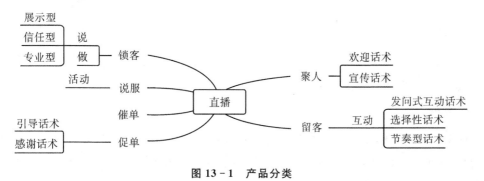

图13-1 产品分类

1. 聚人

直播开始时,主播的首要任务是集聚人气,如可以通过设置悬念、烘托气氛、播放背景音乐、讲故事或表演才艺等方式吸引观众。即使直播间初期只有少数观众,主播也应积极渲染产品的功能、价值及潜在需求,但不直接提及具体产品,以此引发观众的好奇心和观看兴趣。在聚人阶段,主播需要做好三件事。

(1) **打招呼**。针对用户入场表示欢迎,拉近用户距离。

(2) **做介绍**。主播做自我介绍,并介绍企业和产品。

(3) **讲故事**。渲染产品的功能、产地、历史、口碑、销售数据、价值以及可以满足的需求等,以激发观众的好奇心。例如:"今天为大家带来的这款产品,是畅销XX年的老字号,几乎是每个家庭的必备之选。"或"这款产品已经销售10万单,是旅行居家的必备品。"

2. 留客

留客阶段的关键在于宣传本场直播的优惠力度、货品种类、抽奖和秒杀产品、限量礼品或特殊折扣,并与粉丝积极互动和点赞,延长观众在直播间的停留时间。

(1) **福利预告/货物预告**。以利益吸引观众关注,逐渐引入直播主题。例如,"新来的朋友扣个1,稍后我为大家发红包。"或"欢迎大家来到直播间,稍后会有红包福利哦。"

(2) **积极互动**。通过实时互动使观众迅速融入直播氛围。互动话术主要包括发问式、选择式和刷屏式三种,旨在解决观众疑问、建立信任感、提高观众参与度。

(3) **宣传促销**。通过打招呼或提醒关注领券等方式促进观众参与购买。

3. 锁客

锁客阶段旨在留住老客户。主播需通过话术展示产品特点，锁定目标用户。锁客的话术主要抓住"说"和"做"两个字。

"说"主要是从不同方面展示产品，锁住目标用户。提前规划好产品使用场景，直播过程中以提问的方式与用户互动，引导用户说出需求痛点，主播再针对痛点介绍产品的卖点、使用感受、价格优势等。

"做"是现场试用产品，分享使用体验与效果，验证产品功能，激发用户的使用需求和购买欲望。

4. 说服

从产品的功效、价位、成分、包装、促销力度和现场使用结果等多个角度与竞品进行对比，进一步帮助用户做出购买决策。

5. 催单

催单环节的关键在于营造购买的紧迫感和欲望。主播可通过强调时间限制、优惠信息、物流速度及自留产品等方式催促观众快速下单。话术可围绕重复强调产品效果和价格优势，以及提醒用户限时限量进行。

6. 促单

促单主要是关注并跟踪下单流程，通过提醒即时销量、营造抢购氛围、重复介绍产品功能、价格优势及促销力度等方式，使用倒计时等手段促使顾客立即下单。引导下单话术包括下单流程讲解和操作演示，以及结束直播时的感谢、预告和再见话术。

13.3.2 产品卖点介绍技巧

卖点是指商品所具备的与众不同的功能、特色或优势等属性。这些属性可能是产品自带的明显特质，也可能是通过营销策划精心提炼出的独特之处。无论其来源如何，只要能够将其融入营销战略中，转化为消费者易于接受并认同的利益和效用，就能有效促进产品销售和品牌建设。直播营销过程中可以采用以下几个产品卖点介绍技巧。

1. FABE 法

（1）F 代表特性（feature）。其指从产品特质方面找出顾客最感兴趣的各种特征。例如，从产品名称、产地、材料、工艺定位、特性等角度深刻挖掘产品的内在属性，找到差异点。

（2）A 代表优势（advantage）。其指与同类产品相比较，列出比较优势，或者列出这个产品独特的地方。例如，更快速、更安全、更安静、更保险等。

（3）B 代表利益（benefit）。其指阐述产品优势能为消费者带来的具体好处。

（4）E 代表证据（evidence）。其包括技术报告、顾客来信、报刊文章、照片、示范等。通过现场演示，呈现相关证明文件，依托品牌效应来印证产品属性。所有作为证据的材料都应该具有足够的客观性、权威性、可靠性和可见证性。

2. 对比法

直接对比自己的产品和竞品,明确展示产品的优势所在。

3. 比拟法

比拟法即拟人或者拟物,如果产品卖点用词比较专业化,为了避免顾客听不懂主播所说的这些名词术语,主播可以把一些顾客听不懂或者顾客不能直观感受到的卖点转化成客户能够听得懂、看得到的事物。这样一来,顾客的脑海里会对产品形成直观的印象,从而加深客户对此卖点的印象。

4. 体验法

体验营销指的是通过看、听、用、参与的手段,充分刺激和调动消费者的感官、情感、思考、行动和联想等感性因素和理性因素,重新定义、设计思考方式的营销方法。因此,直播活动中,主播可以用语言营造一个立体的场景,能让顾客调动的五感越多,顾客对产品的理解也越透彻。

5. 构图法

通过绘图或描述画面,引导顾客在脑海中形成产品使用的具体场景,从而感受产品价值。

6. 提问法

利用提问的方式引导顾客思考,吸引顾客的注意力,并突出产品卖点。

7. 数据法

介绍产品时要具体,不要抽象。尤其是在介绍数量时,不要用一些模糊的词,如客户很多、产品很耐用、外观很漂亮,而应使用具体的数据,使介绍更加具体、更有说服力。

8. 背书法

借助明星代言、达人推荐、产品销量或好评等信息,增强消费者对产品的信任感。

本章小结

直播营销是指通过网站、应用程序、小程序等,以视频直播、音频直播、图文直播或多种形式相结合的直播方式,开展商品或服务推广的商业活动。一般来说,直播营销包括人、货、场、平台和脚本五个要素。

网络直播营销模式有带货推销式直播、企业IP打造式直播、明星代言式直播和事件营销直播等。典型的直播营销平台有淘宝直播/点淘、抖音电商、快手电商、京东直播、小红书、蘑菇街、多多直播、苏宁直播、洋码头、微信视频号直播等。

一场高质量的带货直播需要经过周密的计划和准备,一般而言可以按照确定目标、选择平台、购置设备、选取产品、策划主题、设定时间、编写脚本、团队分工、布置场景、直播彩排、封面制作、预热推广、正式直播等步骤进行策划。网络直播脚本具体包括聚人、留客、锁客、说服、催单、促单等六个阶段内容。直播营销过程中可以使用的产品卖点介绍技巧有FABE法、对比法、比拟法、体验法、构图法、提问法、数据法、背书法等。

◎ 思考题 ◎

1. 何谓直播营销和网络直播营销？
2. 一场完整的网络直播营销活动有哪些构成要素？
3. 在直播营销实践中，网络直播营销模式有哪些？
4. 一场高质量的带货直播需要依次策划实施哪些环节的活动？
5. 网络直播脚本的撰写具体要策划哪些阶段的内容？
6. 网络直播带货过程中可以使用的产品卖点介绍技巧有哪些？
7. 如何进行网络直播带货选品？
8. 根据网络直播营销的发展，分析总结其发展规律，并展望预测其发展前景。

第 14 章

网络短视频营销

本章在分析短视频、短视频营销、短视频营销特点的基础上,对如何策划短视频营销、拍摄制作短视频软硬件、创作短视频脚本,以及如何拍摄、发布与推广短视频进行介绍分析。

> • 坚守中华文化立场,提炼展示中华文明的精神标识和文化精髓,加快构建中国话语和中国叙事体系,讲好中国故事、传播好中国声音,展现可信、可爱、可敬的中国形象。

14.1 网络短视频营销概述

14.1.1 短视频营销的概念

1. 短视频的定义

短视频,即短片视频,是在新媒体平台上广泛传播的一种视频内容形式,其时长通常在几秒到几分钟不等,特别适合在移动状态和网民碎片化时间里观看。短视频以其高频推送的特点,迅速吸引了大量用户。一般来说,短视频的时长控制在五分钟以内。

现阶段流行的短视频平台包括抖音、快手、小红书、火山视频、哔哩哔哩、今日头条、视频号、百家号等。不同的短视频平台具有不同的视频拍摄标准、特色和风格要求。

2. 短视频营销的概念

短视频营销是内容营销的一种重要形式。它主要通过选择目标市场受众,利用短视频向他们有针对性地传播有价值的内容,以吸引目标市场受众对企业产品和服务的关注,最终有效促进商品的销售。短视频营销的核心在于发现并精准锁定目标受众,并为他们创造有价值的内容。

3. 短视频营销的特点

(1) 成本低廉、内容丰富。 与传统的广告营销相比,短视频营销具有显著的成本优势,包括制作成本低、传播成本低以及维护成本低。同时,短视频时长虽短,但内容却十分丰富,涵盖技能分享、幽默娱乐、时尚潮流、社会热点、街头采访、公益教育、广告创意、商业定制等多个领域,充分满足了用户的多元化需求。短视频的前三秒内容尤其重要,需要能够迅速吸引用户的注意力。

(2)传播迅速、交互性强。短视频的传播门槛低,渠道多样,容易实现裂变式传播和熟人间的传播。用户不仅可以自己制作上传视频,还可以观看、评论、发弹幕、点赞以及分享转发他人的视频,这种强交互性使得短视频营销更具吸引力。

(3)富有创意、形式多样。短视频的表现形式丰富多样,用户可以运用各种充满个性和创意的制作和剪辑手法创作出精美、震撼的短视频,有效促进产品或服务的销售。与微电影和直播相比,短视频制作更加灵活,没有特定的表达形式和团队配置要求,生产流程简单,制作门槛低,参与性强,同时比直播具有更高的传播价值。

(4)目标精准、整合营销。短视频营销以其真实反映受众生活、消费和娱乐的特点,超越了图文社交和语音社交,成为品牌吸引注意力的重要形式。与其他营销方式相比,短视频营销能够更准确地找到目标用户,实现精准营销。短视频平台通常设有搜索框,对搜索引擎进行优化,用户可以通过搜索关键词找到相关内容,这使得短视频营销更加精准,商家能够更好地锁定目标用户,用户也能通过短视频更直观地了解商家及其产品。

14.1.2　短视频营销策划

1.账号搭建

不同的短视频平台在定位、受众、流量分配等方面各有差异。因此,在进行短视频营销前,企业需要深入了解各平台特性,选择与自己产品或服务高度契合的平台作为主要推广阵地,同时辅以其他平台,提升话题曝光率。完成平台选择后,企业还需要进行账号认证并搭建,确保品牌形象的一致性和专业性。

2.视频创作

账号搭建完成后,关键在于策划并制作高质量的视频内容。内容应有趣且有价值,能够吸引并留住用户,进而实现粉丝增长、关注度提升以及转化率的提高。创意是短视频营销的核心。短视频内容的选题可以考虑三个方向:一是基于品牌,通过品牌故事做提取,如通过品牌的定位、数据等进行短视频内容的生产;二是基于市场,通过消费者画像、兴趣爱好等进行短视频内容的生产;三是基于竞品,通过突出自己产品或服务与竞品相比的特色、优势或卖点确定短视频内容。

3.视频推广

流量是短视频营销的基础,决定了互动程度和转化效果。为提高流量,企业既要注重视频内容的质量,如如何蹭热点、如何结合时事、如何精准击中用户痛点等,又要充分利用短视频平台的推荐机制,借助一定的技巧与工具进行推广与引流。同时,企业可从搜索引擎营销的角度出发,布局与行业相关的关键词,深入挖掘产品特性与利益,提升视频搜索排名。

4. 提升转化

短视频营销的最终目标是提升转化率。企业可通过精心策划的视频内容,以可视化方式展示产品或服务的关键点,吸引用户兴趣并促使他们采取进一步行动。同时,企业还可通过优化视频内容如标题、标签、画面字幕等,提高视频的吸引力和点击率。

5. 跟踪反馈

发布视频后,及时跟踪数据并收集用户反馈至关重要。通过分析评论、播放量、分享数、完整收看率等指标,了解用户喜好和行为习惯,为后续的短视频营销工作提供有力支持。此外,为了方便用户获取更多信息并与企业建立联系,企业可在视频片尾或显要位置提供链接,引导用户进入详细的公司和产品介绍页面,同时提供一键拨号、私信等功能,简化营销链路,提升客户转化率。

14.1.3 短视频制作软硬件

1. 拍摄设备

(1)**手机**。手机以其低成本、易操作、便携性强的特点,成为短视频拍摄的首选设备。然而,其专业性相对较弱,存储容量有限。

(2)**微单相机**。微单相机是定位于数码单反相机和卡片机之间的跨界产品,其有着小巧的体积和单反般的画质,具有便携性、专业性与时尚相结合的特点,适用于进阶短视频创作者,是相对全能的拍摄设备。微单的缺点是价格偏贵、成本较高,需要存储卡、三脚架、电池等一系列专用配件,适合有长期稳定拍摄需求的使用者。

(3)**运动相机**。运动相机以拍摄运动场景为主要卖点,具备防水防尘功能,但续航时间短、散热效果差、拍摄质量相对有限,不适合作为主力拍摄设备。

(4)**无人机**。无人机在跟拍、俯拍多视角风景或宏大场面时表现出色,但存在续航时间短、成本高、操作复杂及使用受限等缺点。

2. 录音设备

除了配乐外,短视频对镜头内人物的对话、解说、环境音收录均有明确要求。为改善收音效果,可考虑后期配音或接入手机专用的录音麦克风。

(1)**外置麦克风**。使用手机或相机拍摄时,若对收音效果有较高要求,可使用外置麦克风。其优点在于受环境影响小,具备范围收音和降噪能力,安装后随拍随录,即插即用,省电快捷,适用于距离不是很远的拍摄收音。

(2)**领夹麦克风**。领夹麦克风特指无线领夹麦克风,不需要额外发射器连接,其最大优势在于摆脱距离限制,即使在远景拍摄时也能清晰收录人声。领夹麦克风体积小、易隐藏,适用于远景介绍和单人使用场景。

3. 辅助设备

辅助设备种类繁多,除三脚架和稳定器外,还包括补光灯、云台、兔笼(见图14-1)、手机外置镜头、收音棒、滑轨等。

（a）

（b）

图 14-1　兔笼

三脚架和稳定器主要用于确保拍摄稳定性,其中三脚架能够解放双手,让拍摄更为轻松。补光灯则主要用于补充环境光或营造特定色温的光环境,其中独立外置的补光灯在短视频拍摄中尤为重要,常用于室内静物或对话的拍摄,特别是产品展示或测评场景。云台一般支持一键横竖切换和智能追踪。兔笼配备螺纹孔,与侧手柄配合使用,能够显著增强手持手机拍摄时的稳定性,并拓展手机周边配件,如补光灯和麦克风等。手机外置镜头则是安装在手机原生镜头上的一种设备,旨在弥补手机自带镜头在取景范围、对焦距离等方面的不足。通过添加不同功能的手机外置镜头,如鱼眼、广角、长焦等,可以拍摄出更加理想的照片。但需注意,手机外置镜头并不能改变手机像素,且并不适用于所有手机,特别是双摄手机。

4.视频剪辑软件

短视频拍摄制作离不开后期的视频剪辑。常用的视频剪辑软件有以下几种。

(1)Premiere(PR)。功能丰富且易于使用,传播广泛,教程和插件资源充足,适合初学者和专业人士。

(2)Final Cut Pro X(FCPX)。专为 iOS 系统设计,可视化程度高,但教学资源相对较少,新手入门难度稍大。

(3)剪映。抖音官方推出的视频编辑软件,支持变速、多样滤镜效果和丰富的曲库资源,可在 iOS、Android(安卓)和 Macos 系统上使用,并支持跨平台操作。除此之外,还有AU(音频处理)、AE(特效制作)、达芬奇(剪辑调色)等专业性更强的视频剪辑相关软件,这些软件功能强大但上手难度稍高。

(4)快影。北京快手科技有限公司出品的一款简单易用的视频拍摄、剪辑和制作工具,适合快速上手和日常使用。

(5)必剪。哔哩哔哩推出的视频编辑 App,定位年轻人群,功能实用且界面友好,已登陆 iOS、安卓平台各大商店及 Windows 平台。

(6)快剪辑。360 公司推出的在线视频剪辑软件,操作简便,支持边看边剪,是一款免费的电脑端视频剪辑工具。

14.2 短视频脚本创作

14.2.1 短视频脚本的概念

短视频脚本是视频故事发展的纲要,也是短视频拍摄与剪辑的重要依据。它决定了整个作品的主要内容、发展方向以及拍摄细节,为后续的拍摄、剪辑、道具准备提供了翔实的流程指导,从而有效提高视频拍摄的效率与质量。

短视频创作主要包括创意策划、视频拍摄和后期制作三个阶段。短视频脚本通常涵盖画面内容、景别、拍摄手法、台词、配音、字幕等元素。

(1)画面内容。画面内容即故事情节,需要将每个情节拆分,并通过远景、中景、推拉镜头等拍摄手法呈现。画面内容需要根据主题来确定,旨在吸引用户并产生共鸣。

(2)景别。景别包括近景、远景、中景、特写、全景。选择合适的景别能使画面更加精致。远景主要用于航拍大环境,随后逐渐拉近镜头至主角或主景的特写。中景则是对拍摄物的某部分进行拍摄,如人物面部表情及神态,以便观众能够清晰观看。特写则侧重于展现人物的细微表情,适用于需要突出呈现的细节。全景展现全部场景和人物。

(3)拍摄手法。拍摄手法涉及镜头的定格和多方位拍摄,如近距离对人物进行特写,以及仰拍、侧拍等不同的拍摄角度。

(4)台词。台词是短视频中不可或缺的部分,其文字量应适中,既不能过多也不能过少,需根据视频内容来合理安排。

(5)配音。配音指拍摄后剪辑时为短视频添加的背景音乐,能够增强视频的情感表达和氛围营造。

(6)字幕。字幕用于为人物增加旁白,帮助观众更直观地理解作品内容。

14.2.2 短视频脚本的类型

1.提纲脚本

提纲脚本主要列举出视频拍摄的要点,起到提示拍摄内容、避免漏拍的作用。它适用于那些事前不易确定和预测的内容,给予摄影师较大的发挥空间,但对于视频后期的指导效果相对较小。例如,以记录生活为主的纪实视频摄影,其素材来源于生活,反映的是所看到的、体验到的、感受到的内容,这类视频常常采用提纲脚本。

2.文学脚本

文学脚本是将小说或故事改编后,以镜头语言来呈现的一种脚本形式。例如,电影剧本、电影文学剧本、广告脚本等都属于文学脚本的范畴。它适用于那些不需要复杂剧情的短视频创作,如教学视频、测评视频等。文学脚本主要规定人物的任务、台词、动作姿势、所选用镜头以及整期节目的时长。

3. 分镜头脚本

分镜头脚本是在文学脚本的基础上加入详细的镜头语言描述。它包含了文学脚本的所有内容,但比提纲脚本更为详细和细致。分镜头脚本是将视频内容情节转化为具体镜头的过程,相当于一个说明书,用以指导整个视频的拍摄制作过程。它通过文字描述场景选择、镜头画面内容、镜头时长、拍摄方法和技巧、背景音乐等诸多元素,确保拍摄和制作的细节在每一个镜头中都有所体现。逻辑性和故事性强的视频多使用这种脚本。尽管短视频时长较短,但优秀的短视频的每一个镜头都是经过精心设计的,这背后离不开分镜头脚本的支持。分镜头脚本将文字转化为可以直接用镜头表现的画面,通常包括画面内容、景别、摄影技巧、时间、机位、音效等元素。

14.2.2 短视频脚本创作的步骤

1. 设定主题

短视频如同电影,没有明确的主题就失去了灵魂。选择合适的主题并进行精准定位是吸引目标市场用户关注的关键。成功设定短视频主题需要建立在深入细致的市场调查研究之上。短视频制作者应反复观看热门视频,深入思考并认真分析,找出其受欢迎的亮点,从而了解当前热点话题与市场需求,避免选择冷门主题。同时,不同短视频平台有其独特特点,制作者应分别研究并对比,结合目标市场用户需求选定主题,确保作品能有效吸引用户注意。

2. 拟定大纲

拍摄短视频如同写文章,需要先列出框架;与拍影视剧相似,需要明确拍摄顺序、重点、特写与侧面烘托的部分,以及转场、配音、台词、旁白等细节。只有提前策划好这些元素,才能高效、高质量地拍摄出令人满意的短视频。若不熟悉脚本写作,营销策划人员可参考优秀短视频,拆解其运镜、对白、转场等技巧,通过实践逐渐掌握拍摄技巧。

3. 场景设计

场景是短视频中展现特定空间环境的关键元素,包括人物活动场所、商品展示环境及非现实空间等。场景设计需考虑景观、建筑、道路、物品等物质要素,以及形式、色彩、光线、时间、声音等情绪要素。

场景设计步骤(见表 14-1)一般包括四个关键环节:第一,确定短视频中涉及的场景数量,并依据拍摄顺序明确主场景和次场景,以确保视频内容的连贯性和层次感。第二,设计单元场景的平面结构,包括场景的具体布局和尺寸、各个单元场景之间的相互作用和节奏把控、内外景的协调配合、场景布局与摄影机运动及布光的配合,以及景物与声音的融合,旨在构建出符合故事情节和氛围需求的场景画面。第三,策划场景的立体构成,包括确定场景的立体结构、规模尺寸、景物的具体形状以及场景空间的比例关系。第四,绘制效果图。效果图应能够清晰展现场景的色彩构成、环境氛围、明暗光影的调和、主体(商品)与场景的互动关系以及整体风格样式等。

表 14-1 场景设计步骤

镜序	内容	景别	对白（旁白）	背景音乐	后期（调色、调速、转场、特效、音效）	备注
1						
2						
3				钢琴曲		
4						
5						
6						
7						

4．时间规划

短视频制作可分段进行，最后通过剪辑拼接成完整视频。良好的过渡转场处理能提升视频效果。因此，营销策划人员应严格控制脚本中的时间，绘制时间轴以理清视频逻辑，引导用户找到兴趣点，提高视频观看完播率。

5．形成脚本

在上述工作基础上，营销策划人员需要用简练的文字和图表，完整表达围绕短视频主题的拍摄方案，并补充完善拍摄细节。

14.3 短视频拍摄、发布与推广

14.3.1 短视频拍摄

1．手机设置

利用手机拍摄短视频时，拍摄人员需要掌握基础操作，如对焦、曝光、视频帧数及分辨率设置、视频比例等。手机拍摄视频时通常需要设置两个参数：分辨率和帧率。帧率建议设置成60fps，分辨率设置成1080P或4K。若追求更高清晰度，可选择4K、60fps，但注意，这会占用更多内存。一般情况下，1080P、60fps既能保证清晰度，又能控制内存占用。慢动作视频则需120fps以上的帧数，以呈现流畅画面。手机拍摄视频时，默认比例是16∶9，适用于横拍；而竖拍则为9∶16。为确保画面效果，建议使用横拍比例。

2．运镜

运镜是指视频画面的运动，能带来更强的动感与视觉冲击。常见的运镜方式包括平视、摇动、推进、后拉、横移、跟随、仰视、升降及环绕等。每种方式都能产生独特的动感效果。

(1)平视运镜。平视运镜是最基础的运镜方法,手拿机器往前推。平视运镜呈现出来的画面内容客观,不轻易改变人与物的关系。

(2)摇动运镜。摇动运镜是以摇动镜头的方式呈现被摄体的速度感。

(3)推进运镜。推进运镜是在拍摄物体固定不动的情况下,镜头从远景或者前景由远及近地向拍摄物推进,形成近景或者特写模式,这种拍摄手法主要是突显细节和拍摄主体。

(4)后拉运镜。后拉运镜是从近到远的,由小图到大图扩散的一种拍摄手法。摄像从近景或者特写慢慢拉出全景或者远景,从视觉上呈现由小至大、由窄到宽的效果。

(5)横移运镜。横移运镜是左右运动,主要是为了表现场景中人物之间的空间关系,常用于视频的中间。

(6)跟随运镜。跟随运镜是镜头跟随被摄主体移动,可以从人物正反方向进行跟随拍摄,但是要确保与拍摄主体保持相同的移动速度。

(7)仰视运镜。仰视运镜是镜头处于低处慢慢移动到高处,比如把拍摄地面的镜头慢慢向上倾斜,直至拍摄到被摄主体的全景。这样的镜头可以展现被摄主体的高大。

(8)升降运镜。升降运镜是一种特殊的拍摄方式,需要结合稳定器或延长杆进行拍摄。随着镜头的高度变化,所呈现的画面也极具视觉冲击力,给人一种新奇而深刻的感受。

(9)环绕运镜。环绕运镜是镜头围绕拍摄主体旋转一圈拍摄,环绕半径要保持一致,旋转速度要相同。

拍摄完成后,后期人员需要对视频进行加工处理,包括剪辑、特效、添加文字及背景音乐等步骤,视频处理过程中可运用切割、变速、倒放、转场特效等多种技巧。

3.转场

视频转场涉及前后画面的切换方式,需要一定的技巧以确保自然过渡。手机短视频中常见的转场方式有以下几种。

(1)硬切转场。硬切转场即前后的视频画面直接进行切换。硬切转场比较适合未预先设计狭义帧画面的情况,但需注意关联性不强或反差大的画面可能显得不自然。

(2)相同物体转场。相同物体转场即前后画面拍摄相同景物,而这个景物在不同场景或视角中呈现。

(3)相同运动方向转场。相同运动方向转场主要指前后两个画面中的主体景物都是朝着同一方向运动,运镜方向也相同,以实现自然过渡。

(4)遮挡物转场。遮挡物转场前一个画面以遮挡物结束,后一个画面以遮挡物开始,营造了一种对画面的遮挡效果,让两个画面得以实现自然的过渡。

需要注意的是,无论哪种短视频,视角不能在短时间内多次跳跃,以确保观看者的代入感和理解度。

14.3.2 短视频发布

1. 封面

一个吸引人的视频封面不仅能提升视频的点击率,还能增加账号的关注者数量。短视频的观看有着"黄金三秒原则",即视频的前三秒必须吸引观众的注意力。若前三秒无法引起兴趣,视频很可能无法获得高观看量。因此,设计封面时需注意:画面清晰完整,避免压缩或变形;封面应有视觉焦点,重点明确;图片与文字内容相符,不偏离主题;排版层次分明,突出重点;文字清晰美观,不遮挡图片主体;注意不同平台对封面尺寸的要求;封面风格应与视频内容相契合,体现视频定位。

根据视频的主题、内容、场景以及是否植入产品或服务信息,封面设计可灵活多变,如使用颜值封面、主题封面、悬念封面、故事封面或借势营销封面等。

2. 标题

短视频的标题是视频的简短描述,概括了视频的核心内容。标题的优劣直接影响视频的完播率和互动率,因此,一个优质的标题有助于视频获得更多的推荐和流量。为撰写出好的标题,视频制作者需要掌握一定的技巧。

第一,标题应具有冲击力和吸引力,可运用痛点、共情、热点事件、解决问题、独家揭秘、征求意见等技巧。

第二,标题字数不能太多,控制在10~20个字,手机展示为一到两行半。标题过长会影响视觉体验,不利于用户快速获取关键信息。

3. 标签

发布短视频时,标签是一个重要的选项。标签用于描述视频内容,帮助系统分类和推荐,确保视频能推送给具有相同兴趣的用户。每次发布新视频,系统首先会将其推送给粉丝,然后是基于标签的推荐,最后是全流量池的随机推送。

短视频平台会为每个账号打上标签,以便进行精准推荐。发布短视频时,系统会根据账号内容自动打上相应标签,并推送给对该标签感兴趣的用户。同样,用户浏览视频时,系统也会根据用户的标签推送相应的视频。标签的数量和质量直接影响视频的曝光度,因此,设置精准的标签至关重要。标签越多,收获的用户越精准。

标签主要分为账号标签、内容标签和粉丝标签三类。企业可以通过优化昵称、个人简介、个性签名和主页背景图来形成账号标签;在发布视频时,利用封面、文案和声音等元素添加与内容相关的关键词标签;同时,在视频文案中适当加入相关关键词,增加标签的精准度;此外,还可以通过"地区范围+精准关键词+扩展关键词"的方式,设定针对潜在客户的精准标签。

14.3.3 短视频推广

1. 短视频推广

(1) 投流推广。在短视频引流推广中,付费引流已成为一种主流营销方式,通常被称为投流。投流是通过在平台上正规投放广告来实现引流,这种方式是官方鼓励并允许的。投流的价格采用竞价形式,多数平台都设有投流机制。投流推广主要可以分为内容加热平台、商业广告平台和抖音电商的投放工具。

① 内容加热平台。这类平台的特点在于投放的内容不会带有广告标识,观众感知与观看普通内容无异,适合通过软广告等形式进行引流。例如,在抖音平台,用户可以利用内置的"DOU+"工具进行付费引流,将需要推广的短视频或直播间推送给更多潜在用户,进而提升曝光和关注度。

② 商业广告平台。这类平台会在视频显著位置标注广告字样,且广告内容以硬广告为主,通过视频直接引导用户进行下载或添加联系方式。虽然这类广告成本较高,但吸引的用户质量也相对较高。

③ 抖音电商的投放工具。巨量千川和小店随心推等工具常用于短视频带货和直播带货的投放,其投放逻辑与软广告形式相似,通过付费推广实现精准引流。

(2) 关键词覆盖。短视频的标签和内容需要精心安排高价值关键词,以低成本获取被动搜索的精准流量。抖音等平台的内容排名具有时效性,因此短视频运营者可以通过发布大量带有相关关键词的内容来提升排名。

(3) 评论引流。评论是短视频中重要的互动方式,评论数量和质量直接影响视频的活跃度和热度。在自己的视频下积极回复评论,同时到其他相关领域的账号下留言,都能有效吸引潜在粉丝。有价值的评论能够提升视频的曝光率和关注度,从而实现引流效果。

2. 短视频推广效果分析

(1) 曝光量。在短视频平台推广产品时,曝光量是衡量宣传效果的重要指标,它代表了作品被展示的次数。

(2) 播放量。播放量是指用户点击短视频封面后开始播放的次数,反映了用户对内容的兴趣程度。播放量的高低与视频封面和标题的质量密切相关。

(3) 点赞量。点赞是用户表达对视频喜爱的方式之一,也是衡量视频受欢迎程度的重要指标。高点赞量通常意味着视频内容具有吸引力,能够引发用户的共鸣和关注。

(4) 点赞率。点赞率也叫赞播比或播赞比,是点赞量除以播放量得出的比值,反映了视频在观众中的受欢迎程度。例如,一条视频有10个点赞,同时有100次播放,那么点赞率就是10%。一般而言,点赞率较高的视频更容易获得平台的推荐和更多用户的关注。

(5) 完播率。完播率是观众完整观看视频的比例,体现了视频内容的吸引力和观众的留存率。例如,100个人中有30个人看完了这条视频,那么完播率就是30%。高完播率的视频通常具有紧凑的剧情、有趣的内容或实用的信息,能够吸引观众持续观看。

(6)**评论率**。评论率是评论量除以播放量得出的比值,反映了观众对视频内容的参与度和讨论热情。高评论率的视频通常能够引发观众的共鸣和讨论,提升视频的互动性和传播效果。

(7)**赞评比**。赞评比是评论数除以点赞数得出的比值,反映了视频在目标用户中的受欢迎度和互动效果。优质的爆款视频的赞评率通常为10%~50%,一般为30%,这表明视频内容能够引发观众的积极反馈和讨论。

(8)**转发率**。转发率是转发量除以播放量得出的比值,体现了观众对视频内容的认可度和分享意愿。高转发率的视频通常具有较高的传播价值和影响力,能够吸引更多潜在用户关注和参与。

(9)**赞转比**。赞转比是视频转发数除以点赞数得出的比值,反映了短视频对粉丝的价值度和内容的传播效果。高赞转比的视频通常能够激发粉丝的分享欲望,扩大视频的传播范围。

(10)**粉赞比**。粉赞比是粉丝数除以点赞数得出的比值,反映了视频在感兴趣用户中的关注转化率。粉赞比的高低受到多种因素的影响,包括视频内容的质量、主页风格、视频结构等。

(11)**收藏率**。收藏率是收藏量除以播放量得出的比值,体现了视频内容对于观众的实用性和价值。高收藏率的视频通常具有实用性强、信息量大或收藏价值高的特点,能够吸引观众长期关注和收藏。收藏率高,但是转发率很低的视频,可能涉及用户的隐私,其传播就会有一定的局限性。

本章小结

短视频营销主要是通过选择目标市场受众,利用短视频向他们有针对性地传播有价值的内容,以吸引目标市场受众对企业产品和服务的关注,最终有效促进商品的销售。短视频营销具有成本低廉、内容丰富、传播迅速、交互性强,富有创意、形式多样,目标精准、整合营销等特点。短视频营销策划需要规划实施账号搭建、视频创作、视频推广、提升转化、跟踪反馈等内容。

短视频创作主要包括创意策划、视频拍摄和后期制作三个阶段。短视频脚本一般包括画面内容、景别、拍摄手法、台词、配音、字幕等。短视频脚本主要包括提纲脚本、文学脚本和分镜头脚本。短视频脚本创作的步骤主要有设定主题、拟定大纲、场景设计、时间规划和形成脚本。

短视频拍摄主要应掌握好手机设置、运镜与转场三个方面的技巧。短视频发布主要应设计好封面、标题与标签三个方面的内容。短视频推广可以开展投流推广、关键词覆盖和评论引流三个方面的工作。短视频推广效果可以从曝光量、播放量、点赞量、点赞率、完播率、评论率、赞评比、转发率、赞转比、粉赞比与收藏率等方面进行分析评价。

◉ 思考题 ◉

1. 何谓短视频营销？短视频营销有什么特点和优缺点？
2. 短视频营销策划的主要内容有哪些？
3. 短视频创作的主要内容有哪些？
4. 短视频脚本一般有哪些类型？短视频创作的步骤有哪几个阶段？
5. 短视频拍摄的技巧有哪些？
6. 短视频发布应该设计哪几个方面内容？
7. 在短视频营销过程中，如何进行短视频推广？
8. 如何分析评价短视频推广效果？常用的指标有哪些？

参考文献

[1] MARTIN. 营销新浪潮：从"数字化营销"大步迈向"数智化营销"[EB/OL]. (2022-08-11)(2023-08-21). https://mp.weixin.qq.com/s/TmSOZrR7Nq_1Q7sfWkqh1A.

[2] 贾瑞婷. 从Web 1.0到3.0你不知道的互联网的演进史[EB/OL]. (2019-04-01)[2023-08-21]. https://baijiahao.baidou.com/s?id=1629593299698816710.

[3] 刘东明. 成功的网络营销：和"污渍"一起玩[J]. 软件工程师,2009(5):51-52.

[4] 张静. 企业内容营销的内容策略分析[J]. 商业文化,2021(16):42-43.

[5] 李梦洁. 内容营销组合及策略分析[J]. 经济研究导刊,2021(2):108-111.

[6] WEN. 2022年元宇宙营销正在褪去"虚火"？[EB/OL]. (2022-12-29)[2023-08-21]. https://mp.weixin.qq.com/s/y-KtpjP57QAEK9tVyEP9Og.

[7] 李曦方. "元宇宙营销"的价值、困境与路径研究：基于人、社交、互动视角[J]. 办公自动化,2022,27(15):62-64.

[8] 周磐. 未来元宇宙时代下市场营销策略的发展趋势研究[J]. 现代商业,2022(28):48-50.

[9] 徐鑫亮,李翠霞,吕卓,等. 元宇宙营销：下一代乳制品品牌营销模式[J]. 乳品与人类,2022(1):18-26.

[10] 张田彤,蔡震. 数字员工：企业数字化转型的下一个里程碑[J]. 国资报告,2022(11):108-111.

[11] 优逸客科技. 耐克用一双虚拟球鞋,踢开了元宇宙的大门[EB/OL]. (2023-01-05)[2023-08-21]. https://mp.weixin.qq.com/s/Hwl6sTUjpvc09C5kmKCwHA.

[12] 市场监管半月沙龙. 观点：网络市场已全面进入算法驱动的新阶段[EB/OL]. (2022-05-11)[2023-08-21]. https://baijiahao.baidu.com/s?id=1732496961146065465&wfr=spider&for=pc.

[13] 秦文臻. 基于SICAS模型的农产品电商G公司O2O营销策略研究[D]. 金华：浙江师范大学,2020.

[14] 王文璐. 新零售下如何对"人货场"三要素进行迭代重构[EB/OL]. (2018-10-06)[2023-08-21]. https://mp.weixin.qq.com/s/N4JCrbns_6S7H8r-iM0Gsg.

[15] 白星. 私域运营消费者成交「ARPR」链路模型[EB/OL]. (2022-10-13)[2023-08-21]. https://wenku.baidu.com/view/2b2e84d6cd2f0066f5335a8102d276a20029606b.html.

[16] 倪很好. 阿里3大营销模型·AIPL、FAST、GROW[EB/OL]. (2020-01-19)[2023-08-25]. https://mp.weixin.qq.com/s/WlB_j_3r-zDwfIxIUePbCg.

[17] 范鹏. 虚拟商圈：从大众消费到圈层消费[J]. 销售与市场(管理版),2018(3):64-65.

[18] 侯婷婷. 2021年圈层经济：态势明显,价值凸显[J]. 家用电器,2021(2):46-48.

[19] 王倩茹,张荣. 社会学视域下网络社交圈层化现象探析[J]. 保定学院学报,2020,33

(6):14-20.

[20] 汪岚.基于"圈层理论"的文创教学品牌中心人才培养模式探究:以福建高校为例[J].吉林工程技术师范学院学报,2019,35(4):24-26.

[21] 卢志,保陈文.基于圈层营销的消费意见领袖传播模式的探索与应用[J].现代商业,2018(11):18-20.

[22] 王永田.社群营销研究:什么是社群营销?如何开展社群营销?[EB/OL].(2022-07-07)[2023-09-20].https://mp.weixin.qq.com/s/VgdTlLLf1wH0B5nprjqZeA.

[23] 田圣楠.新媒体时代圈层文化现象研究[J].新媒体研究,2021,7(2):74-76.

[24] 赵大川.微信社群营销用户分享裂变研究[J].新闻传播,2021(9):105-107.

[25] 马海平,于俊,吕昕等.Spark机器学习进阶实战[M].北京:机械工业出版社,2018.

[26] 张志.基于用户画像对互联网用户个性化推荐与引导[J].电脑编程技巧与维护,2022(12):155-158.

[27] 刘新霞,廖信超.全渠道智能营销平台建设探索[J].金融科技时代,2022,30(3):31-35.

[28] 佟禹霏.移动互联网时代下的App营销研究[D/OL].吉林:吉林大学,2019[2023-09-26].https://kns.cnki.net/kcms2/article/abstract?v=jDUTNXVfqCqxXEb9 NsvRlADq4ZS30yXTLoArAw1aspXoI1_PVCZEaNN9_v3106OSKH6IqTPU3sgKuCfrOdP7bkg8MGHvMkaHW92yPSce9eITnX8GsEhU8arGMxx7CaQhwl-uTJXC5l4=&uniplatform=NZKPT&language=CHS.

[29] 张嵌嵌."互联网+"营销平台环境下的用户参与活动行为预测研究[D/OL].杭州:浙江理工大学,2022[2023-08-20].https://kns.cnki.net/kcms2/article/abstract?v=jDUTNXVfqCqgZv15jOp533FWdGQzxawxYUwjb6g OwYxUDdphDPwl8xSOp96OdBIXkinzWPTyrNgKeUaET8Lq - tl6DRBuJOw1nKKb0pPHAcq2dNBxLRrBJ5QObOPpO27BVOawTVWbzLM=&uniplatform=NZKPT&language=CHS.

[30] 徐桐雨,刘萍.UGC社交化营销平台案例分析:以小红书、得物、大众点评为例[J].中国商论,2022(5):41-43.

[31] 叶春庭.基于微博平台的品牌营销研究[J].采写编,2022(7):172-174.

[32] 曾晓洋.论网络营销平台的设计与管理[J].商业经济与管理,2001(6):19-22.

[33] 猫晓豆豆.中国互联网社区发展史[EB/OL].(2022-11-26)[2023-08-17].https://zhuanlan.zhihu.com/p/463495564.

[34] 李锋,魏莹.平台电商的用户细分策略及行为定价[J/OL].系统管理学报,2022,32(2):260-275[2023-02-08].http://kns.cnki.net/kcms/detail/31.1977.N.20221122.0828.002.html.

[35] 小红帽.超有效!带货直播封面标题优化方法[EB/OL].(2020-04-17)[2023-04-06].https://mp.weixin.qq.com/s/WOUpRLpwCkHQ8p4vl3e_Iw.

[36] 郭云南,张晋华,黄夏岚.社会网络的概念、测度及其影响:一个文献综述[J].浙江社

会科学,2015(2):122-132.

[37] 邵国松,谢珺.我国网络问卷调查发展现状与问题[J].湖南大学学报(社会科学版),2021,35(4):149-155.

[38] 薛黎明,张卫东.企业网站的推广策略浅议[J].沧桑,2004(3):63-75.

[39] 张卫东.我省企业开展网络营销的可行策略[J].山西统计,2003(10):30-31.

[40] 张卫东.试论网络营销产品属性[J].太原大学学报,2003(3):32-34.

[41] 张卫东.试论网络营销产品的概念与特点[J].南通纺织职业技术学院学报,2002(3):40-43.

[42] 张卫东.高职院校电子商务专业教育的思考[J].太原大学学报,2002(2):9-11.

[43] 张卫东.试论网络营销中的域名策略[J].太原大学学报,2001(4):44-46.

[44] 张卫东.市场营销禁忌100例[M].北京:电子工业出版社,2009.

[45] 布拉德·阿伦·克兰丁尔,詹姆斯·L.伯罗,克兰丁尔,等.网络营销[M].张卫东,译.北京:电子工业出版社,2010.

[46] 张卫东.国际营销理论与实践[M].北京:北京交通大学出版社,2010.

[47] 张卫东.营销策划理论与技艺[M].北京:电子工业出版社,2010.

[48] 张卫东.营销策划知识与技法[M].北京:电子工业出版社,2011.

[49] 张卫东.网络营销[M].重庆:重庆大学出版社,2014.

[50] 张卫东.网络营销[M].2版.北京:电子工业出版社,2018.

[51] 张卫东.网络营销理论与实践[M].5版.北京:电子工业出版社,2017.

[52] 张卫东.网络营销策划与管理[M].北京:电子工业出版社,2012.

[53] 张卫东.网络营销理论与实务[M].北京:电子工业出版社,2005.

[54] 张卫东.网络营销[M].北京:电子工业出版社,2002.